KB005408

연애와
사랑에 대한
십대들의
이야기

세상에 진실을 보여주자!

연애와 사랑에 대한 십대들의 이야기

성性은
19금일까?

나는
처녀가 아니다

바다출판사

● 일러두기

1. 각 부 초입에 실린 '선언'은 십대섹슈얼리티인권모임에서 주최한 '나는 처녀가 아니다: 청소년 섹슈얼리티에 대한 발칙한 선언' 캠페인을 통해 모은 사연과 '연애와 사랑에 대한 십대들의 이야기' 공모전을 통해 받은 원고에서 발췌한 내용입니다.

2. 공모전을 진행하는 동안 한국여성민우회, 한국성폭력상담소, 언니네트워크의 후원을 받았습니다. 이 자리를 빌려 감사의 말씀 전합니다.

'나는 처녀가 아니다'
—순결하지 않은 청소년들을 향한 그들의 시선

강민진(십대섹슈얼리티인권모임)

나는 처녀가 아니다. 왜 처녀가 아니란 걸 굳이 밝히냐고? 처녀가 아닌데, 뭐 어쩌라는 거냐고? 그런데 그런 말을 하는 나는 여성청소년이다. 사람들은 이렇게 생각할 것이다. '나이도 어린 주제에 벌써 섹스를 해봤단 말이야?' '그걸 대놓고 이야기하다니 어린 나이에 인생을 망치려고 드는군.' '발랑 까졌군.'

'나는 처녀가 아니다.'는 십대섹슈얼리티인권모임이라는 청소년 단체에서 온라인과 오프라인에서 진행한 청소년 성적 권리 향상 캠페인 이름이기도 하다. 청소년의 성을 부정적인 것으로 취급하는 사회, 청소년이 성과 관련한 정보나 매체를 접하지 못하도록 하고 성적 관계를 맺지 못하도록 하고 성적 실천도 금지하는 정책과 사회적인 편견을 비판하기 위한 캠페인이다. 이 캠페인은 '여성 청소년이 나는 처녀가 아니라고 선언 한다면 무슨 일이 벌어질까?' 하는 물음에서 시작했다. 우리를 비롯한 여성 및 남성청소년들은 지금 한국사회에 하고 싶은 말을 적은 피켓을 들고 거리로 나섰다. '청소년의 연애를 방해하는 외박 금지, 통금시간 즉각 중단하라.' '애인이랑 통화하게 요금제 좀 올려줘.' '어린이는 무성적인 존재가 아니다.' '여성청소년은 성적 주체다.' '내가 성소수자라 좋다.' 등이었다. 피켓 캠페인을 몇 차례 진행한 뒤, 우리끼리만 이야기하는 것을 넘어 다른 청소년들도 평소에는 쉽게 이야기하지 못했던 자신의 경험과 생각을 편하게 이야기할 수 있도록 온라인상에서 캠페인을 진행해보기로 했다.

우리는 페이스북과 트위터에 '나는 처녀가 아니다: 청소년의 섹슈얼리티에 대한 발칙한 선언'이라는 이름의 페이지와 계정을 만들고, 청소년들에게 자신의 성적 경험과 생각, 청소년의 성적 권리를 보장하지 않는 사회에 하고 싶은 말을 글과 사진으로 표현하여 보내달라고 홍보했다. 그리고 곧 '진짜' 사연들이 속속 도착했다.

"언젠가 제 애인과 섹스를 했는데, 섹스가 끝난 후 보니 콘돔에 뭔가 미끌미끌한 게 묻어 있었어요. 콘돔이 터져서 정액이 흐른 것 같았어요. 혹시 임신한 건 아닐까 걱정되더군요. 산부인과에도 가보고, 인터넷으로 검색도 수없이 했어요. 너무 답답했어요. 낙태시술을 하는 데에 50만 원에서 많게는 100만 원이 드는 것도 문제였지만, 낙태 시술을 하려면 부모님 동의가 필요하다는 점이 저와 제 애인을 더 괴롭게 했어요. 부모님한테 말하면 맞아 죽을 텐데, 그냥 몰래 불법으로 시술받아야 하나 고민했어요. 그렇게 몇 주간 힘들어 하며 지냈는데, 다행히도 임신은 아니더군요. 그런데 이게 저와 제 애인만의 문제가 아니더라고요. 인터넷에서 찾아보니 저희와 비슷한 상황에 놓인 사람들의 고민 글이 정말 너무도 많았어요. 죄를 지은 것도 아니고 누구를 해코지한 것도 아닌데 이렇게 힘들어야 하다니, 이해가 되지 않아요."

"난 흔히 순수하고 깨끗하다고들 말하는 처녀다. 열아홉 살 나는 왜 처녀일까? 성욕, 나도 있다. 사랑하는 내 애인과 키스도 하고 싶고 섹스도 하고 싶다. 하지만 정작 현실의 나는 애인한테 뽀뽀하자고도 못하는 처녀다. 누가 나를 처녀로 만들었을까? 어릴 때 나는 야동 보면 잡혀가는 줄 알았다. 결혼 전에 섹스하면 죽는 줄 알았다. 이제는 야동 봐도 되고 키스해도 되고 섹스해도 된다는 걸 알았는데 아직도 그런 주입된 인식에서 자유롭지 못하다. 나는 만들어진 처녀다. 이제 더는 처녀이고 싶지 않다. 당당하게 내가 원하는 것을 말하고 실천하는 비(非)처녀가 되고 싶다."

"학생들에게 콘돔을 사용해야 한다고만 말하고 정액주머니의 바람을 빼는 법을 가르치지 않는다는 것은 어떤 논리인가. 경구피임약을 어쩌다가 하루 빼먹었을 때는 어떻게 해야 하는지, 사후피임약에 어떤 성분으로 이루어져 있으며 어떤 효과를 일으키는지 하나도 말해주지 않고서 오로지 피임해야 한다고 한다. 그마저도 어른이 된 후에는 알아서 적당히 피임하며 섹스하라고 한다.

여자는 남자친구가 하자고 하면 무조건 싫다는 강한 의사를 내비쳐야 한다고 가르친다. 대체 어째서? 여자가 더 스킨십에 적극적일 수도 있으며 서로간의 신체적 대화에 거부감이 없을 수 있음에도 학교는 어째서 아직까지도 미숙하다는 이유만으로 유교적 가치관의 잣대를 들이밀며 우리들의 리비도를 억제하는가.

신체가 미숙하다는 말도 어떻게 보면 말이 되지 않는다. 춘향전을 보면 이팔청춘 열여섯 살 춘향이의 황홀한 섹스라이프가 묘사된다. 청소년들은 신체가 미숙해 섹스하면 안 된다는 말은 지나친 비약 아닌가."

"나는 여자친구를 사귀고 있다. 나와 애인은 여자가 여자를 사귀는 일에 아무런 거리낌이 없지만, 때때로 당황스러운 상황에 처할 때가 있다. 한번은 크리스마스에 애인과 함께 밥을 먹으러 식당에 갔는데, 옆 테이블에 앉아 있던 나이 많은 남자들이 웃으며 '이런 날엔 남자친구랑 놀아야지, 왜 여자들끼리 이러고 있느냐?'고 물었다. 나는 사실대로 우리가 애인 사이라고 말하고 싶었지만, 애인이 사는 동네 근처였기 때문에 혹시라도 애인이 아웃팅당할까 봐 반박하지 못하고 그냥 적당히 웃어넘겼다.

나는 내 정체성을 숨겨야 하는 것이 싫다. 주변 사람들에게, 가족에게 내 애인을 당당하게 내 애인이라고 소개할 수 없는 게 싫다. 이 선언이 우리가 당당하게 커밍아웃할 수 있는 사회를 만드는 과정 중 하나가 되었으면 한다."

전국 곳곳의 청소년들이 보내온 글과 사진을 하루에 한 번씩 온라인에 게재했다. 캠페인을 진행한 한 달 동안, 매일 1~2천여 명이 캠페인 게시물을 보았고, 하루에도 몇십 명씩 '페이지 좋아요'를 눌러주었다. 물론 대기업의 광고 페이지나 게시물에 비하면 턱없이 적은 반응일 수도 있겠지만, 돈도 권력도 없는 청소년들이 삼삼오오 모여 권리를 주장하는 캠페인에 많은 사람이 호응해준 것에 우리는 적잖이 놀랐다. 우리의 이야기는 주간지 〈한겨레21〉에 여섯 쪽짜리 기사로 다뤄지기도 했다.

하지만 반응이 뜨거웠던 만큼 악플도 많이 받고 욕설도 많이 들었다. '나는 처녀가 아니다. 여성 청소년에게 순결을 강요 말라.' 등의 문구가 쓰인 피켓을 든 우리의 사진이 널리 퍼지게 된 계기가 있었다. 포털사이트와 일베(일간베스트)니 디씨(DC인 갤러리)니 하는 게시판에 우리 사진이 올라가면서 개인 블로그 여기저기에도 퍼졌던 것이다.

사실 대다수 사람, 특히 어른들의 반응이 부정적일 것이라는 건 충분히 예상했지만, 막상 악플을 보니 마음이 아팠다. 피켓을 얼굴 높이로 들고 있는 사진에는 "얼굴을 가리고 있는 걸 보니 자기 얼굴이 밝혀져서 처녀로서의 시장가치가 떨어지는 건 싫다는 거네?"라는 댓글이 달렸고, 누구는 우리가 부끄러워서 얼굴을 가린 거라고 했다. 다른 사진에는 "못생겼네, 뚱뚱하네." 같이 외모를 공격하는 댓글도 있었고, "미래의 룸나무(룸싸롱과 꿈나무의 조어)"라는 등 창의적인 댓글도 있었다. "줘도 안 먹겠네." "강간해야지." "따먹어야지." 하는 등 성희롱적 댓글도 달렸다. 또 "하려면 몰래 하지 왜 저걸 자랑하냐."는 댓글도 많았다. 또 어떤 사람은 "청소년들이 학생인권조례를 발판삼아 거리낌 없이 지껄여댄다."거나 "전교조와 종북단체가 이러한 활동을 옹호하고 있다."고 이야기하기도 했다.

캠페인의 본래 목적이 여러 사람에게 우리 생각을 알리고, 생각해보도록 하는 것이므로 어쨌거나 우리의 사진이 퍼지는 게 좋다는 생각도 들었다. 하지만 한편으로는 우리 캠페인 내용을 제대로 알고 비판하는 게 아니라 그저 '미친 년' '철없는 애들' '걸레'라며 비난만 하는 사람이 많아 아쉬웠다. 또 진지하게 토론을 하는 사이트나 게시판이 아니라 우스갯소리나 엽기 사진을 올리는 유머게시판, 남성중심주의가 강한 사이트에 집중적으로 올라갔다는 점도 안타까웠다. 여성청소년이 자신이 처녀가 아니며, 순결을 강요하지 말라고 주장하면 현재 한국사회에서는 이렇게 혐오의 대상이 되고 비난받는다는 점을 절감했다.

세상은 청소년에게 무성적일 것과 성적 대상이 될 것을 동시에 강요한다. 학교에선 여학생 치마가 무릎 위로 올라오는지 매일 아침 검사하지만, 포르노 사이트에는 교복 입은 여성이 등장하는 모순적인 상황이 벌어진다. 네이버에 '콘돔'을 검색하면 청소년이 볼 수 없는 정보라고 하고 성교육은 겉핥기식으로 진행하며 피임법도 제대로 알려주지 않으면서, 임신하면 그건 임신한 여학생의 책임이니 우리 학교에 다니지 말라고 한다. 여성청소년은 조신하게 행동하고 옷도 단정하게 입고 밤길도 다니지 말아야 한다고 강요받는다. 아직도 일부 학교에서는 '순결 사탕'을 나눠주며 혼전 순결을 약속받는다. 또 자유연애가 보편화되었음에도 대한민국 중고등학생들은 이성교제를 하거나 했다는 의심만 받아도 벌점을 받거나 징계를 받는다.

'나는 처녀가 아니다.'라는 문구는 단지 '나 섹스해봤어.'라는 의미가 아니다. 실제로 캠페인에 자신의 사연을 보내준 청소년 중에는 자신은 성경험이 없지만 청소년의 성적 권리가 보장되는 사회를 바라며, 순결을 강요받고 싶지 않다고 이야기한 사람도 있었다. 우리는 청소년이든 아니든 섹스는 본인이 원할 때 원하는 방식으로 원하는 사람과 한다면 그걸로 비난받을 일도, 부끄러워할 일도 아니라는 점을 이야기하고 싶었다.

청소년의 이성교제를 부정적으로 보는 사람들은, 청소년은 대학입시 공부가 본분이므로 연애를 해서는 안 되고 성에 관심도 갖지 말아야 한다고 말한다. 이런 주장의 기본적인 전제에는 이미 대학입시 공부가 아닌 다른 일을 하며 살고 있는 청소년들의 존재에 대한 무지가 있다. 또 인간이라면 누구나 누려야 할 기본 권리인 누군가를 사랑하고, 연애하고, 성적 사생활을 보장받을 권리가 청소년에게는 없어도 된다는 생각도 전제되어 있다. 그러나 인간이 인간답게 살기 위해서는 자신의 행복과 성장을 실현할 권리가 보장되어야 한다. 인간관계도 여가도 포기한 채 일만 하는 삶을 인간다운 삶이라 부르지 않듯, 대학입시 공부에만 매진하는 삶도 인간다운 삶이 아니다. 그리고 많은 사람에게 사랑과 연애와 성은 삶을 삶답게 해주는 중요한 요인이다. 청소년도 예외는 아니다.

청소년의 성에 대해 논할 때 중요하게 생각해야 할 점이 또 하나 있다. 바로 사람들은 연애와 성적 경험을 성장의 중요한 계기로 삼는다는 점이다. 청소년은 성장하는 시기라서 미성숙하므로 권리를 제한해야 한다는 논리가 지배적인 사회에서, 정말 성장에 필요한 경험을 이 사회가 보장하고 있는가를 짚어보아야 한다.

어느 워크숍에서 '내가 성장하게 된 계기'를 참여자 모두 세 가지씩 발표한 적이 있다. 종교적 경험, 사회문제에 대한 성찰, 여행 등 여러 경험이 언급되었지만, 사랑과 연애의 경험을 자신이 성장하게 된 중요한 계기라고 한 사람이 가장 많았다. 학교 공부나 대학입시 과정이 자신을 성장하게 했다고 하는 사람은 단 한 명도 없었다. 이 워크숍에 참여한 이후 한국교육이 왜 실패할 수밖에 없는지, 그렇다면 그 대안이 무엇인지 고민하게 되었다. 아마 이 글을 읽는 독자도 성장하게 된 경험이 무엇이 었는지 생각해보면 사회가 청소년의 성장을 위해 어떤 교육을 해야 하고, 어떤 경험을 하도록 해야 하는지 톺아볼 수 있을 것 이다.

이 책은 청소년에게 성은 왜 금지되거나 드러내지 말아야 할 영역으로 취급되어야 하는지에 대한 문제의식에서 출발한다. 그리고 사회의 편견과 차별 때문에 가려져왔던 청소년들의 성 적 경험을 청소년의 목소리로 공론화의 장에 풀어놓고자 한다.

교사 같은 특정한 직업을 가지지 않으면 성인이 일상적으로 만날 수 있는 청소년은 이미 역할과 위계가 전제된 부모-자식 관계나 친인척 관계에 한정된다. 그러나 사실 청소년은 인구의 20%가량이며, 주변 어디에나 있다. 청소년을 미성숙한 예비 인 간으로 보지 않고, 그 누구와도 그다지 다르지 않은 한 사람으 로 보기 시작하면, 비로소 청소년의 진짜 얼굴을 만날 수 있을 것이다. 이 책이 청소년이 더 자유롭고 행복한 사회를 만드는 데 기여하고, 청소년 인권에 대한 물음을 던진다면 좋겠다.

1부

연애, 성

선언

18세, 여성

카페에서 친구와 연애에 대해 이야기를 나누고 있었다. 우리는 혹시나 누가 들을까 주변을 경계했다. 만약 누군가가 여성청소년들이 '섹스'라든가 '피임' '콘돔'이라는 단어가 들어간 대화를 주고받는 걸 들으면 이상하게 쳐다볼 것이 뻔하기 때문이다. 성에 대한 이야기도 그냥 일상에 대한 이야기일 뿐인데 자꾸만 움츠러들어 몰래 이야기하게 되는 것이 싫다.

19세, 여성

미성년자는 모텔에 못 가니까, 애인과 섹스하려 할 때면 멀티방에 갔어요. 멀티방은 여러 개의 방이 있고 문을 닫을 수도 있지만, 문을 잠글 수는 없어서 아무래도 모텔보다는 불편하죠. 씻을 곳도 마땅치 않고요. 그래도 그나마 청소년이 섹스를 하기 위해 갈만한 곳이 멀티방밖에 없었는데, 2012년에 갑자기 정부에서 멀티방을 19금으로 만들었어요. 청소년들의 일탈 장소로 사용된다나 뭐라나. 솔직히 저도 멀티방에서 하긴 했어요. 그런데 그러면 청소년들은 어디서 하라는 말인가요? 그렇게 다 19금으로 만들면 청소년들이 갑자기 성욕을 느끼지 않게 되나요? 멀티방이 19금이 된 후 저는 공중화장실이나 밤늦은 공원 구석 같은, 더럽고 위험한 곳에서 섹스할 수밖에 없게 되었어요. 더 위험한 곳으로 내모는 게 청소년을 보호하는 건가요?

19

17세, 여성

내가 연애를 하고 있다고 하면, 어른들은 청소년의 연애에 이러쿵저러쿵 말을 덧붙인다. 다음은 내가 들었던 가장 꼰대 같던 말들이다. "어려서는 상대를 제대로 못 고르기 마련이니까 너무 깊게 빠지지 마라." "넌 어려서 사랑이 뭔지 모른다." "어차피 어렸을 땐 경험 삼아 사귀는 거니까 헤어져도 상심하지 마라." 이런 말을 들으면 모욕당하는 것 같다. 내가 기분이 나쁘다고 말하면 또 다시 놀림감이 된다. "역시 애라서 못 알아듣는구나. 크면 알게 될 거야." "어머, 딴에 여자라고 진지해지는 것 좀 봐. 귀여워 죽겠어!" 나이가 어리다고 사랑을 모르는 건 아니다. 단지 상대방의 나이를 기준으로 그 사람의 사랑과 연애를 멋대로 평가하는 것은 부당하다.

18세, 여성

저는 동방신기 팬이에요. 예전에 동방신기 노래 중에 〈미로틱〉이란 곡이 있었는데, 19세 이하 청소년유해매체로 지정되었어요. 그런데 청소년유해매체가 될 이유가 제가 보기엔 전혀 없었거든요? 그래서 왜 그렇게 되었나 찾아보니 청소년보호위원회에서 '혈관을 타고 흐르는 수억 개의 나의 크리스탈'이라는 가사가 정자를 상징한다고 해석한 거예요. 항의가 빗발치자 노래가 나온 지 1년 후에 법원에서 그 판결이 부당하다며 19금 지정을 취소했어요. 그뿐 아니에요. 십센치가 부른 〈아메리카노〉라는 노래는 가사 중에 '다른 여자와 키스하고 담배 필 때'라는 표현이 있다는 이유로 19금이 되었어요. 청소년들은 저 위에 청소년을 보호한다고 나서는 기관에서 '이건 섹스를 상징하는 거야.'라고 해석했다는 이유로 좋아하는 노래를 들을 권리를 빼앗기고 있어요. 길거리에선 담배 피는 어른들이 수두룩한데 노래 가사에 '담배'가 나온다는 이유로 19금으로 정하고요. 대체 무엇을 위해 19금을 정하는지 모르겠어요.

23세, 여성

그 당시 나는 열아홉 살이었고, 세 살 연하의 남자친구가 있었다. 남자친구를 만난 건 교회에서였다. 매주 일요일마다 서로를 의식하던 우리는 어느 날 핸드폰 번호를 교환했고, 매일 연락을 주고받으면서 저녁 늦게 부모 몰래 나와 함께 밖을 돌아다녔다. 그러던 어느 날, 남자친구는 한쪽 뺨이 통통 부은 채로 나를 만나러 왔다. 자기 아버지에게 연애한다는 사실을 들켜 혼이 났다고 했다. 남자친구 아버지는 중학교 선생님이었는데 워낙 호랑이 선생님으로 유명하신 분이라 어느 정도 예상은 했었다. 그렇지만 아버지에게 맞아 얼굴이 부어오른 채로 나를 만나러 온 남자친구를 보자 마음이 아팠다. 남자친구가 아버지에게 맞았던 날, 남자친구 어머니는 내게 문자 한 통을 보냈다. "더는 성준이를 밤마다 불러내지 마라." 나는 그저 죄송하다고 할 수밖에 없었다. 나는 남자친구를 힘들게 했다는 죄책감에 그에게 더 이상 다가갈 수가 없었다. 그러다 우리는 연락이 뜸해졌고, 그는 끝내 그만 만나자는 연락을 해왔다.

12세, 여성

어른들은 이렇게 말하곤 한다. "너네 나이 때 느끼는 감정은 아무것도 아니야. 너네가 하는 사랑은 다 장난이야." 이런 말들로 어린이들의 순수한 첫사랑은 부정되곤 한다. 나의 첫사랑은 무척이나 무모하면서도 바보 같은 사랑이었다. 지금 와서 생각하면 대체 왜 그 사람을 좋아하게 되었는지도 모르겠다. 그저 순수한 마음이었을 것이다. 아니면 그냥 어른들이 우리 사랑을 폄하할 때 이야기하는 호기심, 그저 호기심이었을지도. 그러나 한 사람을 짝사랑하는 감정은 1년 넘게 이어졌다. 수학여행 때 진실게임을 하게 되어 친구들에게 내가 좋아하는 사람을 말해주었다. 그때까지만 해도 누군가를 좋아한다는 것이 참 좋았는데, 그로부터 며칠 뒤 내가 좋아하는 그 사람이 어떤 여자애에게 고백하여 사귀고 있다는 소식을 들었다. 무척이나 그 여자애가 부러웠고, 또 미웠다. 가끔 내게 문자메시지가 오면 나한테 관심이 있는 것이 아닌가 착각했다.

어릴 때 만나서 결혼까지 하는 경우도 있을까? 내 주변에 그런 사례는 찾아볼 수가 없다. 다음번에 또 사랑을 하게 된다면 나를 좋아하는 사람을 사랑하게 되면 좋겠다.

18세, 여성

우리 학교 교칙 중에 이성교제를 금지하는 규정이 있어요. 그래도 보통 누가 누구랑 사귄다고 해도 선생님에게 이르지는 않아요. 어느 날 제 친구가 남자친구랑 키스했다는 얘길 하고 있었는데, 그걸 보건교사가 들었어요. 그 보건교사는 그 애를 걸레 취급하면서, 그 애한테 "남자들은 한 번 자고 버린다. 너만 걸레되는 거다." 하고 이야기하더라고요. 그러면서 태도가 문란하다면서 친구한테 벌점 폭탄을 줘서, 친구는 결국 교내봉사 네 시간 징계를 받았어요. 우리 학교에서는 누가 징계당하면 징계 사유를 교문 앞에 붙여놓거든요. 그 애 실명까지 밝히면서, '생활 태도 문란' 때문에 징계한다고 공개적으로 적어놓은 거예요. 친구가 얼마나 힘들었겠어요. 청소년이 연애하고 키스하는 게 그렇게 징계당하고 공개적으로 망신당해야 할 일인가요?

21세, 여성

저는 청소년 애인과 동거하고 있는 비청소년입니다. 저를 두고 누군가는 우스갯소리로 아청법에 걸릴 거라고 하고, 또 누군가는 미성년자 납치로 신고당할 거라고 합니다. 솔직히 좀 얄밉습니다. 사람들은 혼전에 동거하는 것도, 성인이 청소년과 연애하는 것도 문제라고 말합니다. 전 이렇게 잘 살고 있는데도 말이죠. 제가 연상이고 애인은 청소년이란 것 외에는 특별히 다른 게 없는 행복한 연애를 하고 있는데 뭐가 문젠가요? 청소년기엔 공부만 하다 이제 등록금 내며 스펙 쌓느라 연애할 틈도 없는 대학생들, 만족스럽지 않은 결혼생활에 시댁 식구에 치여 사는 엄마들. 왜 남들 시선에 맞추자고 남들과 같은 길을 밟아야 하는 건지 모르겠습니다.

물론 저 역시 돈이 없어 곤란할 때도 있고 알바에 지쳐 제대로 애인과 얘기 한 번 못 나누는 날도 많지만, 그럼에도 지금 그와 함께 산다는 것만으로도 든든하고 용기가 납니다. 동거 사실을 모르는 엄마에게도 언젠가 이야기하고 이 관계를 인정받을 겁니다. 제 선택에 후회 없다는 걸 꼭 보여주고 싶어요.

17세, 남성

부모님한테 연애를 한다고 이야기했더니, 그 뒤로 내가 외출할 때마다 어디에 갈 건지, 누구랑 있을 건지, 언제 집에 들어올 건지 꼬치꼬치 캐물어요. 데이트를 하는 날이면 8시까지 집에 들어오라고 강요하고요. 대놓고 '사귀지 마!' 하는 건 아니지만 간섭이 너무 심해서 연애하지 말라는 거나 다름없어요.

15세, 여성

학교에서 '노는 애'라고 찍힌 애들이 있잖아요. 반에 좀 예쁜 애가 한 명 있었어요, 예은이라고. 걔는 학교에 몇 번 안 나왔고, 학교에서도 수업시간에 많이 잤어요. 화장도 진하게 하는 편이었고요. 예은이에 대한 소문이 많이 나돌았어요. 애들은 암묵적으로 예은이를 걸레 취급을 했어요. 중학생인데 노래방에서 고등학생들이랑 논다고, 집에도 안 들어간다고 소문이 퍼졌거든요. 선생님들도 걔 귀찮은 듯이 취급했어요. 반에서 잘 나가는 애들 그룹이 있잖아요. 그 잘나가는 애들 중에 몸집이 크고 인기 많은 남자애가 있었는데, 그 남자애만 유일한 예은이 학교 친구였거든요. 둘이 사귄다고 소문이 났어요. 보통 학생들이 사귄다고 하면, 어른들이면 몰라도 애들은 그렇게까지 나쁘게 보지는 않아요. 근데 그렇게 걸레라고 소문이 난 애가 인기 많은 남자애랑 사귀니까 애들도 다 안 좋게 보더라고요. 선생님은 맨날 예은이한테 '치마가 그게 뭐냐(치마가 짧다).' 하는 소리만 하고요. 어른들이 청소년의 연애나 성을 안 좋게 보니까, 청소년도 그렇게 생각해서 친구에 대한 나쁜 소문을 내고 따돌리는 것 같아요.

19세, 여성

난 흔히 순수하고 깨끗하다고들 말하는 처녀다. 열아홉 살 나는 왜 처녀일까? 성욕, 나도 있다. 사랑하는 내 애인과 키스도 하고 싶고 섹스도 하고 싶다. 하지만 정작 현실의 나는 애인한테 뽀뽀하자고도 못하는 처녀다. 누가 나를 처녀로 만들었을까? 어릴 때 나는 야동 보면 잡혀가는 줄 알았다. 결혼 전에 섹스하면 죽는 줄 알았다. 이제는 야동 봐도 되고 키스해도 되고 섹스해도 된다는 걸 알았는데 아직도 그런 주입된 인식에서 자유롭지 못하다. 나는 만들어진 처녀다. 이제 너는 처녀이고 싶지 않다. 당당하게 내가 원하는 것을 말하고 실천하는 비(非)처녀가 되고 싶다.

18세, 여성

우리 고등학교에는 유명한 커플이 있었어요. 2학년 여학생과 3학년 남학생 커플이었죠. 그 여학생은 제 친구였는데, 공부를 꽤 잘했어요. 그 애 부모님은 엄청 극성이라 그 친구는 매일 학원에 붙어 있었어요. 부모님이 그 친구에게 연애하면 성적이 떨어지니 연애하지 말라고 했는데 그 친구는 헤어지지 않았어요. 그랬더니 그 부모님이 결국 학교로 찾아와서 자기 딸이 남자친구랑 헤어지게 해달라고 했대요. 그 여학생과 남학생은 따로따로 교장실로 호출당했고, '너네 헤어져라.'는 말을 들었다고 해요. 정말 서로가 좋아 죽는 애들을 떼어놓으려고 부모고 학교고 어쩌면 그렇게 극성들인지.

22세, ?

내가 고등학교에 다닐 때 겪었던 일 중 가장 힘들었던 건 바로 남학생과 여학생 분리였다. 남녀합반이었는데도 각자 공간을 엄격히 분리했다. 체육시간에도 남녀학생을 분리하여 진행했고, 강제 야간학습을 하는 열람실과 컴퓨터 학습실 등에서도 남학생과 여학생을 철저히 분리했다. 모여 다니는 것이 허용되는 때는 교사가 교육상의 이유로 허락할 때뿐이었다. 모여 있으면 안 되는 기준과 되는 기준을 당사자가 정할 수 없다는 것이 참기 힘들었다. 원래 인간은 사회적 동물이라 다양한 사람들과 교류하는 것에 보람을 느끼는데 말도 안 되는 성별에 따른 분리 조치 때문에 교류하지 못하니 불만이 많을 수밖에 없었다. 그 정점은 '개도 안 건드린다.'는 식사시간이었다. 학교는 급식을 먹을 때조차 남녀를 분리시켰다. 수업을 같이 듣다가도 점심시간을 알리는 종이 울리면 교실 바깥으로 나와 일제히 남학생, 여학생이 분리되어 각자의 정해진 줄 서는 구역으로 향했다. 밥을 먹을 때조차 따로 먹어야 하는 그 어떤 필요성이나 합리적인 이유는 찾기 힘들었다. 모여서 밥을 먹으면 일탈이 일어나고 음탕하다고 생각해서였을까? 체육교사들이 식당의 각 구역에 배정되어 남학생 구역에 여학생이 있는지, 여학생 구역에 남학생이 있는지 감시했고, 어쩌다 같은 구역에서 섞여 모여 밥을 먹고 있으면 '각자 자리로 못 돌아가나?' 하고 불호령을 내리곤 했다.

민주주의가 심화된 유럽 등의 국가에서는 학교의 모든 정규과정에서 남녀가 분리되어 역할을 수행하지 않는다고 한다. 모든 청소년에게 각자의 금지 구역을 설정해놓고 정해진 곳에 있으라고 하는 것은 유치하지 않은가? 학생들 개개인이 존엄성을 느끼고 살아갈 수 있도록 성별에 따른 공간 분리를 없애야 한

다. 그것은 더 민주적인 학교를 만들기 위해서도 필수적인 일
이다. 내가 그 학교를 떠난 지 몇 년이 흘렀다. 지금 그 학교 식
당에서는 밥을 어떻게 먹고 있을까.

20세, 여성

저는 어른들이 좋아하는 이른바 '아무것도 모르는' 청소년이었
어요. 여중, 여고를 다녔고, 특히 고등학교는 가톨릭 미션스쿨
이라서 남학생의 학교 출입을 엄격히 통제했어요. 공부도 많이
시키는 학교라 야간자율학습과 심화반 때문에 밤 12시가 되어
서야 하교할 수 있었어요. 주말엔 학원에 갔는데, 학원에서도
학생들의 연애를 금지했고요. 제가 자주 들었던 말은 "너네는
대학 가면 더 좋은 사람을 만날 수 있는데 뭐하러 지금 연애를
하냐?" "떳떳하게 누군가를 사귀려면 공부를 해야 한다." 같은
말이었어요. 저희 엄마는 제가 연애할 수도 있다고는 상상도
못하셨고요. "대학 가면 소개팅도 하고, 남자친구를 사귈 수도
있단다." 하는 말은 청소년기에 내 딸이 감히 연애할 거라고는
생각도 안 해본 채로 하는 말이었어요. 사실 저는 어른들의 그
런 말에 저항하지 않았어요. 저도 십대 때는 공부만 해야 한다
고 생각했고, 연애하고 싶다는 생각도 별로 없었거든요. 중학
생 때 어떤 남자애에게 고백을 받았는데, 저는 연애는 '노는 애
들'이나 하는 것이라고 생각해서 거절했어요. 그 남자애는 이
른바 '노는 애'로 선생님들한테 찍힌 애였고요. 지금 생각해보

면 내가 정말 연애에 관심이 없어서 그랬던 건지, 아니면 연애에 관심이 없어야 한다고 주입되어서 그랬던 건지 모르겠어요. 제가 어른들의 말에 무조건 따르지 않을 용기가 있었다면 경험했을 수도 있었을, 놓쳐버린 그 경험이 지금 와서는 아쉬워요.

19세, 여성

중학교 때, 이른바 '날라리'라서 교사들이 싫어하는 여학생, 남학생 커플이 있었어요. 둘이 연애를 한다는 것을 알게 된 한 교사가 여학생 부모에게 그 사실을 알렸죠. 그랬더니 여학생의 어머니가 학교에 찾아와서 남학생의 뺨을 때렸대요. 제가 다닌 중학교는 이성교제를 하면 징계를 하기도 했는데, 그런 식으로 교사가 함부로 사생활을 부모에게 말하는 것이 마음에 들지 않았어요.

20세, 여성

초등학교에 막 들어갔을 즈음이었다. 이불을 사타구니 사이에 끼고 양 끝을 당겨서 사타구니를 압박하면 기분이 좋다는 걸 알기에 그렇게 몇 차례 반복하고 있는데, 엄마가 놀란 기색으로 뭐하냐고 물었다. "이러면 기분이 좋아." 하고 대답했더니 하지 말라고, 그거 안 좋은 거라고 했다. 그 단호한 기색에 왜 안 좋냐고, 그게 뭐기에 그러냐고 묻지 못했다. 그냥 "응……." 하고 대답하며 이불을 몸에서 멀리 치웠다.

3년 후, 성교육 책을 보며 '자위'라는 개념을 알게 됐지만 '성욕구를 해소하기 위한 행동'이라는 짧은 설명뿐이어서 그때 내 행동이 자위였음은 10년 후에야 알게 되었다. 나의 자위가 결코 도덕적으로 나쁜 행동이 아님을 알기까지는 더 많은 시간이 걸렸다.

20세, 여성

초등학교 5학년 때, '욕을 사용하지 말자.'는 주제로 우리들이 사용하는 욕과 그 뜻을 알아보는 수업을 했다. '미친년' '지랄' '병신' 등의 의미를 이야기한 뒤, '씨발'을 이야기할 때였다. 담임이 '씨발'이라는 단어를 제대로 입으로 내뱉지를 못하고 한참을 망설이다가, 교육 목적으로 겨우 뱉는 양 "씨발……이란 단어의 원래 뜻이 무엇인지 아는 사람?" 하고 물었다.

나는 며칠 전에 글쓰기 그룹과외로 욕의 어원을 공부한 적이 있어서, 손을 들고 "남자와 여자 간의 성관계를 말합니다." 하고 답했다. 섹스라는 단어도 제대로 몰라서, 사전에 있는 대로, 과외 쌤이 설명한 그대로 답했다. 그런데 담임이 차마 입에 담지 못할 말이라며, 아이들에게 그 단어의 뜻을 가르쳐준답시고 나에게 "단어 뜻이 뭐라고?"라며 다시 물었다. 의아했지만 시키니까 뭐, "남자와 여자 간의 성관계를 말합니다." 하고 다시 대답했다.

나는 '성관계'라는 단어가 무슨 뜻인지 아예 모르니까, 그 수업을 통해서 왜 '씨발'이란 단어를 써서는 안 되는지 이해하기 힘들었다. 담임이 굉장히 권위적이고 날카로운 사람이었기 때문에, '씨발'과 '성관계'라는 단어를 입에도 담지 못할 말 취급하는 담임에게 그게 무엇인지 물어볼 수도 없었다.

성교육시간에는 '섹스' 또는 '성관계' 등의 단어조차 얘기하지 않고서 '몸을 만지는 사람에겐 싫다고 해요.' 따위의 이야기만 한다. 어른들은 섹스라는 단어와 행위를 알면서 왜 단어조차 우리에게는 그 뜻조차 알려주지 않는 걸까? 그들의 만들어진 수치심이 우리 인생에 꼭 필요한 정보를 알려주는 것보다 중요한가? 섹스가 뭔지 물어볼 곳도 없는데, 우린 대체 어디서 정보를 얻을 수 있단 말인가? 성을, 섹스를 나쁜 것으로 취급하는 분위기부터 사라져야 한다. 그 분위기를 없애는 첫걸음으로, 섹스라는 이름부터 나쁜 것으로 취급하지 않고 자연스럽게 말할 수 있으면 좋겠다.

20세, 여성

초등학교 때 친구들끼리 모여 누군가를 험담할 때 종종 "쟤, 야동 봐."라는 말을 하곤 했다. 성욕을 가진 것이 매우 나쁜 것이라는 듯이 말이다. 이런 생각은 성교육이 성욕을 부자연스럽고, 도덕적 결함인 것처럼 말해왔기 때문은 아닐까? 성교육 책에는 "성욕은 자연스러운 것입니다. 하지만 운동으로 풀어야 합니다." 하는 식의 이야기가 숱하게 나온다. 하지만 성욕이 자연스럽다면서 성욕을 굳이 성욕과 무관한 '운동'으로 '풀라는' 건 심히 모순적인 얘기 같다. 내 친구 중 하나는 "쟤, 야동 봐."라는 험담에 "그게 왜(나쁜 거야)?"라고 대꾸하던, 성욕이 자연스럽다는 걸 본능적으로 알고 있는 친구였다. 나는 그 친구와 성교육 책에 적힌 그 부자연스러운 이야기를 함께 비웃을 수 있어서 기뻤다.

20세, 여성

내가 중학교에 다닐 때 생리를 일컫는 용어는 다양했다. '딸기잼' '대자연' '케첩' '생크림' 등. 아무도 '생리'라는 용어를 자연스럽고 당당하게 말하지 못했다. 그것을 입 밖으로 꺼내는 일은 곧 '부끄러운 일'이었다. 그렇게 생리는 언급하기도 부끄러운 일로 기억되었다. '생리'라는 명칭 대신 딸기잼이나 케첩 같은 여자만이 알아들을 수 있는 용어로 꽁꽁 숨긴 채, 입 밖으로 꺼내는 순간에는 마치 당연한 듯 수치심을 받아야 하는 것이 참 이상하다.

멀티방과
모텔방 사이

-Ahn

나는 개방적인 부모를 만난 덕분에 '페니스'와 '섹스' 등의 단어를 비교적 쉽게 접할 수 있는 가정환경에서 자랐다. 그렇다고 딱히 특별한 성교육을 받았던 것은 아니었다. 성에 관한 이야기가 나올 때 부모가 "넌 아직 어리니까 몰라도 돼." 하며 말문을 막아서지 않고 그저 자연스럽게 대화를 나누었을 뿐이다. 하지만 우리 집 밖의 세상은 달랐다. 평소에 부모와 성에 대해 이야기하다가도 학교에 가면 나는 성 앞에 순진무구한 여학생이 되어 침묵했다. 학교에서 성을 이야기하는 것은 어쩐지 금지된 기분이 들었다.

물론 성에 관한 대화를 나누지 말라는 교칙은 없었다. 다만 교칙에 있는 불건전한 이성교제, 동성애, 키스나 신체 부위 접촉 등을 금지하는 조항들은 청소년이라면 마땅히 무성(無性)적이어야 함을 암시했다. 처음 고등학교에 입학했을 때, 교칙을 설명해주는 선생님을 향해 나를 포함한 많은 친구가 그런 교칙들이 어처구니없다는 반응을 보였다. "요즘 같은 세상에 누가 치마 단속을 해요!"라든지 "고등학생이나 되었는데 연애를 한다고 벌점을 매기는 게 어디 있어요?" 같은 반응이었다. 그렇지만 교사들은 다른 학교에도 이런 교칙이 있다고, 다 학생들을 위한 교칙이라며 군말 없이 따르라고 했다. 주변의 명문고를 예로 들며 그곳은 더하다고도 했다.

이미 학생들은 초등학교, 중학교를 거치며 점점 더 심한 학업 스트레스를 받고, 공부에 연애와 성적 욕망이 방해가 된다는 이야기를 수없이 들어왔다. 반인권적인 교칙에 볼멘소리가 나오긴 해도 공부에 방해가 된다라는 근거 앞에 학생들은 여지없이 순응해야 했다. 한 청소년 성문화연구조사[1]에 따르면 남녀 고등학생들이 '연애하지 않는 이유'로 "나중에 해도 되기 때문에" "학칙에 어긋나므로" "하지 않는다(혹은 못 한다)."고 대답했다. 성인들은 "연애에 관심이 없"거나 "좋아하는 사람이 없어서" 등의 이유로 연애를 하지 않지만, 청소년들은 '너네는 나

---

1   '2013 서울시 청소년 성문화연구조사', 아하!청소년성문화센터. 서울시가 함께 진행한 서울 지역 십대 청소년의 성 태도, 성 관련 경험 전반을 조사한 연구이다. 연령별, 계열별(인문, 특성화, 특수)로 다른 집단 중 '연애 경험이 없는 학생들'에게 '연애하지 않는 이유'를 물어본 항목에서 고등학생 남녀의 대답 일부를 인용했다.

중에 해도 돼.' '공부에 집중해야지.' 하는 사회적인 압박과 학교에서의 징계 때문에 강제로 연애를 유예하게 된다.

나는 순응을 넘어 아예 교칙을 내면화한 사람이었다. 고등학교 3년을 공부에 바치기로 결심했던 터라 친구들에게 내가 성에 대해서는 무관심한, 그저 공부만 하는 모범생 이미지로 비춰지는 것쯤은 괜찮다고 생각했다. 물론 섹스나 연애에 관심조차 두지 않는 모범생의 모습이 학교에서 유리하게 작용할 거라는 속셈도 있었다.

어느 날 "누군가 지갑 속에 콘돔을 가지고 다닌다."며 여자아이들끼리 속닥거릴 때 한 친구가 나더러 "너같이 순진한 애는 그런 거 알면 안 돼. 물들면 안 되잖아." 하고 말한 적이 있다. 콘돔이 나를 '물들이는' 물건이란 말인가? 나는 늘 순진무구한 척 연기해왔으니 친구가 그런 말을 할만도 했다. 그러나 내면의 성적 자아가 부정당한 그 경험을 하고 난 후, 모범생 이미지를 유지하기 위해 의도적으로 무성적인 체한 것이 무언가 억울하게 여겨졌다.

사실 나는 공부에만 몰두하고 싶어서 무성적인 척을 한 것이 아니다. 자유롭게 섹스를 즐기고, 친구들과 성적인 이야기를 나눌 때 학교에서 받을지도 모르는 처벌과 시선이 두려웠기 때문이다. 내가 '성적인' 청소년이란 걸 들켰을 때 어른들에게 들을지 모르는 폭력적 말들로부터 안전하고 싶었다. "그러다 성적 떨어질라." 같은 말부터 "그렇게 밝혀서 임신이라도 하면 어쩌려고 그러니?" 하는 말들은 흔하디흔하고 정형적인 말이지만, 그런 말을 들으면 불안해지곤 했다.

나는 성적이 떨어질까봐 정말 두려웠고, 하도 섹스와 임신을 연결 짓는 통에 섹스 몇 번만 하면 쉽게 임신이 되는 줄 알았다. 콘돔을 본 적도 만진 적도 없었으니 피임 성공률이 좋은지 어떤지 알 수 없었다. 그러나 이런 것들을 다 차치하고서라도 나에게는 좀처럼 연애할 기회도, 섹스할 기회도 없었다. 선생님들과 동급생의 시선으로부터 자유롭지 못했기에 학교에서 계속 무성적인 척을 해왔으니 말이다. 대신 이런 답답함을 해소하기 위해 학교가 아닌 온라인 커뮤니티에서 자유롭게 내 성적 욕망을 실현했다.

나는 온라인 커뮤니티에서 만난 사람과 연애를 하고, 성적 접촉을 했다. 그들은 학교에서의 내 이미지에 조금도 영향을 주지 못하는 외부인이었기 때문에 자유롭게 성적인 행동을 할 수 있었다. 하지만 한계도 많았다. 우리는 서로 다른 시에 거주해서 장거리 연애를 했던 터라 만나기 어려웠다. 처음 연애를 시작했던 것처럼 우리의 의사소통 태반은 SNS 혹은 문자메세지로만 이루어졌다. 자유롭게 연애하고, 성적 사생활을 누리고 싶어서 온라인 커뮤니티를 찾고 거기에서 연인을 만났지만, 개인 생활을 누릴만한 시간이 허락되지 않는 입시 전쟁 중에 성적 사생활은 요원한 꿈이었다. 입시 경쟁으로 인한 스트레스는 주로 성적 욕망과 연결되었다. 주고받은 문자 속에는 목적어를 빠뜨린 '하고 싶다.'라는 소망만이 가득할 뿐, 욕망은 미해결 과제처럼 쌓여만 갔다.

겨우 만날 시간을 조정해 데이트하기로 약속한 날, 우리는 룸카페로 향했다. 미성년자였던 애인과 내가 데이트할 수 있는 공간은 고작해야 영화관, 카페, 놀이공원, PC방 등으로 무척 한정적이었다. 서로의 집에 드나들 수 없는 상황이어서 집이라는 선택지는 없었다. 우리 집은 다른 가정에 비해 비교적 개방적이었음에도, 섹스하고 싶으니 집을 내달라고 도저히 말할 수 없었다. 무엇보다도 당시 기숙사에 생활하고 있었기 때문에 집에는 나만의 방이 없었다. 밖으로 나갈 수밖에 없었다.

타인들의 시선에 아랑곳하지 않고 둘만의 시간을 보내고 싶었던 나는 나름의 타협책으로 룸카페를 선택했다. 주문한 음료가 나오고, 누군가 실수로 우리가 있는 방문을 열지 않는 한 누구의 방해도 받지 않을 수 있게 되자 내심 설렜다. 이렇게까지 노력해야 우리는 만날 수 있구나 싶은 허무함도 밀려오긴 했지만, 당장에 그 누구의 시선으로부터 자유로울 수 있다는 점이 좋았다. 옆방 연인들이 나누는 대화 소리가 들리지만 우리는 그들이 누군지 알지 못한다. 그들에게 우리도 마찬가지일 것이다. 우리의 행동을 비난할 사람이 아무도 없으니, 평소에 잘 하지 않던 스킨십을 대담하게 즐기기 시작했다.

룸카페를 나와야 할 시간이 다가오자 아쉬웠던 우리는 급한 대로 근처 멀티방에 가기로 했다. 이렇게 단 둘이 만나서 스킨십을 할 기회가 거의 없다는 생각이 우리를 조급하게 했다. 색색의 멀티방 간판이 모여 있는 거리를 둘러보며 그중 하나를 골라 들어갔다. 두 시간밖에 되지 않는 우리만의 시간을 보내려고 모텔 숙박비에 육박하는 거금을 들여야만 했다. 방에 들어오고 자리에 앉자마자 우리는 황급히 키스했다. 룸카페에서 끝내지 못한 설렘을 이어가 보려고 했고, 곧 섹스라도 해야 할 것 같은 분위기가 되었다. 그렇게 열에 들떠 뜨거운 숨을 내쉬던 우리였지만, 멀티방에 들어온 지 한 시간도 채 안 된 시간에 섹스는 안 되겠다고 합의했다. 두 시간은 너무 짧고, 잠기지 않아 언제라도 열릴 수 있는 문은 너무 불안했기 때문이다. 무엇보다 멍청하게도 둘 다 피임도구를 준비하지 못했다. 내심 섹스를 기대했으면서 한편으로는 그 섹스를 스스로에게 허용하지 않았고, 준비하지도 않았던 것이다. 꽁꽁 싸매듯 감춘 성적 욕망은 어쩌다 불현듯 찾아오는 기회를 마다하지 못했지만, 이런 기회는 대개 청소년 입장에서 아쉽기 짝이 없게 끝나고 만다. 사랑을 나눌 마땅한 공간이 없는 것을, 주어진 시간이 짧다는 것을 알기 때문에 준비가 안 돼 있었던 탓이다.

그 날 우리는 시간을 다 채우지도 않고 그곳을 빠져 나왔다. 날이 너무 춥다는 핑계로, 머쓱하고 실망스러운 마음을 감추며 잰걸음으로 역으로 향했다. 우리는 막차 시간을 걱정하며 헤어졌다. 각자 서로 다른 방향으로 가는 지하철을 기다리며 황량한 역에서 방금까지 그가 더듬고 키스했던 내 몸을 생각했다.

나는 우리에게 허락된 반쪽짜리 사랑에 실망해버렸다. 그 실망은 상대방에 대한 실망으로 바뀌어갔다. 그때는 무엇에 실망해야 하는지 몰라 애꿎은 상대방에게 실망해버리고 말았던 것 같다. 나처럼 그도 이것이 마지막 데이트라고 생각했던 것 같다. 그 날 이후 우리는 시작과 마찬가지로 이별도 문자를 통해서 해결했다. 본격적으로 수험생이 되니 기숙사에 매여 아예 학교 밖으로 나갈 일이 없어졌다. 자습하는 동안 휴대폰은 반납해야 했으니, 허락된 시간을 이용해 두 번에 걸쳐 긴 문자를 보냈다. 수험생이 되고 나니 시간이 부족해서 어쩔 수 없이 볼 수 없다는 내용이었다. 그 후에는 아주 가끔 만나 그 날의 이야기만 쏙 빼놓고 지나간 시간을 추억하거나 각자의 안부를 묻곤 했다.

2년이 흘러, 나는 스무 살이 되었고 그는 스물한 살이 되었다. 최대한 학교에 순응하는 태도로 살아왔던 나는 결국 그토록 원했던 상위권 대학에 진학할 수 있었다. 대학에 오고 나서는 드러내놓고 애인을 사귀었다. 고등학생 신분을 벗어나자 갑자기 모든 것이 '허용' 상태로 바뀌었다. 느닷없는 이 변화가 당황스럽기도 했지만, 간절히 바랐던 상황이기도 했다. 섹스를 원하지만 무성적인 척 연기해야 했던 나는 억눌린 욕망을 해결하기 위해 단기간에 많은 사람을 만났다. 드디어 멀티방이 아닌 모텔을 자연스럽게 드나들게 되었다. 비로소 내 욕망과 솔직하게 마주하게 되었고, 불안정한 자아는 안정을 찾아갔다.

그러다 예전의 그 애인이 입대한다기에 오랜만에 그를 만났다. 우리는 각자의 애인에 대해, 평범한 일상에 대해 이야기했다. 자연스럽게 우리는 모텔에 갔다. 나는 술을 마셨다. 그는 옆에서 담배를 폈다. 2년 전 청소년 커플이었던 우리에게는 합법적이지 않았던 세 가지, 모텔 숙박과 음주와 흡연이 동시에 이루어졌다.

모텔에는 콘돔이 비치돼 있었다. 섹스해도 비난받지 않아도 되는 스무 살과 스물한 살은 만나기 전부터 우리의 만남이 섹스로 귀결될 것을 알고 있었다. 서로 끌어안고 체온을 느끼면서 비로소 예전 그 날의 씁쓸했던 이야기를 나눴다. 우리는 그때와 비슷한 요금을 내고 방을 빌렸지만 그때보다 훨씬 더 오랜 시간 함께 있을 수 있었다. 시간에 쫓기지 않아 좋았다. 서투르지도 않았고, 불안하지도 않았다. 지금과 너무 달랐던 그때를 비교하며, 천천히 공들여 과거를 채우기 위한 밤을 보냈다. 반쪽짜리 사랑이 채워지는 기분이었다. 아마 멀티방에 갔더라면 성인이 된 우리라도 여전히 찝찝하고 불안했을 것이다. 멀티방은 명목상 영화를 보고 게임을 하는 '멀티미디어'를 즐기러 가는 공간이어서, 하면 안 되는 것을 몰래 하는 듯한 느낌으로 섹스하게 될 수밖에 없었을 테니 말이다.

2012년, 갑자기 멀티방이 청소년의 '탈선' 장소로 이용된다는 기사가 쏟아졌다. 언론에서는 멀티방을 '고등학생 모텔'로 칭하면서, 청소년이 출입할 수 있고 벽과 문이 있어 어느 정도 사생활이 보장되는 공간이니 청소년에게 탈선을 허용하는 셈이라 주장했다. 그에 발맞춰 정부에서는 멀티방을 청소년 출입 금지 업소로 지정했다. 아니, 어쩌면 정부 정책 시행 계획이 먼저 있고 그에 발맞춰 언론에서 장단을 맞춰준 걸지도 모른다.

도시를 걷다 보면 거리마다 몇 개씩 자리 잡은 멀티방이 보인다. 멀티방 문 앞에는 '청소년 출입 불가능' 문구가 나부낀다. 그 종이 위에 선명한 글씨로 쓰인 경고 문구는 청소년이 성적일 수 없다고, 성적이면 안 된다고 굳게 믿는 사람들의 눈을 가리는 역할밖엔 하지 못한다. '청소년과 성'이라는 주제를 앞에 내놓으면, '위험한 것'이라는 발상밖에 하지 못하는 사람들의 결핍된 상상력이 안타깝다. 내게는 보호라는 이유로 청소년의 경험을 제한하고 통제해야 한다는 주장이 더 위험해 보인다. 그저 '하지 말라.'고만 주문하는 사회, 그 주문은 멀티방 입구에 붙은 종이만큼이나 얄팍한 근거로 무장한 채로도 신기하게 잘 살아남아 있다.

연애 탄압하는 학교,
사랑을 금하다

−한지혜

2009년 상영된 뮤지컬 〈그놈을 찾아라〉(극단 진동)에는 학교에서 학생들의 '이성교제'를 단속하는 장면이 나온다. 교사들은 학생들 사이에 오가는 사적인 편지를 검열하고, 이를 통해 연애하고 있는 학생들을 색출해내서 연애를 못하도록 압력을 가한다. 때로는 처벌이나 징계까지도 불사한다. 그 이유는 이 학교가 '전통과 명예에 빛나는 명문 사학이자 기독교의 가르침을 따르는 미션스쿨'이기 때문이며, 학생들의 면학 분위기를 조성하기 위해서이다. 이런 학교 때문에 자신의 감정을 부정해야 해서 괴로운 학생을 연기하는 대목은 관객들의 가슴을 아프게 한다.

이 뮤지컬은 작가의 상상으로 만들어진 것이 아니다. 실화에 바탕을 두고 있다. 모델은 경기도 광명의 ㅈ고등학교다. 이 학교는 미션스쿨은 아니지만, 기숙사학교이면서 학생을 스파르타식으로 공부시키기로 유명한 곳이다. 이 학교에는 '7무(無)원칙'이라는 것이 있는데, 그중에는 '불건전한 이성교제 없는 학교'라는 항목이 있다. 어떤 것이 불건전한 이성교제일까? 당시 ㅈ고 학생의 증언에 따르면 학교 담당자는 입학설명회에서 "이 조항은 불건전한 이성교제뿐 아니라, 모든 이성교제가 없는 학교를 뜻한다."라고 말했다고 한다.

불건전한 '이성교제' 없는 학교

'불건전한 이성교제가 없는 학교'는 ㅈ고등학교뿐 아니라 많은 학교에서 여전히 지향하고 있다. 실제로 많은 학교 교칙에서 이와 같은 조항을 심심치 않게 발견할 수 있다. 그 조항에는 꼭 '불건전한'이라는 단서조항이 붙는다. 불건전하다는 건 도대체 무슨 뜻일까? 그렇다면 '건전한' 이성교제는 괜찮은 걸까? '건전한' 이성교제란 무엇인가? 조금만 거리를 두고 바라보면 이처럼 여러 가지 질문이 따라붙는다. 누가 이야기하느냐, 무엇에 초점을 두고 생각하느냐에 따라 이럴 수도 있고 저럴 수도 있는 '불건전한'이라는 불분명한 단서조항은 일단 떼어놓고 생각해보자. 실은 '이성교제'라는 말에도 문제가 있다. 흔히 우리 사회에서는 이성교제를 보편적인 '연애'와 같은 말로 생각한다. 그러나 이성교제가 연애의 모든 것인 양 말하는 것은, 매우 협소한 시각일 뿐만 아니라 누군가에게는 폭력이 된다. 그 자체로 동성 간의 사랑, 혹은 사랑이라는 말에 포함되지 못하는 어떤 교제나 다른 관계의 가능성, 관계를 맺는 사람의 성정체성과 성적 지향 등은 전혀 고려되지 않은 것이다. 그리고 그것은 학교 안에서도 마찬가지다.

"청소년들의 교제에 대해서는 단순하게만 생각하는 것 같아요. 청소년들의 관계를 이성교제 금지라는 단어 하나로 딱 규제할 수 있다고 하는 건 어떻게 보면 오만하기도 하고, 청소년 시기를 되게 무시하는 거죠."[2]

한 청소년의 이야기는 성정체성과 성적 지향, 다양한 관계맺음에 대한 우리 사회의 좁은 시각이 특히 학교에서, 청소년들에게 고스란히 적용되고 있음을 잘 보여준다. 이런 프레임 속에서 동성애나 시스젠더[3]가 아닌 사람들의 존재가 아예 '정상적인' 연애관계나 정체성으로 받아들여지지 않고 있고, 이성교제는 '비정상'은 아니지만 관리해야 할 대상으로 여겨진다. 이는 청소년기는 미성숙하고, 그러므로 이성적으로 판단하기보다는

---

2 선우, 윤희, 〈미성숙폭동: '이성교제 규제'로 바라본 학교의 실체〉, 〈인권오름〉, 2013.12.18.
3 시스젠더(cisgender): 스스로의 사회적·심리적 성별(gender)을 생물학적인 성별(sex)와 것과 같다고 여기는 사람을 일컫는 말.

감정에 치우치고, 충동을 조절하지 못하고 사고를 칠 수 있다는 식의 우려가 전제되어 있는 발상이다. 또 청소년기의 이성교제가 학생의 본분이 아니라는 생각, 입시공부에 도움이 되지 않으니 규제가 필요하다는 생각도 한몫하고 있다.

손도 잡지 말아라······ '이성교제'를 금지하는 교칙들

청소년인권행동 '아수나로'라는 청소년인권단체에서 2010년에 전국 주요 지역의 중고등학교 354곳의 교칙을 조사해 공개한 결과[4]에 따르면, 전체의 81%인 286개 학교에 학생들의 이성교제나 신체접촉을 금지하는 교칙이 있음이 드러났다. 경기도 양평군의 경우 이 지역 고등학교 8곳 모두에 이런 교칙이 있었고, 부산의 경우엔 142개 고등학교 가운데 119곳이 관련 교칙을 두고 있는 것으로 조사됐다.[5] 대부분의 학교에서 이성교제를 하면 불이익을 주는 교칙을 적용하고 있었다.

"교내에서 신체접촉 등 불건전한 이성교제는 규제한다."

"남녀학생 단 둘의 만남은 항상 개방된 장소를 이용해야 한다."

"남녀 간 혹은 동성 간에 파렴치한 행위를 하여 사회적 물의를 일

4 '청소년연애탄압실태조사' 보도자료, 청소년인권행동 아수나로, 2010.11.16.
5 '이성교제 3번 걸리면 퇴학…"사랑은 19금이 아니랍니다!"', 〈한겨레신문〉, 2010.11.16.

으킨 학생은 징계한다."

위의 내용은 실제 많은 학교에서 여전히 발견할 수 있는 교칙이다. 이러한 내용이 정말로 지켜진다면 어떤 일이 생길까? 텔레비전 드라마에서 볼 수 있는 풋풋하거나 낭만적인 첫사랑 이야기가 펼쳐지기란 쉽지 않을 것이다. 학교가 학생들의 자유로운 '이성교제-연애'를 어떻게 탄압하고 있는지, 학생들의 직접적인 제보와 상담을 통해 알려진 생생한 사례들을 만나보자.

"팔짱 끼고 다니거나 어깨동무 하는 것도 처벌 대상이에요"

"야! 너네 둘! 거기 서." 이성인 친구와 같이 걸어가고 있던 수현(가명)이 뒤를 돌아보니, 생활부장교사가 싸늘한 눈빛으로 수현과 친구를 쳐다보고 있었다. 갑자기 겪은 일에 당황한 수현이 "네? 왜요?" 하고 반문하자 교사는 "누가 그렇게 딱 붙어다니래? 너네 둘 다 이따가 교무실로 와."라며 수현의 입을 막았다. 교무실로 불려간 수현과 친구는 생활부장교사로부터 팔짱을 끼고 다니거나 어깨에 팔을 걸고 다니는 것은 '교내 풍기문란'이라며, 이번은 벌점으로 끝내겠으니 앞으로 주의하란 말을 들었다.

수현이 겪은 일은 경기도 양평의 ㅇ고등학교에서 실제 벌어진 일이다. 이 학교의 교칙에는 '교내 풍기문란'을 처벌하는 조항이 있어 교사에 적발되면 벌을 받는다. 이는 ㅇ고등학교뿐만 아니라 '이성교제'와 신체접촉을 규제하는 대부분의 중고등학교에서 벌어지는 가장 흔한 사례이다.

경기도 안산시 ㄷ고등학교의 사례는 유명하다. 이 학교에 다니는 남학생과 여학생이 택시를 타려고 함께 길가에 서 있었는데, 마침 근처를 지나던 교감이 즐거운 표정의 두 학생을 유심히 지켜봤다. 다음 날 두 학생에게 '3일 교내봉사'의 징계를 내렸다. '죄명'은 '윤리거리 위반'이었다. 이 학교에는 남녀가 50cm 이상 거리를 유지해야 한다는 '윤리거리 규칙'이 있었다.[6] '윤리거리 규칙'을 적용하여 남녀 학생은 30cm 또는 50cm 이하로 접촉할 시 벌을 받도록 규정해둔 것이다. 이 어마어마한 교칙의 존재가 이 학교 학생들의 연애에 어떤 영향을 끼쳤을까? 학생들은 정말 연애를 안 했을까? 그건 모를 일이다.

"대화하는 것도, 다른 반 출입도 금지래요."

"학교는 신성한 교육의 현장입니다. 혹시라도 우리 학교에서 불건전한 이성교제 등 퇴폐행위가 눈에 띄면 부모님을 소환한 후 그 즉시 퇴학될 수 있음을 모든 학생은 명심하기 바랍니다. 그럼 이상." 시끌벅적한 점심시간에 울려 퍼진 방송에 귀를 기

---

6   앞 기사.

울이는 학생들은 거의 없었다. 하지만 영지(가명)에게는 이 방송이 그 어느 때보다도 더 큰소리로 들려왔다. 영지는 며칠 전 쉬는 시간에 다른 반 학생과 대화를 주고받다가 교무실로 소환당해 경위서를 써야 했다. 대화를 나눈 그 친구가 이성이라는 이유로 사귀는 거 아니냐는 의심을 받으며 '다시는 그러지 않겠다.'는 반성문도 작성해야 했다. 영지가 다니는 학교는 남학생과 여학생이 서로의 반에 출입하는 것도, 대화를 나누는 것도, 복도에서 같이 다니는 것도, '불건전한 이성교제'를 할 우려가 있으므로 그렇게 할 경우 처벌한다는 교칙 때문이었다. 이런 교칙 자체도 답답하지만 교사마다 제재를 하는 기준이 달라서 어느 장단에 맞춰야 할지, 영지는 하루하루가 숨이 막힌다.

부산 ㅅ고등학교에서는 교사가 학생에게 연애하는 학생은 퇴학당할 각오를 하라고 협박성의 방송을 내보낸 일이 있었다. ㅈ중학교에서는 복도에서 여학생과 남학생이 대화하자 교무실로 소환하여 경위서를 쓰게 하기도 했다. 울산 ㅅ고등학교는 여학생과 남학생이 서로의 반에 출입할 수 없는 교칙이 있다. 복도나 반에서 같이 있거나 같이 다니다가 걸리면 학생부장 교사에게 벌을 받을 수도 있다.

2013년에 서울 시내 고등학교에서 이성교제와 관련해 처벌받은 학생 수가 늘었다는 내용의 기사가 보도되었다.[1] 2009년

---

1 '이성교제하면 퇴학·전학… 서울서만 올해 61명 처벌… 오래된 이성교제 학칙 및 벌점에 치우친 생활평점제 고쳐야', 《아시아경제》, 2013.11.15.

16명에서 지난해 45명으로 늘었고, 2013년에는 9월 기준 61명이 처벌을 받았다. 전국적으로는 2013년 431명이 처벌받았으며 2,322개 고등학교 중 이성교제를 금지하는 교칙이 있는 학교는 1,190곳(51.2%)이었다.

벌점에서 징계, 강제전학, 퇴학까지

이처럼 많은 학교에서 연애 문제를 단속, 관리의 문제를 넘어 연애하는 학생을 처벌 대상으로까지 삼고 있다. 경기도의 한 중학교에서는 연애 중임이 밝혀진 커플이 몇 차례의 상담을 거쳐 각각 다른 학교로 전학을 가는, 일종의 '강제전학'을 당하는 일이 벌어졌다. 인천의 한 고등학교에는 '이성교제를 하고 있다는 사실이 세 번 적발될 경우 퇴학 처분'이란 규정이 있어, 한 남학생이 전학을 가고 여학생은 자퇴했다. 광주광역시의 한 중학교에서는 교내 방송으로 이성교제를 하는 학생들의 이름을 불러 한곳에 모은 뒤 헤어지라고 지시하는 일도 있었다.

연애 탄압에 관한 교칙은 학교별로 조금씩 다르지만 거의 공통적으로 적용되는 사항은 '신체접촉'에 관한 것이다. 부산의 한 고등학교는 신체접촉 수위별로 벌점을 차등해 매기고 있다. 어깨동무나 팔짱은 15점, 포옹은 30점, 키스는 50점이다. 경기도 남양주의 한 고등학교에서는 교문에서 서로 팔짱을 끼고 있던 학생들이 교감에게 적발돼 체벌을 당하기도 했다. 부산의

한 고등학교에서는 "이성교제를 하는 학생은 발각 즉시 전학 조처"라는 내용이 교내 방송을 통해 공지됐다.[2]

2000년대 중반에 전북의 모 고등학교에서는 이성교제를 금지해야 한다는 명목으로 동아리가 폐쇄될 뻔한 적이 있었다. 이 학교는 원래 남학교였다가 남녀공학으로 전환했는데, 학교 안에서 이성교제 등의 문제가 불거지자 학부모들이 학교에서 학생들을 제대로 단속하지 못했다며 항의한 것이다. 이에 학교에서는 동아리가 이성교제의 온상이라고 생각하고 연애하는 학생이 있다는 소문이 도는 동아리가 있으면 그 동아리를 폐쇄하겠다고 엄포했고, 동아리들이 알아서 '단속'을 하는 진풍경이 연출되었다고 한다.

'시대착오적' 학교만의 문제일까?

"아니 지금이 어느 땐데……." "너무 심한 거 아닌가." 하는 식의 비판 여론이 일면서 이러한 사례들은 사회적으로 큰 이슈가 되었다. 그리고 이런 식으로 청소년들의 연애를 탄압하고 규제하는 교칙의 원인으로 '시대착오적 발상'이 지목되었다.

흔히 자유롭게 사람을 만나고 사귀는 것은 근대화된 요즘 세상의 보편적인 모습이라고들 생각한다. 그리고 많은 사람이 연

---

2 '청소년연애탄압실태조사' 보도자료, 청소년인권행동 아수나로, 2010.11.16.

애하는 것을 규제하거나 처벌하는 것을 '구닥다리' '전근대적' 문화라고 생각한다. 그러나 자유롭게 사람들을 만나고 연애하는 것은 청소년들에게 자연스럽고 당연한 일이 아니다. 학교에서의 '이성교제 금지' '연애 탄압'은 우리가 살고 있는 지금 이 시대의 실제 풍경이다.

청소년들에게 연애란 교사 또는 부모에 의해 금지되고 규제되는 대상이면서 동시에 선망과 부러움의 대상이기도 하다. 때로는 '교복 데이트'라는 말로 낭만 가득한 시절로 포장하기도 하지만, '노는 애들의 이벤트'라는 이미지로 '청소년, 학생답지 못한 것'이라는 눈총을 보내기도 한다.

언뜻 모순되는 것처럼 보이는 시선에는 청소년들의 연애에 대해 우리 사회가 취하고 있는 관점과 태도의 문제가 고스란히 담겨 있다. 따라서 우리는 '세상에 이럴 수가!' 식으로 접근하는 여론이 놓치고 있는 문제들에 주목해야 한다. 학교의 규칙에 연애를 탄압하는 내용이 들어간 것은 일부 학교의 정신 나간 짓이 아니라는 점이 분명히 이야기되어야 한다. 연애 탄압 교칙의 문제를 시대착오적인 학교의 문제로만 여긴다면, 일부 학교의 규제가 너무 심하니 적절하게 조절해서 처벌 수위를 낮추자는 식의 이도저도 아닌 방안이 대안이랍시고 등장하는 사태가 벌어질지도 모른다.

청소년의 연애와 성 문제를 바라보는 사회적 관점의 문제, 청소년의 연애나 관계를 교칙이나 가정에서의 압박 같은 것으로 규제할 수 있다는 발상 자체가 문제라고 여기는 시선이 필요하지 않을까? 그렇게 '문제'를 제대로 짚어낼 때, '너희를 위해서' '지금은 참고 나중에 하라.'는 일방적인 가르침이 아니라, 성적 자기결정 방법과 성적 의사소통 방식을 가르치는 제대로 된 성교육을 제공하는 등 사회적 기반을 만드는 데에 힘쓸 수 있을 것이다.

문제는 풍기문란이 아니라 청소년의 성을 통제하는 사회

"몰래 불려 와 배운 성이니 쉬쉬하라는 뜻이었다. 이런 방식의 성교육은 '성'이란 감춰야 하는 것이라는 생각을 무의식 속에 내면화시켰다. 그래서 성장은 축복과 환대가 아닌, 부끄러움과 놀림의 대상이 될 뿐이었다. 그건 소녀들의 성장, 즉 생리마저도 부끄럽고 꼭꼭 숨겨야 하는 일로 취급해버렸으니까."[3]

윤이희나의 《아슬아슬한 연애인문학》의 한 구절이다. 학교에서 이루어지는 성교육의 실체, '한국성교육 잔혹사'를 잘 드러내고 있다. 성에 대해 아는 것을 부끄러워하는 청소년들이 있다. 성, 섹스, 관계맺음에 대해 도와주거나 지원하기는커녕, 금기하고 해서는 안 되는 것으로 여기는 분위기와 제도의 영향

---

3   윤이희나, 《아슬아슬한 연애인문학》, 한겨레에듀, 2010, 159쪽.

이 크다. 또 청소년들도 연애하는 청소년을 '발랑 까진 애' '노는 애' '쓸데없는 거에 빠져 있는 애'라는 식으로 규정하기도 한다. 기본적으로 연애는 공부에 방해되는 것이라는 생각이 당사자인 청소년들에게도 뿌리 깊게 박혀 있기 때문이다. 이제 그렇게 생각하게 되는 그 방식 자체에 질문을 던져야 한다.

당시 청소년 연애 탄압 조사에 참여했던 한 청소년 활동가는 "연애가 대학입시에 도움이 되냐 안 되냐를 따지는 것 자체가 문제"라고 지적했다. 그는 "이러한 사고방식은 입시를 아무것에도 방해받아서는 안 되는 제일의 대상으로 여기는 것"이라며 "이것이 결코 자연스러운 감정을 탄압하는 원인으로 합리화될 수는 없다."고 강조했다.[4]

"다른 사람과 관계를 맺을 때 필요한 개인의 자존감, 관계 안에서 나와 상대를 객관적, 사회적으로 돌아볼 기회 같은 것들이 결여된 채 양적 성장만 이룩한 이들의 연애 필드. 그 속에서 십대들이 연애를 통해 자신의 성장을 도모하기란 얼마나 힘든 일인지."[5]

그렇다. 문제는 풍기문란이 아니라 청소년의 성, 연애, 자기 결정권, 주체성을 인정하고 지원하지 않는 사회다. 사람과 사

---

4 '우리 그냥 사랑하게 해주세요… 청소년, 연애 탄압에 맞서다', 〈참세상〉, 2010.11.16.
5 윤이희나, 《아슬아슬한 연애인문학》, 한겨레에듀, 2010, 5쪽.

람 사이에 오가는 감정과 서로 가까워지고 관계를 쌓아나가는 것을 방해하는 사회다. 그런 인간관계를 '차단'하는 학교와 사회에서 살아가고 있는 암울하기 짝이 없는 상황이 청소년들이 처한 현실이다.

'사랑할 권리'는 기본적 인권이다. 사랑하는 감정, 성적인 행위와 마음은 사람이 사람답게 살기 위해 보장되고 존중되어야 하는 자연스러운 것이다. 그것이 바로 헌법 제10조에서 보장하고 있는 행복추구권이자 성적 자기결정권이며, 사생활의 자유이다. '2008청소년인권선언' 제8조에는 "청소년에게는 나이와 성적 지향(동성애, 이성애 등), 성정체성에 상관없이 사랑하고 연애하고 성적인 생각과 행동을 하거나 하지 않을 권리"가 명시되어 있다. 유엔아동권리협약 제16조에도 아동은 사생활에 대해 자의적이거나 불법적인 간섭을 받지 않아야 한다고 규정되어 있다.

'사랑할 권리'는 곧 성적 자기결정권이기도 하다. 그리고 성적 자기결정권은 성폭력과 부당한 간섭으로부터 자유로울 권리인 동시에 실현을 위해 경제적 사회적 능력이 필요한 사회권이다. 학교의 연애 탄압에 문제제기하는 것은 청소년 성적 자기결정권 실현을 위한 첫걸음일 뿐이다. 사랑이 '19금'이 된 현실을 바꾸기 위해서는 청소년들이 성적 자기결정권을 누릴 수 있는 정신적, 경제적 능력과 사회적 여건이 마련되어야 한다. 그렇게 만들기 위해 청소년들의 연애를 바라보는 기존의 관점과 통념, 답답한 현실을 넘어 사회경제적 조건들의 변화를 요구하고, 그리고 그에 따른 권리들을 함께 외쳐야 한다. 청소년에게 연애할 권리를 달라! 모두에게 사랑할 권리를 달라!

청소년유해매체는
정말 유해할까?

-김승순

사람에게는 여러 가지 욕구가 있다. 잠자고 싶은 욕구, 먹고 싶은 욕구, 마시고 싶은 욕구, 숨 쉬고 싶은 욕구, 놀고 싶은 욕구 등. 사람들은 그런 욕구를 채우기 위해 직접 행동을 하기도 하고, 다른 이가 욕구를 충족하는 모습을 지켜보면서 대리만족을 얻기도 한다. 우리 주변에 대리만족을 위한 콘텐츠가 범람하는 까닭이다. 그런데 치킨을 먹는 모습을 노골적으로 묘사하거나 숨 쉬는 모습을 지나치게 자세하게 표현해도 아동청소년들의 눈을 가리지 않는다. 하지만 성, 특히 성행위를 묘사하는 영화 등의 매체는 아동청소년에게 유해한 영향을 끼친다며 접근을 차단한다. 인간의 기본 욕구를 충족하기 위한 행위일 뿐인데 어째서 상반된 반응을 보이는 걸까?

이른바 '19금' 매체에 대해 이야기할 때 빼놓을 수 없는 것 중 하나가 청소년보호법이다. 청소년유해매체를 규정하고 규제할 때 가장 먼저 적용되는 법이기 때문이다(6조). 청소년보호법은 청소년이 건전한 인격체로 성장할 수 있도록 청소년에게 유해한 매체가 유통되는 것을 막는 법이다(1조). 청소년보호법이 제정될 당시인 1997년경 '유해한 매체'로 지목받았던 것은 영화나 만화였다. 당시 유행하던 만화영화인 〈닌자거북이〉 〈드래곤볼〉 〈피구왕 통키〉 〈도라에몽〉 등이 선정적이고 폭력적이며 사치심, 망상 등 허황된 심리를 불러일으킨다는 이유에서였다. 오늘날 기준에서는 어처구니없는 결과다. 그러나 청소년보호법은 여전히 사라지지 않았다. 지금도 여러 가지 콘텐츠를 샅샅이 훑어보고 청소년에게 유해하다고 판단하면 19금 딱지를 붙여 청소년이 접근하지 못하도록 한다. 그런데 19금 딱지를 이상한 곳에 붙인다고 욕하는 사람이 있기는 해도, 19금 딱지를 붙이는 것 자체를 비판하는 사람은 별로 없다. '청소년이 건전한 인격체로 성장하려면 성적 묘사가 있는 콘텐츠는 차단해야 한다.'는 주장에 많이들 공감하는 모양이다.

한국청소년정책연구원에서 2013년에 진행한 연구가 이목을 끈 적이 있다. 연구 결과에 따르면 초등학생의 평균 수면시간은 8시간 19분이고, 중학생은 7시간 12분, 고등학생(특성화고 제외)은 5시간 27분으로 집계되었다고 한다. 이 연구가 이목을 끌었던 까닭은 초등학생의 수면시간이 적은 가장 큰 이유로 '성인 사이트에서 성인물 이용'(복수응답, 61.6%)을 꼽았기 때문이다. 여러 인터넷 신문사에서는 이 점을 강조하며 '초등학생 야동 보느라 수면 부족' '초등학생 수면 부족 원인 1위, 경악!'처럼 선정적인 제목을 달아 기사를 냈다. 그런데 사실은 통계 발표 과정에서 '성인물 이용'과 '가정학습' 항목이 실수로 뒤바뀌어 잘못 발표된 것이었다. 놀라운 점은 그 당시 잘못된 발표 내용을 보고도 그것이 잘못되었다고 의심한 사람은 거의 없었다는 점이다. 대부분 "그렇게나 많이 봐?"하며 놀랐을 뿐이다. 초등학생도 야동을 본다는 것을, 그리고 초등학생이 야동을 보는 것은 불가능하지 않다는 것을 다들 알고 있었던 것이다. 이는 곧 '대다수 아동청소년이 포르노에 접근하는 것은 불가능한 일이 아니다.'라는 점을 시사한다.

그런데 이상하지 않은가? 사람들은 청소년보호법의 목적에 동감하며, 아동청소년이 건전한 인격체로 성장하려면 포르노와 같이 선정적인 콘텐츠로부터 차단될 필요가 있다고 생각한다. 동시에 대다수 아동청소년이 포르노를 접하는 것이 불가능한 일이라고도 생각하지 않는다. 그 말은 곧 대다수 아동청소년은 건전한 인격체로 성장하기엔 이미 글러먹었다는 의미일까? 아니면 많은 아동청소년이 건전한 인격체로 성장할 수 있다는 기대를 포기한 것일까? 그것도 아니면 이 두 전제 중 하나가 잘못되었다는 뜻일 테다. 나는 둘 중 첫 번째 전제에 문제가 있다고 본다.

이리떼다, 이리떼! 이리떼가 몰려온다!

이강백 작가가 쓴 〈파수꾼〉이라는 희곡이 있다. 이 희곡은 이리떼의 습격에 대비하여 무리를 이루고 사는 한 마을 사람들의 삶을 다루고 있다. 이 마을 사람들은 마을을 호시탐탐 위협하는 이리떼를 막기 위해 늘 습격에 대비하며 살고 있었다. 목책을 세우고, 망루를 올리고, 마을 주변에 수천 개의 덫을 깔아놓았다. 그리고 파수꾼들에게 이리를 감시하게 했다. 만약 이리가 나타나면 '파수꾼 가'가 망루에서 이리떼가 나타났다고 소리치고, '파수꾼 나'는 그 소리를 듣고 북을 친다. 사람들은 그 북소리를 들으면 겁에 질려 이리저리 숨고 피한다. 하지만 갓 파수꾼이 된 '파수꾼 다'는 어느 날 목책 저 너머를 보고 진실을 알게 되었다. 이리떼는 없다는 것을. 목책 너머에는 평화롭게 흰 구름이 둥둥 떠다닐 뿐이라는 것을. 사람들을 위협하고 있는 것은 이리떼가 아니라 그들의 믿음, 불안감, 강박이라는 것을.

나는 '청소년에게 성적 묘사가 담긴 매체가 끼치는 영향'이 이리떼 같은 것이라고 생각한다. 사람들은 황야 저쪽에 보이는 허여멀건한 것이 마치 청소년들을 노리는 이리떼인 것만 같아 '차단'이라는 목책을 세우고 '청소년보호법'이라는 파수꾼을 고용한다. 청소년보호법은 때때로 "청소년들이 위험하다!"고 외친다. 그러면 사람들은 그 소리에 경악해 청소년들을 대피시킨다. 하지만 누구도 목책 너머를 바라다보지는 않는다. 그러다 시간이 흐르고 대를 거듭하다 보면 사람들은 이리의 어떤 점이 위험한지도 잊게 될 것이다. 그저 파수꾼이 소리를 지르면 청소년들을 피신시킬 뿐이다. 길을 가다가 갑자기 왜 대피해야 하는지 의아해하는 청소년에게 어른들은 이렇게 대답한다. 파수꾼이 소리를 질렀기 때문이라고. 그 청소년은 여전히 왜 이리가 위험한지 이해하지 못하지만, 어른들은 그가 '왜 이해하지 못하는지' 이해하지 못한다. 납득하지 못하는 청소년들에게 어른들은 몸을 숨기라고 강요하고 소리친다. 목책을 왜 세웠는지는 아무도 모르지만, 목책은 영영 무너지지 않는다.

이리떼의 진실을 알아차린 '파수꾼 다'는 촌장에게 자신이 알아챈 진실을 담은 편지를 보낸다. 도중에 그 편지를 읽은 수다쟁이 운반인이 그 내용을 촌장에게 전했다. 만약 촌장이 '파수꾼 다'를 회유해서 이리가 있다고 계속해서 꾸며내지 않았더라면, 의문을 품은 시민들에게 진실이 탄로났을 것이다. 이미 당연한 것이 되어버린 이리떼와 목책, 파수꾼을 이렇게까지 뒤흔든 것은 무엇이었을까? 나는 회유당하기 전까지 진실을 알리려 애썼던 '파수꾼 다'처럼 '아동청소년이 건전한 인격체로 성장하려면 성적 묘사가 담긴 매체가 차단되어야 한다.'는 믿음을 깨기 위해 의문을 던지려 한다.

아동청소년이 (?)하려면,
성적 묘사가 담긴 매체가 차단되어야 한다

첫 번째 질문은 이것이다. 아동청소년이 성적 콘텐츠로부터 차단되는 이유는 무엇 때문일까? 청소년보호법에서는 이 괄호 안에 '건전한 인격체로 성장'이라는 표현을 넣었다. 그런데 '건전한 인격체'란 무엇일까?

교육기본법에 따르면 성교육은 학생의 존엄한 성을 보호하고 학생에게 성에 대한 선량한 정서를 함양하도록 이루어져야 한다. 그 원칙에 입각해서 교과서를 만들고, 교육을 진행해야 한다. 교육기본법과 청소년보호법은 한국청소년의 삶에 가장 지대한 영향을 주는 법률인 만큼, 교과서의 방향은 청소년보호법의 목표인 '건전한 인격체로의 성장'하도록 돕는 일과 비슷할 것이다. 하지만 지금 사용하는 교과서 내용은 허술하기 짝이 없다. 또래 성폭행을 예방하기 위해 이성교제를 할 때는 이성과 벤치에 앉아서 유익한 대화를 나누라는 내용, 성 충동은 일시적이므로 충동이 이는 순간에서 벗어나면 되고 그 성 충동을 예술로 승화시키라는 내용 등이 그러하다. 심지어 '이성 친구'와 교제하려면 이런 순서로 하면 된다는 내용도 제시한다. "1) 약속 시각과 장소를 정한다. 2) 약속 장소에서 만난다. 3) 차를 마신다. 4) 극장에 간다. 5) 공원에 놀러 간다. 6) 집에 바래다준다." 이렇게 교육하면 아동청소년을 건전하게 만들 수 있을까? 이렇게 피상적이고 형식적이고 이성애중심적인 교과서로 만들어지는 '건전한 인격체'는 과연 제대로 된 것일까?

(?)이 건전한 인격체로 성장하려면,
성적 묘사가 담긴 매체가 차단되어야 한다

건전한 인격체로 성장하기 위해서 유해한 콘텐츠가 차단될 필요가 있는 사람은 누구일까? 청소년보호법은 그 대상으로 '아동청소년'을 지목하고 있다. 하지만 아동청소년에게 유해한 콘텐츠만 보여주지 않는다면 모든 문제가 해결될까?

중고등학교에서 학생들에게 교복을 강요하는 근거로 빈부격차를 든다. 사복을 입으면 명품이냐 아니냐를 따지고, 그러다 보면 돈 없는 학생이 소외감을 느낄 수 있다는 것이다. 하지만 모두에게 똑같은 옷을 입히는 것으로 문제를 근본적으로 해결할 수 있을까? 교복 브랜드가 명품이냐 아니냐를 두고 빈부격차가 나뉘고 있는 현실이다. 이미 명확히 빈부격차가 존재하는데 똑같은 모양의 옷을 입힌다고 해서 실상을 가릴 수는 없다.

아동청소년의 19금 콘텐츠 접근을 반대하는 사람들은 아동청소년이 그런 콘텐츠를 접함으로써 성에 대한 왜곡된 인식을 갖게 된다고 주장한다. 실제로 19금 콘텐츠는 여성을 성적인 소비재로 바라보는 등 성차별적인 요소가 많이 내포되어 있다. 남성 소비자의 성적 판타지를 충족시키기 위함이다. 교복 문제와 마찬가지로, 매체에 담긴 폭력적이고 차별적인 메시지들은 사회적으로 널리 퍼져 있는 성차별적인 문화를 반영하고 있다. 단순히 아동청소년들이 19금 콘텐츠를 보지 못하도록 하는 것은 임시방편에 지나지 않는다.

또 다른 측면에서도 궁금한 점이 있다. 왜 하필 아동청소년'만' 포르노를 차단하는 걸까? 청소년보호법은 청소년유해약물, 청소년유해업소, 청소년유해환경 등을 지정해 아동청소년이 접근하지 못하도록 막는 것들이 많다. 하지만 그것들이 아동청소년에게만 안 좋은 영향을 줄 리 없다. 예를 들어 담배는 아동청소년에게도 해롭지만 기실 모두에게 해로우며, 어쩌면 아동청소년 전반보다는 기관지가 약한 사람이나 관련 질환이 있는 사람이 더 흡연에 취약할 수 있다. 그런데 기관지가 약하거나 관련 질환이 있는 사람을 골라 담배 판매를 금지하는 조처는 어디에도 없다. 그렇다면 아동청소년에게만 이런 조치를 취하는 이유는 뭘까? 같은 질문을 성적 묘사가 담긴 매체의 규제 문제에도 던질 수 있다. 아동청소년에게만 19금 매체를 금지시키는 이유는 무엇일까? 성적 매체로 인해 유해한 영향을 받을 수 있는 사람 중에서도 아동청소년에게는 일괄적인 차단이 필요할 정도로 특히 더 유해하기 때문일까?

이동청소년이 건전한 인격체로 성장하려면 (?)되어야 한다

아동청소년이 건전한 인격체로 성장하기 위해 어떻게 해야 하는가? 청소년보호법은 유해한 콘텐츠를 차단해야 한다고 규정하고 있다. '유해한 콘텐츠'란 무엇일까? 청소년보호법에서는 성적인 욕구를 자극하는 선정적인 것이거나 음란한 것이라고 규정한다(9조). 그리고 시행령에서 이를 '음란한 자태를 지나치게 묘사한 것' '성행위의 방법, 감정, 음성을 지나치게 묘사한 것' '수간, 변태성행위, 매춘행위, 그밖에 사회 통념상 허용되지 않는 성관계를 조장하는 것' '청소년을 대상으로 성행위를 시키거나 여성을 성적 대상으로만 기술하는 등 성 윤리를 왜곡시키는 것' '성폭력·자살·자학행위, 그밖에 육체적·정신적 학대를 미화하거나 조장하는 것' '청소년에게 불건전한 교제를 조장할 우려가 있거나 이를 매개하는 것' 등이라고 부연한다.

하지만 애매하기는 마찬가지다. 지금껏 단지 노래 가사에 술이나 담배 같은 청소년유해물품, '자빠졌네' 등의 비속어가 포함되었다는 이유로 수많은 노래가 19금 판정을 받아왔다. 2012년 초에는 청소년유해매체물 심의기구 중 하나인 방송통신심의위원회에서 웹툰 23개에 무분별하게 청소년유해매체물 판정을 내렸다가 거센 반발을 받고 발을 빼기도 했다. 사람들이 19금 규제가 불합리하다고 느끼는 가장 큰 대목이다. 이렇게 사람들의 인식과 상식에 동떨어진 규제를 내리는 것이 정말 규제의 본 목적에 합당한 일일까? 아동청소년에게 유해하려면 얼마나 야해야 하고 어떻게 야해야 하는 것인가? 그 기준이 지나치게 모호하다.

무엇보다 야한 것이 왜 유해할까? 성적인 것에 아동청소년이 접근하면 안 되는 특별한 이유라도 있을까? 한 고등학교 홈페이지에서는 그 이유를 이렇게 설명하고 있다. 1) 공부에 지장을 받는다. 2) 성 충동이 증가한다. 3) 성에 대한 왜곡된 인식을 갖게 된다. 4) 음란물을 탐닉하는 음란물 중독 현상을 보인다. 5) 범죄를 저지르는 형태로 나타난다. 6) 사랑을 육체적인 것으로만 받아들게 되어 결혼생활을 영위하는 데 어려움을 겪게 된다.

이런 근거들은 다른 욕구에도 얼마든지 적용할 수 있다. 배고플 때 먹을 것을 보면 먹고 싶은 욕망이 늘어나고, 게임을 하다 보면 게임 중독이 될 수 있다. 돈이 너무 없으면 범죄를 저지를 수도 있다. 그런데 왜 유독 성에만 이런 제재를 가할까? 성적인 매체는 비청소년에게는 괜찮지만 아동청소년에게는 차단해야만 할 정도로 절묘하게 유해하기 때문일까?

또 차단한다고 해서 정말 효과가 있을까? 2012년 통계청과 여성가족부의 조사 결과에 따르면, 중고등학교 학생 중 청소년 이용불가 게임은 47.4%, 온라인 사행성 게임은 41.2%, 온라인 음란물은 37.3%, 성인용 영상물은 32.0%가 이용한 경험이 있다. 청소년보호법이 과연 실질적인 효과를 발휘하기는 하는지 의문이 생긴다. 성인 인증은 인터넷 회원가입을 할 때 귀찮게 하려는 수단일 뿐인가?

또 이런 의문도 든다. 성적 콘텐츠를 차단해야 한다는 판단은 누가 하는 것일까? 얼마나 야해야 규제 대상이 되는지는 누가 정하는 걸까? 청소년보호법에는 어떤 매체물이 청소년에게 유해한지 아닌지를 심의하고 결정하기 위해 청소년보호위원회를 구성하도록 되어 있다(7조). 그리고 청소년보호위원회 위원은 5년 이상 판사, 검사, 변호사 일을 한 사람이나 대학 등의 연구기관에서 5년 이상 부교수 이상의 자리에 있던 사람, 3급 공무원 이상에 청소년과 관련된 일을 한 적이 있는 사람이 될 수 있다(37조). 아동청소년은 위원으로 참여할 수 없을 뿐 아니라, 아동청소년의 의견을 듣는 절차도 없다. 청소년의 의견을 반영할 수 있는 구조가 전혀 아닌 셈이다. 아동청소년의 의사 없이 임의로 규제하는 것이 정당하고 실질적인 규제가 될 리 없다.

'차단'이라는 방식에도 문제가 있다. 앞에서도 다뤘지만, 성적 매체 관람을 차단하고 규제하는 대상은 아동청소년밖에 없다. 그러나 설령 그런 매체들이 아동청소년에게만 영향을 끼친다 해도, 앞뒤 맥락이나 아동청소년 개개인의 상황에 대한 판단도 없이 특정 나이가 되지 않으면 모두 차단시켜버리는 것은 지나치게 강제적이고 권위적이다. 이 문제가 교육과 캠페인 등 덜 강압적인 방식으로도 해결될 수 있는 문제는 아닐까? 만약 규제 대상이 사십대라면, 이런 식으로 규제할 수 있었을까? 법을 제정하는 과정에서 아동청소년의 목소리가 배제되지 않았더라면, 이런 식의 규제가 가능했을까? 만약 아동청소년은 미성숙하다는 편견이 이 사회에 깊게 뿌리내리고 있지 않았다면, 이런 식의 규제를 상상할 수 있었을까?

이리떼라고요? 황야 저쪽에는 흰 구름뿐이었어요

만일 이리떼가 없고 흰 구름만 있다면, 이리떼가 나타날까 두려워 만든 목책도 양철북도 파수꾼도 수천 개의 덫도 필요 없을 것이다. 이리떼가 언제 나타나 꽉 물지 조바심 내지 않아도 될 테고, 북소리가 들려도 경악해 허둥지둥 대피할 필요도 없을 것이다. 지붕에서 떨어져 두 다리가 부러지는 사람도 없을 테고, 우물에 빠져 죽는 사람도 없을 것이다. 혼란스러운 틈을 타 강간하려는 수다쟁이 운반인에게 희생되는 사람도 없을 것이다.

차별금지법이나 학생인권조례 등 성소수자의 차별금지를 법적으로 보장하려는 수많은 시도에 호모포비아들은 '동성애가 창궐할 것'이라며 반대한다. 하지만 성소수자에 대한 차별이 없어진다고 갑자기 성소수자가 짜잔 하고 늘어나지는 않는다. 음지에 숨어 있던, 자신을 감추고 살던 사람들이 자신을 드러내고 살 수 있게 될 뿐이다. 청소년의 성도 이와 다를 것이 없다. 시대와 지역을 막론하고 아동청소년의 성과 성욕은 존재해왔다. 단지 사회 다방면에서 아동청소년의 성을 억누르고 배제해왔기 때문에 눈에 띄지 않았을 뿐이다.

지금 한국사회에서 살고 있는 사람 중 이른바 '건전한 인격체'는 얼마나 있을까? 그 사람들은 아동청소년기에 청소년유해매체를 접한 적이 없었을까? 과거에도 아동청소년은 '야한 것'을 접했다. 1988년, 십대 청소년의 60%가 포르노를 본 적이 있다고 대답했다. 1996년 청소년의 56%가 성인 잡지를, 50.4%가 포르노비디오를 보았다는 조사 결과도 있다. 1994년에는 음란비디오나 성인만화를 방영하면서도 아동청소년을 제재하지 않았다는 기사가 나왔다. 1997년에는 "음란물을 본 적이 있다."고 답한 고2 남학생이 무려 97%였다고 한다. 학생들이 교실 PC에 음란물을 다운받았다는 1999년 기사도 있다. 그러니까 1980년대에 태어난 지금 이십대 후반에서 삼십대 중반인 사람들은 거의 모두 아동청소년기에 포르노를 접한 셈이다. 그런데 걱정하던 일들이 실제로 일어나는 것 같지는 않다.

2차 성징 이후의 사람뿐만 아니라 2차 성징 이전의 사람 역시 성적인 존재다. 영유아기에도 발기 등의 현상이 일어나며, 성욕이 있을 뿐 아니라 자위행위를 한다. 영유아기 전문가들이 말하듯 이는 자연스러운 발달과정 중 하나다. 음식을 주지 않는다고 식욕을 모르고 사는 것이 아니듯, 포르노를 차단한다고 해서 성욕을 모르고 사는 것이 아니다.

따라서 아동청소년을 아무것도 모르고 있다가 포르노를 접해서 성에 물들어가는 존재로 보는 것은 잘못된 판단이다. 몇몇 청소년이 성관계하는 모습을 찍어 비디오테이프로 만들었다가 새어나가 발각된 '빨간 마후라' 사건이 일어났던 때가 1997년이었다. 그리고 2013년, 충남경찰청에서 검거한 음란물 업로더의 절반 남짓이 십대라고 한다. 지금도 SNS에서는 수많은 아동청소년이 자기 나이를 밝히며 음담패설을 나누고, 자신의 성적 지향과 정체성을 드러내고, 타인의 사진을 공유하고 있다.

1993년 2월 22일, 경향신문에 이런 제목의 기사가 실렸다. '폭력·자극적 영상 SBS 만화영화 〈피구왕 통키〉, 어린이 정서 해친다'. 이 기사는 〈피구왕 통키〉가 피구 경기에서 상대방의 신체를 가격해 기절시키는 장면이 자주 등장해 폭력 지향적이라고 지적했다. 그로부터 20년 뒤인 지금은 어떠한가? 적어도 〈피구왕 통키〉를 규제할 정도로 심하게 제재하지는 않는다. 하지만 아동청소년에게 포르노를 차단하는 방식은 20년 전과 전혀 달라지지 않았다. 20년 뒤, 우리는 지금의 사고방식을 어떻게 생각하게 될까?

'성性'이
'성인물成人物' 취급받는 이유

－공현

'야한 것'은 '성인물'인가

'성인물'이라는 말이 있다. 성인을 위한 콘텐츠라는 뜻이다. 하지만 '성인물'이란 만 19세 이상인 모든 사람의 취향에 맞춰서 나오는 것도 아니고, 출연자가 모두 성인이라는 뜻도 아니다. 만 19세 이상인 성인만 보고 듣고 읽을 수 있으며, 청소년, 십대, 아동 등은 접근해선 안 되는 콘텐츠라는 뜻이다. 그러므로 '성인물'은 배제의 표현이라고 할 수 있다. '성인물'을 가리키는 다른 말인 '청소년유해매체' 그리고 '19금'이라는 표현이 이를 더 뚜렷하게 드러내준다. '성인물'이라는 표지를 달게 되는 것은 폭력성이 강한 매체도 있지만 주로 성적인 내용, 야한 내용을 담은 콘텐츠들이다. 사람들도 '성인물'이란 섹스하는 장면이 담긴 콘텐츠나 포르노 종류를 의미하는 것으로 받아들이고 있다.

이러한 배제는 청소년들에게 단지 도덕적인 권유나 경고를 하는 데서 그치지 않는다. 제도적으로 청소년들의 접근을 막기 위한 다양한 조치가 취해진다. '성인물'에 접근하려고 할 때면 주민등록번호나 휴대전화 등으로 '성인 인증'을 요구하고 신분증을 확인하도록 법으로 강제하는 것이다. 인터넷 서핑을 하다 보면 '성인물'로 분류되는 내용을 게시하지만 성인 인증을 요구하지 않고 '19금' 표시만 달고 운영하는 사이트를 우연히 발견할 때가 있다. 하지만 그런 사이트는 머지않아 '불법유해정보사이트(warning.or.kr)'라며 접속을 차단당하는 제재를 받는다. 방송통신심의위원회가 개개인의 인터넷 접속까지 차단하고 통제하는 이 제도는 시민들의 자유를 침해하는 것이라는 비판이 오래전부터 제기되어왔다.

그런데 성적인 내용이 청소년유해매체가 되고 '성인물'이 되어야 할 이유는 무엇일까? 성(性)이 만 19세 이상 '성인'의 전유물인가? 아이러니한 것은 현행법상 만 13세를 넘은 청소년의 섹스나 성적인 행동은 불법이 아니라는 점이다.[1] 13세보다

---

1 만 13세 미만의 경우는 '의제 강간'이라는 복잡한 문제가 있다. 의제 강간은 만 13세 미만 청소년이 성관계를 가진 경우 본인이 동의했는지 여부와 무관하게 강간으로 간주하여 처벌한다는 제도이다. 청소년의 성적 착취를 방지하는 보호 제도라고 하지만, 만 13세 미만 청소년의 성적 자기결정권을 원천 부정한다는 점에서 논란의 여지가 있다.

더 나이를 먹은 청소년은 섹스를 직접 할 수는 있지만 섹스를 묘사한 영상이나 만화나 소설 등은 읽어서는 안 된다는 기묘한 상황에 처해 있는 셈이다.

물론 청소년의 섹스나 성적인 행위도 만 19세가 되기 전에는 하지 못하도록 나이 기준을 높이자고 말하려는 것은 아니다. 미성년자 의제 강간 제도를 16세나 18세까지 적용하도록 규제를 강화함으로써 이를 실현하고 싶어 하는 사람도 많이 있고, 국회에서도 의제강간 기준 연령을 16세로 변경하는 법률안이 연속해서 발의되고 있는 실정이지만 말이다. 반대로 나는 이렇게 묻고 싶다. 청소년들은 왜 성적 행동이 가능함에도 정작 성에 대한 문화 콘텐츠를 보거나 듣는 것은 규제당해야 할까? 성적 행동을 해도 된다면 성에 관한 지식과 정보를 접해야 하지 않을까? 청소년에게 이런 금지사항을 두는 것은 '성인물', 곧 '청소년유해매체'를 지정하는 심의가 일종의 편견에 의해 이루어지고 있다는 방증은 아닐까? 청소년은 성에 대해 묘사한 콘텐츠를 접해서는 안 된다고 대체 누가 정했냐고 물어보면, 보통 '사회적 합의'에 따른 결과라고들 한다. 청소년들이 소위 '음란물'을 접해서는 안 된다는 것이 우리 사회의 합의이자 상식이라는 이야기다. 그러나 그 사회적 합의란 것은 참 애매모호하고 얼마든지 바뀔 수도 있다. 반대로 생각하면, 오랜 세월 청소년의 성을 통제해왔기 때문에 그것이 사회적으로 당연한 상식이고 합의인 것처럼 생각되고 있다는 말이기도 하다.

단적인 예로, 과거 청소년보호법은 동성애와 관련된 콘텐츠 전반을 '청소년유해매체'로 규정했던 적이 있다. 이 규정은 인권단체들의 끈질긴 문제제기와 소송 끝에 2003년에 삭제되었다. 하지만 여전히 동성애를 유해하다고 보고 편파적인 잣대를 들이대는 사례는 적지 않다. 심의 기준이 합리적이거나 보편적 가치를 담고 있다기보다는 특정한 편견과 문화적인 편파성을 반영하고 있는 셈이다. 애초에 '보편타당한 심의'라는 것이 존재할 수는 있는가? 이에 대한 제대로 된 토론과 논의조차 이루어지지 않았고, 막연한 거부감과 심의자의 관습에 따른 기준이 적용되고 있는 것이 우리 사회의 현주소이다. 따라서 동성애에 대한 편견뿐만 아니라 이미 형성되어 있는 사회적 합의, 청소년은 성에 대해 알거나 보는 것을 통제당해야 한다는 '상식'에 관해 비판적으로 논의해야 한다.

'보호'와 '윤리'

21세기에 들어서도 청소년의 성을 금지해야 한다는 주장이 공공연하게 거론된 적이 있다. 2008년, 한 시사주간지에서 서울시교육감 선거에 출마한 후보들에게 청소년의 자유연애에 대해 어떻게 생각하는지 물어보았다. 공정택 서울시교육감 당시 후보는 "미성년자의 성행위는 사회적 금기이므로 규제해야 한다. 적발 시 퇴학시켜야 한다."는 입장을 밝혔고, 이후 선거를 통해 교육감으로 당선되었다. 우리는 공정택 후보에게 표를 더진 사람들이 청소년의 성행위가 사회적 금기라는 데에 동의하거나, 아니면 적어도 교육감이 자유연애를 규제해야 한다고 주장하는 것이 그렇게 심각한 흠결이 아니라고 여기고 있음을 추측해볼 수 있다.

이것이 새삼스러운 일은 아니다. 문화 콘텐츠를 통제하는 일은 주로 '청소년유해매체물'을 심의하고 지정하는 청소년보호법 등의 법제도에 의해 이루어지고 있다면, 청소년의 성적 행동이나 성관계 자체를 직접 규제하는 일은 주로 학교에서 일어난다. 학교는 노골적이고 공공연하게 청소년에게 성은 금기시되어야 한다고 선언한다. 많은 학교에서 '불건전한 이성교제 금지'라든지 '신체접촉 금지' '풍기문란 처벌' 같은 교칙을 두고 있다. 팔짱을 끼는 일이나 키스, 포옹 등 다양한 성적 행동이 학교나 교사마다 다른 자의적 기준에 따라 처벌 대상이 되기도 한다. 길게는 수십 년의 역사를 가진 이 교칙은 시간이 지났어도 사라지지 않고 있다. 단지 시간과 지역과 학교에 '불건전함'을 판별하는 그 자의적 기준이 조금씩 달라지고 있을 뿐이다.

우리 사회는 법적 기준이나 보편적 원리와는 또 다른 기준으로 청소년들을 규제할 수 있는 재량권을 학교에게 많이 부여하고 있다. 청소년에 대해 후견주의적, 보호주의적인 태도를 취하는 정책과 법 조항에서도 그런 면을 찾아볼 수 있지만, 학교는 이보다도 한층 더 강력한 규제를 가한다. 많은 교육계 관계자나 시민들은 학교가 교육기관이기 때문에 폭력적인 방식으로라도 학생들에게 자신들이 옳다고 믿는 '선(善)'을 강요할 수 있다고 생각하는 듯하다. 이는 교육이라는 이름으로 행하는 독선이다.

학교에서 청소년의 성적 행동을 규제하면서 근거로 삼는 논리는 요컨대 '보호'와 '윤리' 두 가지다. '청소년은 미성숙하기 때문에 성관계를 맺는 것이 부정적인 결과를 초래할 수 있으므로 학교의 규제는 청소년을 보호하기 위한 것이다.'는 것이 보호의 논리이다. 그리고 다른 한편으로는 성 윤리가 동원된다. 과거 서울에서 학생인권조례를 제정하려고 할 때 많은 논란이 일었다. 당시 보수적인 종교인 중 일부는 성적 지향 또는 임신 및 출산을 이유로 한 차별금지 조항을 놓고 청소년의 성애(性愛)나 임신 및 출산을 언급하는 것 자체가 말도 안 된다는 듯 반응했다. 그들에게는 청소년에게 성적 자유를 보장하려는 것 자체가 윤리와 도덕을 무너뜨리는 일인 듯했다. 이렇게 '보호'와 '윤리'의 논리는 청소년의 성을 규제하고 억압하는 여러 맥락에서 발견된다.

'보호'의 논리는 청소년은 비청소년에 비해 미성숙하다는 것을 전제로 한다. 그렇기 때문에 비청소년의 성적 행동은 문제가 되지 않지만 청소년의 성적 행동은 문제가 될 수 있다는 것이다. 또 신체 및 정신 발달이나 건강 문제를 들거나, 임신이라도 하면 책임질 수 없다는 경제적인 이유를 든다. '보호'의 논리는 청소년이 성적인 문화 콘텐츠를 접하는 것을 규제하는 이유로도 작용한다. 청소년들은 미성숙하므로 그런 문화 콘텐츠를 접했을 때 쉽사리 잘못된 인식을 가질 수도 있고 나쁜 영향을 받을 수도 있기 때문에 규제해야 한다는 주장이다.

흥미로운 것은 '보호' 차원에서는 성적인 문화 콘텐츠를 차단해야 한다는 주장을 하지만, '윤리' 차원에서는 이를 그렇게까지 심각한 문제로 보지는 않는 것 같다는 점이다. 많은 사람이 십대 중후반의 청소년이 성적인 관심과 호기심을 가지는 것은 자연스러운 일이라면서 포르노 같은 이른바 '야동'을 몰래 접하는 것에는 관대한 모습을 보인다. 남성청소년에게 훨씬 더 관대하고 여성청소년에게는 더 빡빡하게 구는 등 성차별적인 모습을 보이기는 하지만 말이다. 교사나 많은 보수적인 비청소년도 예외는 아니다.

'윤리'의 논리가 타겟으로 삼는 것은 주로 청소년들이 성관계를 가지는 것 자체인 듯하다. 그런데 청소년들이 성관계를 하는 것이 대체 왜 윤리에 어긋날까? 윤리란 사람으로서 지켜야 할 보편적 규범이 아니던가? 서로 사랑하는 사이에 어떤 폭력성도 없이 성관계하는데, 단지 그 주체가 청소년이란 이유로 윤리에 어긋난다고 여기는 이유를 따져 묻기 시작하면 그 까닭은 의외로 불분명하다. 결혼한 사이가 아니면 성관계를 해서는 안 된다고 주장하는 대단히 폐쇄적인 윤리관을 가진 사람도 다른 혼전 성관계보다 청소년의 혼전 성관계를 훨씬 더 반윤리적이라고 판단하는 경향이 있다.

'윤리'의 논리는 물론 '보호'의 논리를 일부 논거로 삼는다. '청소년을 보호해야 한다. 청소년의 성적 행동을 허용하는 것은 청소년을 보호하지 않는 일이다. 따라서 이는 사회의 윤리를 무너뜨리는 것이다.' 하지만 그것만으로는 설명할 수 없는 부분이 있다. 우리는 청소년의 성적 행동이 왜 윤리를 파괴하는 일이라고 여겨지는지, 왜 사회적 금기로 여겨지는지 분석해봐야 한다.

청소년에게는 사생활이 없기에

인권교육시간에 청소년의 성적 자기결정권에 관한 토론을 하다가 한 어머니가 이런 말을 한 적이 있다. "난 내 딸이 다른 사람이랑 성관계를 가지는 걸 상상하면 정말 미칠 것 같은 기분이 들고 참을 수가 없거든요." 이런 감정은 어쩌면 자연스러운 것일 수 있다. 아마도 많은 부모와 보호자가 이 말에 동감할 것이다. 그때 내가 그 어머니께 해주고 싶었던 말은 이렇다. "아마 따님께서도 어머님이 아버님과 성관계하는 것을 상상하면 미칠 것 같거나 끔찍하다고 느낄 겁니다." 싸움을 거는 말이 될까봐 그 자리에서 말하지는 못했지만 말이다.

성적 행동이나 관계는 보통은 지극히 사적인 영역의 일이다. 단지 성관계를 가졌다 아니다를 말하는 것도 민감한 일일진대, 하물며 더 구체적인 성관계 장면이라면 말할 것도 없다. 가족이나 지인의 섹스 장면을 상상하는 것은, 대부분의 사람에게 아주 낯설고 불쾌한 일이다. 어쩌면 그런 장면을 상상하거나 말하는 것 자체가 무례한 일일 수도 있다. 우리는 상상하기 괴롭다는 이유로 다른 사람에게 "그러니까 네가 섹스해서는 안 돼." 하고 말하지 않는다.

청소년을 자녀로 둔 보호자들이 자녀를 통제하는 이유는 무엇일까? 청소년은 통제할 수 있는 약자이기 때문이다. 청소년들의 가장 내밀한 사생활의 영역을 상상하고 그걸 못 견디겠다고 하는 그 말에서, 보호자들은 청소년들의 사생활을 사실상 인정하지 않고 있음을 알 수 있다. 달리 말하면 보호자들은 청소년들을 자신들과 분리하지 않고 있고, 자신들과 별개의 독립된 인간으로 생각하지 않는다는 뜻이다.

성적인 자유의 대전제 중 하나는 사생활의 유무다. 자신의 몸을 자유롭게 움직일 수 있어야 한다. 자신만의 비밀, 자신만의 인간관계를 가질 수 있어야 한다. 자신만의 시간을 가질 수 있어야 하며, '자기만의 방'을 가져야 한다. 그러나 혼자만의 비밀과는 달리 성적 관계는 타인과 맺는 관계이기에 완전히 비밀로 남기 어렵다. 그렇기 때문에 사생활에 대한 다른 사람의 존중이 필요하다. 그러나 청소년의 사생활은 전면적으로 침해당하고 있다. 2015년 4월, 전기통신사업법 및 시행령에 의해 청소년은 '유해물 차단 애플리케이션'을 설치해야만 스마트폰을 사용할 수 있게 되었다. 국가에서 공식적으로 설치하라고 지정한 애플리케이션 대다수는 보호자의 인터넷 사이트 차단 기능은 물론 위치 추적 기능, 앱 사용 기록 확인 기능 등이 포함되어 있다. 국가에서 청소년의 사생활 통제를 '권장'하는 것이나 다름없다.

보호자의 이러한 통제는 법적으로는 '친권'에 의해, 그리고 청소년들이 경제적으로 보호자에게 의존해야만 하는 현실과 한국사회의 문화에 의해 가능하다. 그리고 이런 보호자에 의한 통제가 청소년 성 통제의 출발점에 있다. 학교는 개념적으로는 보호자에게 관리, 교육, 지도, 보호를 요청받아 대신 수행함으로써 청소년들을 통제할 수 있다. 마찬가지로 부모가 청소년의 사생활을 인정하지 않고 청소년을 자신과 분리되지 않은 소유물로 보기 때문에 국가에서 청소년이 성적 콘텐츠를 접하는 것을 통제할 수 있다. 문화 콘텐츠를 심의하는 심의자들이 자주 써먹는 레퍼토리가 '부모의 마음으로'라는 점도 가족제도와 친권 논리가 그 밑에 깔려 있음을 드러낸다. 여기에서 개별적인 보호자들의 의사는 제도적으로는 크게 문제가 되지 않는다. 실제의 부모나 보호자들이 아니라, 조금 더 추상적이고 사회적인 감성이 그 근거가 된다. 언론이나 사람들의 머릿속과 말 속에서 만들어진 상상의 보호자 말이다.

가족과 학교제도, 그리고 근대 자본주의의 문제

그렇다면 이제 우리는 청소년이 왜 가족제도 안에서 보호자의 소유물 같은 위치에 있는지를 물어야 한다. 이는 곧 양육을 책임지는 '부모'와 그 '자식'으로 이루어지는 근대사회의 가족제도 원리 자체에 질문을 던지는 일이다. 이 사회는 핵가족제도를 기본으로 이루어진다. 그 속에서 하나의 가족은 하나의 경제적 단위다. 이러한 가족제도 안에서는 보호자가 청소년의 양육과 생계를 책임지면서 청소년에 대한 통제의 권한도 쥐게 된다. 청소년은 보호자에게 먹고사는 문제를 의존하면서 교육제도를 통해 사회적 성공을 이루고 가족을 부양할 준비를 한다.

학교 교육과정은 자본주의 사회에서 쓸모 있는 훈련된 인력을 만들기 위한, 그리고 효과적으로 체제에 순응하게 하기 위한 과정이다. 교육 기간 동안 보호자는 청소년을 책임지고 양육한다. 특히 한국처럼 복지제도나 교육, 주거 등의 공공성이 약하고 물가가 높은 나라에서는 청소년이 보호자에게 경제적으로 의존하는 정도는 더 높아지므로 독립은 이십대 이후로 미뤄질 수밖에 없다.

청소년이 성적인 자유를 갖는 일은 이런 여러 제도와 상반된다. 만약 청소년이 다른 사람과 성관계를 가지고 따로 나가서 살면서 생활을 꾸릴 수 있고 부모가 될 수 있다고 생각해보자. 그것은 청소년의 독립 가능성을 인정하는 것이고, 보호자와 자녀로 이루어진 가족 모델을 뒤흔들 것이다.

청소년이 임신을 하고, 아이를 낳고, 양육을 하게 된다는 것은 장시간 학교를 다니며 공부해야 하는 학생들의 삶과는 잘 맞지 않는다. 현재 한국의 학교제도는 이러한 다양한 학생을 받아들일 만큼 유연하지도 인간적이지도 않다. '교육의 대상'이어야 할 청소년이 경제 활동과 생활의 주체가 되는 것은 사회문제라고까지 생각되며 국가적인 손실로도 거론된다. 이처럼 핵가족, 학교, 그리고 18~20세 정도를 기준으로 한 '성인'과 '미성년자'의 구별은 자본주의 사회를 유지하게 하는 중요한 요소다. 청소년의 성을 통제하는 것은 바로 이런 기존의 제도들을 지키기 위함이다. 성적 콘텐츠를 규제하는 것은 이러한 제도와 관념에서 파생되어 생겨난 현상이라고 볼 수 있다.

결국 청소년의 성적 행동이 '비윤리적'이라는 말이 의미하는 것은 그것이 보편적인 인류의 윤리를 해친다는 뜻이 아니다. 특정 시대, 특정 사회의 구조와 관습에 균열을 낸다는 의미다. 그러므로 "청소년이 섹스라니! 임신이라니! 가정이 무너지고, 사회가 무너지고, 나라가 망한다!" 같은 반응은 어쩌면 솔직한 반응일 수 있다. 청소년의 성적 행동은 인간성을 파괴하기 때문에 잘못된 행동이라기보다는 가족제도나 현재 사회체제와 불화를 일으키기 때문에 문제가 되는 행동이다. 현재와 같은 사회체제나 사람들의 생각이 곧 당연한 인간의 모습이고 세계의 모습이라고 믿는 사람들에게는 그것이 곧 비윤리적이고 반

윤리적인 행위인 것처럼 생각되는 것이 당연하다. 그래도 우리가 조금 더 정확하게 말한다면 그것은 비윤리적이라기보다는 반체제적이며 불온하다고 하는 것이 더 적절하다.

박권일과 우석훈이 쓴 《88만원 세대》의 1장 제목은 〈첫 섹스의 경제학: 동거를 상상하지 못하는 한국의 십대〉이다. 이 장은 "엄마, 나 그 사람하고 '동거'하기로 했어."라며 한 16세 소녀가 선언한다면 어떤 일이 일어날지 물으며 시작한다. 그러면서 프랑스나 다른 선진국들은 16세 또는 18세 무렵에 동거를 하고 독립을 하는 것이 하나의 권리이고 가능한 일이라고 소개한다. 한국에서 그럴 수 없는 경제적 이유는 높은 주거비 및 교육비, 그리고 십대와 이십대가 벌 수 있는 소득이 매우 적은 데 있다는 것이다. 청소년의 성을 통제하고 억압하는 문화는 경제적인 문제와 분리될 수 없다는 통찰이 담겨 있다.

그런데 그러면 현재 선진국들, 예컨대 프랑스 같은 모습이 과연 최선일까? 우리가 청소년의 성 해방을 상상하고 추구하는 것이 단지 '프랑스만큼' 되기 위함은 아니다. 청소년의 성을 통제하는 문화와 편견을 바꾸고, 《88만원 세대》가 지적한 경제적 문제까지 포함하여 변화를 만들어내면, 그 이후에 우리가 부딪힐 벽은 무엇일까? 가족제도 그 자체? 청소년을 대상으로 삼는 학교 교육제도? 미성년자를 구별 짓는 제도? 혹은 자본주의? 청소년의 성을 통제하는 사회를 바꾸며 나아가기 위해서 우리는 점점 더 많은 것을 생각하고 비판해야 한다. 그러면서도 우리를 포함한 미래의 청소년이 성을 실천하고 자유를 누리기 위해 지치지 않고 하나하나 변화를 만들어가기를 기원한다.

어린이의 성,
보호인가 박탈인가

−진냥

초등학교에서 근무하는 나는 매해 첫 미술시간이면 '키스 해 링(Keith Haring) 따라하기' 수업을 한다. 교과서에 나오진 않지 만 키스 해링의 화풍은 어린이들의 흥미를 불러일으키고, 따 라 그리기도 쉬우며, 특히 포스터컬러를 처음 써보는 사람들이 그 사용법을 연습하기에 아주 적당하기 때문이다. 특유의 재미 있고 알록달록한 그림들은 교실 뒷벽 게시판에 붙였을 때 교실 전체를 화사하게 만들어주기도 한다.

　나는 키스 해링의 여러 작품을 보여주며 그의 생애와 표현 방법의 특징을 설명하는 것으로 수업을 시작한다. 키스 해링 이 동성애자였고 모든 사랑이 존중받아야 한다는 그의 메시지 는 삶에도 그림에도 녹아 있다는 설명에 이르면 대부분의 학생이 크게 놀란다. 그리고는 "진짜 게이예요?" "선생님, 지금 게이 말하는 거예요?" 하며 반복해서 계속 확인한다. 매해 보는 반응이니 별로 놀라지 않고 태연히 준비한 설명을 이어가지만, 사실 '동성애에 대해 수업한다고 학부모들이 항의하면 어쩌지?' 하는 걱정이 들곤 한다. 아직 항의를 받은 적은 없지만 말이다.

한번은 과학시간에 배설기관에 대한 수업을 하다 여성의 몸과 남성의 몸에 있는 요도의 특징이 다르다는 설명을 한 적이 있다. 요도의 길이에 차이가 있으며 소변이 나오는 곳의 위치가 다르기 때문에 여성이 소변을 참을 수 있는 시간이 더 짧으므로 남자화장실과 여자화장실의 개수를 동일하게 하는 것은 차별일 수 있다는 이야기를 했다. 며칠 후 쉬는 시간에 한 학생이 내게 와 집에 가서 그 수업 이야기를 부모에게 했더니 당황해하시며 "선생님이 성교육을 아주 직설적으로 속 시원하게 하셨구나." 고 말씀하셨다고 전했다. 학생들이 집으로 가고 교실에 혼자 남아 한참을 돌이켜 생각해보았다. 아무리 생각해보아도 그건 성교육도 아니었고, 뭘 속 시원하게 말했다는 건지도 알 수 없었다. 그러나 그 이후 수업 도중 몸에 대해 언급하는 것을 조금 더 피하게 되었다.

그러던 어느 날 11~16세 정도의 연령대를 위해 만든 노르웨이의 성교육용 애니메이션을 본 적이 있다. 본 지 10년이 더 지났어도 기억이 생생하다. 애니메이션은 서로 성적 호감을 느끼는 여성청소년과 남성청소년이 첫 키스를 계획하는 것으로 시작된다. 하지만 타이밍이 왔을 때 둘은 지나치게 긴장해 굳은 몸으로 서로를 너무 눌러 불편해지자 곧 어색해졌다. 자책하던 주인공은 상대방의 몸에 주의를 기울이고 배려해야 한다는 설명을 듣고 다시 기회를 엿보다 소파 위에서 키스와 애무로 달콤한 시간을 보낸다는 것으로 애니메이션은 끝난다.

이 애니메이션은 다름 아닌 '성애'를 가르치고 있었다. 성의 신성함이나 책임감 혹은 임신 및 성병 예방을 위한 정보가 아닌 성애를 가르치는 영상이라니! 심지어 엔딩 때 두 사람은 서로의 몸을 분명히 애무하고 있었다.

배빗 콜의 그림책 《엄마가 알을 낳았대!》(고정아 옮김, 보림, 1996)를 처음 보았을 때 충격도 이와 비슷했다. '아기는 어떻게 생기는 거야?'라는 질문을 한 방에 해결할 수 있는 이 그림책은 유아들이 이해할 수 있는 그림체로, 그러나 매우 분명하게 성기가 결합된 여러 체위를 묘사했기 때문이다. 성기를 결합한 채 스케이트보드를 타고 서커스를 하고 풍선을 매달고 떠 있는 등 섹스가 재미있고 신나는 것으로 묘사되어 있다.

노르웨이 성교육 애니메이션을 보고나서도, 《엄마가 알을 낳았대》를 보고 나서도 어린이용 콘텐츠에서 '감히' 성을 표현하고 '감히' 성적 행위를 묘사했다는 점에 나는 매우 놀라고 당황했다.

왜 성에 대해 어린이에게 말하는 것이 무서운 걸까

나는 그때 왜 그렇게 놀라고 당황했을까? 그 감정을 일으킨 원인은 '어린이들에게는 성에 관한 이야기를 하면 안 돼! 이건 위험해!' 하는 금기 같은 것이었다. 요도가 어디 있는지에 관해 배웠다는 이야기를 들으며 당황한 부모도 마찬가지였을 것이다. 여전히 '아기는 어떻게 생겨?'라는 질문이 부모가 답하기 가장 어려워하는 질문이라는 점을 떠올리면, 어린이들에게 성에 대해 말하는 것은 모두 어려워하는 일임이 분명하다.

무엇이 그렇게 어렵고 두려운 걸까? 모든 문제가 그렇듯 맥락은 다양하고 복합적이다. 나는 교사로서 학생들에게, 특히 남학생들에게 성에 관해 말하는 것이 두렵다. 통계로 잡히지 않았을 뿐, 학생들에게 여교사들이 당하는 성희롱은 일상적이라 말할 수 있을 정도로 잦기 때문이다. 신발 앞에 거울을 붙여 치마 입은 교사의 속옷을 훔쳐본다든가 성적인 질문을 던지며 교사에게 모욕감을 준다거나 위아래를 훑어보는 등의 행위는 사회적으로도 익숙한 학교 내 성폭력이다. 나는 학생들에게 성에 관해 이야기하면, 그래서 그들이 성에 '눈뜨게' 되면 이들이 '이성을 잃고' 내게 덤빌지도 모른다는 일종의 강간불안이 있음을 깨달았다. 이 불안은 여러 가지 면에서 참으로 의미심장하다.

어린이, 무지·무성의 존재

어린이는 성에 대해 누군가 이야기해줘야만—그것이 야동이든 성인광고든 간에—성에 '눈뜨는' 존재라는 가정은 그들이 성에 노출되지만 않으면 성에 눈감고 있을 존재라는 뜻일까? 많은 경우 그렇게 여기는 듯하다. 모를수록 순수하다는 신화는 성에만 국한되어 있지는 않다. "아직 우리 애는 산타가 있는 줄 알아요. 그래도 열 살까지는 순수함을 지켜줘야죠." 같은 어른들끼리의 이런 대화도 마찬가지다. 어린이가 아무것도 몰라야 순수한 상태라는 오해는 '어리니까 몰라도 돼.'라는 논리를 정당화한다.

어린이에 대한 순수 신화는 성에 대한 이분법적 접근, 성은 환상적이고 쾌락적이지만 성을 탐닉해서는 안 되며 순수하게 접근해야 한다는 사회적 관념과 결합하면서 더욱 강력해진다. 성에 관해 잘 아는 어린이는 순수하지 않고, 어린이가 성에 대해 이야기하는 것은 '까진 날라리'라는 증거로 받아들여진다. 어린이는 성에 대해 동떨어져 있을수록, 무지하면 무지할수록 순수하고 때 묻지 않은 착한 어린이라 여겨진다. 타락한 어린이와 순수한 어린이라는 사회의 이분법적 단죄는 여성의 처녀성에 대한 관념과 너무도 유사하다. 이 점에서 정보의 통제와 자기결정권의 박탈은 사회적 약자들에게 가하는 일관된 폭력이라는 것을 확인할 수 있다.

정보는 권력자가 허락할 때만 허락된 방식으로 통제된 채로 제공된다. 어린이가 정당하게 성에 접근할 수 있는 유일한 방법은 바로 성교육이다. 그러나 교육적 측면에서조차 어린이의 성에 대한 연구는 그리 많지 않다. 아동발달이론의 맥락에서 다루는 것이 고작인데, 가장 대표적인 이론은 어린이들은 '모방화'를 통해 성을 학습한다는 내용이다.

"어린이는 출생 후 3세까지 자신의 성주체성을 확립한다. '나는 남자다.' '나는 여자다.'라고 하는 개념은 이 단계에서 고정되어 앞으로의 인생에서 변화되지 않는다. 이 내적인 심리학적 개념은 생물학적인 요인과 환경적인 요인에 따라 형성된다. 환경적 요인은 어린이가 어떻게 다루어지며 어떻게 다른 사람의 응답에 반응하고 있는가에 달려 있다.

젠더 롤(성역할)을 연출하는 일(자신이 남성인가 여성인가를 보여주는 언동)도 이 발달 기간에 명확해지며 그것은 성주체성의 기본적인 이해에 입각하고 있다. 젠더 롤은 직업을 선택하거나 부모가 된다는 등의 개인의 생활과 함께 서서히 발전한다. 아이는 자신의 성역할을 기본적인 두 가지 방법으로 학습한다. 첫째, 동성의 행동을 모방함으로써 어느 편인가의 성이라는 것의 의미를 배운다. 즉 남자아이는 아버지나 다른 남성의 역할을 모방한다. 둘째 남자아이는 어머니나 다른 여성을 관찰함으로써 여자아이에게 어떤 행동이 기대되고 있는가―'여자아이 같은 짓을 하지 않으니 나도 남자다.'―를 명확히 한다.

(······)

젠더 롤에는 개인의 성적 흥분과 반응도 포함된다. 소아기에 획득한 섹슈얼리티 패턴의 요소가 사춘기에 더 명확하게 되고 성인기의 성생활에서는 현저한 특징이 된다고 연구자들은 이론화하고 있다. 즉 소아기에 획득한 애정을 주거나 받거나 하는 능력이 후에 성인이 되었을 때 애정 관계에서 상대방과 튼튼하게 결합될지 어떨지를 결정하는 것이다."[1]

어린이들이 성을 어떻게 인식하고 있고, 실제 어린이들이 어떻게 성을 경험하고 있는지 등 어린이 입장에서의 성이 아닌 어린 시절의 경험이 성인이 된 후의 성생활에 어떤 영향을 끼치는가를 주된 관심사로 두고 있다는 점은 어린이가 성에 대해 '학습'하는 수동적 존재일 뿐 능동적인 성의 주체는 아니라는 우리 사회의 전형적인 인식을 드러낸다. 즉 성교육은 어른이 제시하는 '바람직한 성'을 어린이가 학습할 뿐이라는 점을 전제한 것이다.

이렇게 성교육이 어린이의 성적 자기결정권의 박탈을 전제하고 있는 상황에서 어린이가 친구들과 성적인 대화를 나누거나 성적 행위를 시도하는 것은 사회적으로 용납되지 않는다.

---

1   J. M. 라이니쉬, R. 비즐리 지음, 이영식 옮김, 《최신 킨제이 리포트》, 하서출판사, 1992, 185~186쪽.

어린이들의 성적 자기결정권 회복은 통제되고 있던 정보 시스템이 붕괴한다는 의미이고, 비대칭적으로 기울어져 있던 권력의 축이 비틀릴 수 있다는 점에서 많은 어른, 즉 권력자에게 위협적이기 때문이다. 그런 의미에서 '타락한' 어린이들은 사회의 통제에서 벗어났다는 점에서 스스로 해방을 쟁취한 것이기도 하지만 기존의 권력구조를 흔든다는 점에서 혁명가들이기도 하다.

성은 인간 본연의 것이고 아무리 정보를 통제하고 자기결정권을 박탈한다고 하더라도 성이 개인 각자의 것임을 부정할 수는 없기 때문에 권력자들은 성에 접근하는 시기를 유예시키는 것으로 권력의 축을 유지하고자 한다. 성을 누릴 시기가 정해져 있고, 그 시기는 현재가 아닌 미래의 일이므로 지금은 성을 누릴 준비를 해야 하고, 준비를 하려면 어른들이 제공하는 엄선된 정보를 잘 습득해야 한다는 것이다.

정보 선별은 어른이 하므로 어린이는 성과 관련된 모든 화제로부터 우선적으로 배제되고 소외된다. 마치 검열 후에 배달되던 독재정권 하의 신문처럼 군데군데 가위질된 성은 현실과는 전혀 다른 모습으로 전달된다. 어린이는 학습자로서 대상화되는 동시에 성에 대해 멀리 물러나 있을 것을 규범적으로 요구받게 되는데, 다시 말해 스스로 무성적 존재가 되는 것이 어린이들이 마땅히 스스로 행해야 할 도덕이자 규범처럼 작동하는 것이다. 학교에서 이루어지는 매우 형식적인 성교육시간조차 2

차 성징을 설명할 때 학생들은 스스로 눈을 가리고 귀를 막는다. 심지어 성에 관심을 가지거나 성적 실천을 한 또래를 배척하고 집단적으로 따돌림으로써 자기들끼리 벌을 주기도 한다. 자기결정권을 회복하고 권력의 틀을 뒤흔드는 타락한 어린이들이 또래 집단에서도 배척받는 이유가 바로 이것이다.

어린이는 성적 자극과 무관해야 한다는 도덕적 규범은 어른들에게 여러 모로 유용한데, 그것이 비록 통제에 의한 것이라 할지라도 어린이가 아직 인간 본연의 모습을 다 갖추지 못한 미성숙한 존재라는 발상은 언제 어디서든 어린이를 통제하는 행동으로 이어진다. 이렇게 어린이는 무지하고 그래서 무성의 존재이며 또한 그래서 아직 '인간'으로 대우받지 못한다. 더 나아가 어린이가 성에 '눈떠서' 인간 본연의 권리인 성을 쟁취하면 '위험한 존재'가 된다.

우리가 어린이에게 빼앗은 것들

한번은 우리 반 학생과 다른 반 학생이 사귀었다. 소위 진도가 좀 나간 커플이었는데, 가족들의 퇴근이 늦어 여럿이 자주 모여 노는 한 친구의 집에서 이들도 데이트하곤 했다. 그러다 입을 맞추거나 서로의 몸을 만지는 장면을 목격한 사람들이 점차 늘어났다. 결국 학교에 소문이 퍼졌고, 교사들도 그 사실을 알게 되었다. 누군가의 사적이고 성적인 행위가 가십으로 소비되는 것은 조치가 필요한 일이라고 판단했기에 상대방 학생의 담임교사와 어떻게 하면 좋을지 논의해보았다. 상대방 학생의 담임교사도 나도, 나이가 어려도 서로 좋아 사귄 건데 문제가 될 일은 없지만 소문이 너무 많이 났으니 목격한 학생들과 보진 않았지만 소문을 들어 아는 학생들을 나누어 성교육을 해야 되지 않겠느냐고 의견을 맞췄다. 그러던 와중에 갑자기 학년부장이 학년회의를 소집했고, 이 아이들의 사례를 교육청에 보고해야겠다는 이야기를 꺼냈다. 성폭력 사안도 아니고 학생 둘이 서로 좋아서 만난 건데 왜 교육청에 보고해야 하느냐 따졌지만, 학교 관리자들도 부담스러워서 교육청에 기록이라도 남겨놓는 게 좋겠다고 학년부장에게 말한 모양이었다.

결국 교육청에 보고는 하지 않았지만 양쪽 학생의 보호자들은 학교로 불려왔다. 보호자들을 부르기 전에 나 역시 학생과 상담을 해야 했다. 서로 마주보고 텅 빈 교실에 앉아 있는데 학생은 몹시 위축되어 있었다. 그리고 내게 말했다. "선생님, 잘못했어요."

말문이 막혔다. 나도 누군가와 키스를 하고 다른 사람의 몸을 애무하고 물고 빨며 살고 있다. 그 학생이 그런들 그것이 왜 잘못이겠는가. 다른 사람에게 피해를 준 것도 아니고 오히려 온갖 소문에 상처 입은 피해자인데…… 한참을 잘못한 것이 아니라고 말했지만 그 말은 전혀 효과가 없었다. 효과가 없을 수밖에 없었다.

그 학생과 나 사이에는 텅 빈 종이 한 장이 놓여 있었다. 한 측의 강압에 의한 것이 아님을 증명하는 경위서를 쓰라는 말을 들었기 때문이다. 어느 한 측이라도 나중에 소송을 걸거나 당하는 일이 없도록 써두자고 부모들이 합의한 것이었다. 두 학생을 보호하기 위한 장치이기는 했지만, 경위서를 쓰려고 교사와 고개 숙인 학생이 방과 후에 단독 면담하는 장면은 누가 보더라도 학생에게 죄를 묻는 일이었다.

그 이후는 더 참혹했다. 학생이 쓴 경위서를 보고 부족한 부분을 채우기 위해 내가 질문해야 했다. 입을 맞추었는지, 몸의 어디를 만졌는지, 침대에서 그랬는지 등 행위에 대한 구체적인 서술이 필요했다. 경위서 작성이 끝나고 양쪽 학생의 경위서를 대조해보고 당사자들에게 서로 확인시킨 후 서명을 받았다. 그 경위서는 양쪽 보호자에게도 공개되었다. 보호자들 역시 당사자들이 상호합의한 후 행한 행위라는 것을 확인하고 이후 문제 삼지 않겠다는 각서를 써야 했기 때문이다.

그 다음 날 우리 반 학생은 어머니에게 많이 맞았다고 했다. 그리고 서로 붙잡고 울었다고도 했다. 기시감이 들었다. 내가 섹스했던 사실을 집에 들켰던 그 해 여름, 나는 학교에서 붙잡혀와 집에서 온 다리가 시퍼렇게 되도록 맞았다. 학생을 볼 낯이 없었다. 그 학생은 내게 또 말했다. "선생님, 죄송해요." 그리고 어머니와 다시 그러지 않겠다고 약속했다며 이젠 안 그럴 거라는 약속을 내게도 했다. 아니라고, 그건 잘못이 아니고 그런 약속은 하지 않아도 되는 거라고 마음속으로 되풀이하여 말했지만, 어제 내가 한 행동과 너무 큰 모순이라는 생각에 말이 잘 나오지 않았다.

그 학생은 결국 다른 학교로 전학을 갔다. 전학 가기 전날 나는 그 학생에게 미안하다고 사과했다. 하지만 그 학생은 내가 왜 사과하는지 잘 알지 못하는 눈치였다. 그리고 그렇게 헤어졌다. 내가 전혀 알 필요 없고 알고 싶지도 않은 정보들을 묻고 들어야 했던 그 참혹했던 일주일. 그렇게 나와 어른들은 그들의 존엄을 짓밟았다.

누구의 성을 보호하는 것인가

교육청에 보고할 것이냐를 따지며 학생의 존엄을 짓밟던 그 회의는 종국에는 소리를 지르며 싸우는 것으로 끝이 났다. 교육청에 보고하고 성폭력 사안에 준하여 조치해야 한다고 주장하던 교사들이 그 근거로 여학생의 몸가짐을 언급하며 "이런 학생들이 나중에 섹스중독이 될 수 있다."고 발언했기 때문이다. 나는 그 발언이 학생 당사자에게뿐만 아니라 이 발언을 들은 교사들에게도 성폭력적인 발언이니 당장 사과하라고 요구하자, 그 교사는 그럼 그 학생이 임신이라도 하면 당신이 책임질 거냐며 윽박 질렀다. 교사생활 중 내가 가장 이성을 잃고 싸운 순간이었고 그래서 오랫동안 마음에 상처로 남았다. 그 일을 계기로 학생-어린이의 성 문제가 나의 성 문제와 결코 다른 문제가 아님을 가장 리얼하게 인식하게 되었다. 그리고 어린이의 성을 우리 사회가 어떻게 대하고 있는지 적나라하게 직면한 순간이었다.

우리 사회는 어린이의 성을 무엇으로부터 보호하고자 하는가? 이 질문에 대한 답을 가장 단적으로 표현한다면 앞의 논쟁에 등장했듯, 임신(낙태)과 성적 타락(더럽혀짐)의 가능성이라고 정리할 수 있다. 누가 책임질 것인가, 성에 빠지면 어떻게 할 것인가.

그런데 이것은 결혼하지 않은 내게도 굉장히 의미심장한 문제다. 여성의 성에 관해서도 이 사회는 똑같이 염려한다. 결혼 안 한 여자가 임신하면 어쩌려고 함부로 구느냐며 겁도 없다고 한다든가, 남편이 없는 여자가 성에 눈뜨면 가정파괴범밖에 되지 않는다고 한다는 등 이 사회는 어린이에게도, 결혼하지 않은 여성에게도 성은 다른 사람과 본인을 언제고 위협할 수 있는 칼날이나 폭탄과 같은 것이라고, 그래서 조심하고 또 조심하라고 말한다. 성은 밟으면 끝인 지뢰 같은 것이라고 말이다.

그래서 《고등어를 금하노라: 자유로운 가족을 꿈꾸는 이들에게 외치다》(임혜지, 푸른숲, 2009)를 읽었을 때 충격을 받았다. 이 책에는 어머니가 딸에게 콘돔을 사주는 대목이 나오는데, 나는 어머니가 딸에게 콘돔을 사준 사실 자체보다는 콘돔을 사면서 나눈 모녀간의 대화가 정말 놀라웠다. 어머니가 십대 후반이 된 딸이 이제 콘돔이 필요하지 않을까 해서 물어보자 딸은 필요 없다고 거절한다. 콘돔 역시 피임에 실패할 수 있고 그럼 자기 인생이 망가지는데 그런 위험을 감수하면서까지 섹스할 생각은 없으니 콘돔은 필요없다는 것이었다. 그러자 어머니는 정색하고 말한다. 네 인생은 그런 걸로 망가지지 않는다고. 아니 그 무엇으로라도 네 인생은 망가지지 않는다고 말이다. 설혹 네가 임신을 하거나 다른 일이 생기더라도 나와 네 아버지는 늘 네 옆에 있을 텐데 왜 네 인생이 망한다는 생각을 하느냐고 힘주어 말한다. 나와 우리 가족은 언제든 널 지지할 테니 네 인생이 망할 일은 결코 없다고 말이다.

우리는 쉽게 이야기한다. 성에는 책임이 따른다고. 더 나아가 자유로운 성은 낙태와 성병으로 이어지며, 그렇게 망가질 당신의 삶과 태어날 생명의 불행한 삶을 누가 책임질 것인가는 질문을 던진다. 너는 네 자신조차 책임질 수 없을 만큼 무력하고 또한 네 인생은 정말 쉽게 무너지고 박살날 수 있다고 협박한다. 이런 말을 하는 사람들은 사회적 안전망이나 보장 같은 것에는 관심조차 없다. 누구든 성에 의해 위기에 처하면 아무도 도와주지 않는 고립된 존재가 될 테고 스스로 아무것도 할 수 없게 될 것이며 네 인생은 모든 면에서 실패와 불안으로 점철되게 될 것이라는 말은 저주가 되어 영혼 깊숙이 각인된다. 그래서 성은 사람의 인생을 언제든 나락으로 끌어내리려 붉은 혀를 널름거리는 악마와 같은 존재가 되었다. 두렵고 무섭지만 손쉽게 넘어가 버릴 만큼 유혹적인 검은 악마 말이다. 결국 우리 사회는 사람들에게 자신의 일부를 악마화하고 자신을 부정하도록 하는 것이다. 이것에서 자유로운 사람은 아무도 없다. 그 누구도 성을 떳떳하게 말하지 못한다. 우리는 모두 성-죄인이다.

하지만 성 때문에 인생을 망치게 되리라는 저주는 악랄하게도 약자만을 향한다. 강자에게는 적용되지 않는다. 결혼한 성인 남성에게도 성 규범은 적용되지만 대부분 그 사람 인생까지 위협하는 말을 듣지는 않는다. '네 인생이 부서질 거야.'라는 저주를 받는 것이 아니라 '그런 삶은 훌륭한 삶이 아니야.'라는 식의 경고를 들을 뿐이다. 더 노골적으로는 기껏해야 지속적인 쾌락을 위해 약자에게 약점 잡히지 말라는 경고를 받는 것이 고작이다. 심지어 성적인 문제가 생기더라도 오히려 남자의 편에 서는 사람들이 더 많다. 결국 우리 사회에서 성적인 측면에서 가장 보호받는 것은 강자인 성인-남성-이성애자다. 성을 보호한다는 말의 기만이 이것이다.

처벌은 보호가 아니다

우리 사회는 성 자체를 금기시하지만 특히 어린이가 관련되면 금기를 넘어 범죄처럼 다룬다. 이는 어린이를 절대 성적 주체로 인정하지 않는 우리 사회의 관념과 어린이를 대하는 사회

전반의 억압적 구조가 맞닿은 결과라고 할 수 있다. 더 풀어 설명하자면 어린이를 성으로부터 격리하는 것에 그치지 않고 어린이가 성을 인식하는 것, 어린이가 성을 실천하는 것 역시 처벌 대상으로 간주하고 있다는 뜻이다. 앞의 사례만 봐도 분명 서로 합의하에, 상호지속적인 연애관계에서 이루어진 성적 접촉도 잘못이 되고 처벌 대상이 된다. 그래서 어린이의 성적 실천은 성적인 피해와 자주 혼동된다. 그 대표적인 예가 의제강간이다. 만 13세 미만의 사람은 서로 합의하에 성적 접촉을 했다 하더라도 형법 제305조에 의해 추행이나 강간으로 처벌된다. 어린이가 아무리 원했다 해도 그 의사와 상관없이 피해자로 '인정'된다. 어린이의 의사결정능력이나 정보접근능력을 고려할 때 자기결정의 기회가 충분히 보장되지 못할 가능성이 매우 높으므로 어린이를 보호하려는 취지에서 그런 법을 만들었다고 한다. 그런데 이건 아무리 생각해도 이상하다. 당사자의 의사와 전혀 상관없이 원천봉쇄하는 법이라니. 그렇게 어린이를 보호하고자 하는 거라면 심신미약자 및 미성년자 강간에 대한 친고죄(당사자가 직접 신고해야만 처벌할 수 있는 죄) 적용이 2013년에서야 폐지된 것은 어떻게 해석해야 할까? 마치 누가 복사-붙이기를 잘못해놓은 것만 같다. 도대체 사회는 무엇으로부터 어린이를 보호하기 위하여 성을 범죄화하는 것인가?

어린이의 성은 매우 중요하고 희소하며 엄청나게 유혹적이라는 사회적 인식 역시 굉장히 모순적이면서도 폭력적으로 존재하는데, '어릴수록 좋다.'는 신화나 처녀성 신화 등과 중첩되면서 어린이 성범죄에 대한 사회적 공포가 무한반복 재생산된다. 동시에 '어린이의 성을 성폭력으로부터 보호해야 한다.'는 강박 역시 강해진다.

어린이를 대상으로 하는 성범죄는 대부분 셋 중 하나다. 이미 철저하게 권력관계가 형성되어 있거나(어린이 성범죄의 거의 대부분을 차지하는 친인척이 가해자인 성범죄의 경우), 강도 높은 통제욕을 실현하고 싶은 가해자 때문이거나, 물리적/정신적으로 약하기 때문에 비교적 만만한 피해자가 필요한 경우이다. 성폭력의 본질 자체가 그러하듯 어린이 성범죄도 지극히 권력적이다.

그래서 성범죄, 즉 권력의 문제를 해결하기 위해서는 어린이가 권력을 지니거나 권력을 필요로 할 때 바로 활용할 수 있는 방안이 고안되어야 한다. 하지만 지금 사회는 그런 고민을 전혀 하지 않고 있다. 어린이, 그리고 어린이의 성은 누구나 짓밟을 수 있는 매우 나약하디나약한 것이므로 보호해야 한다고 부르짖는 것이 전부다. 실제로 하는 것은 아무것도 없다. 어린이의 무력한 상태는 어떠한 변화도 없이 지속되고 있으며 그에 대한 변화는 고려되지 않고 있다.

앞선 세대가 어린이 세대를 무력하게 만들기 위해 성을 이용하고 있다는 주장을 하는 것은 아니다. 그것이 의도되었든 의도되지 않았든 간에 어린이에게 행해지는 성적 지원은 누군가 속옷으로 가리어진 부분을 만지면 '싫어요!'라고 소리치라는 교육이 전부다. 우리가 그토록 보호하고자 하는 어린이의 성이 무엇인지도 잘 모르겠지만 그 정도로 과연 보호될 수 있을까?

보호와 박탈은 다르다

보호라는 말은 표준국어대사전에 이렇게 정의되어 있다.

1. 위험이나 곤란 따위가 미치지 아니하도록 잘 보살펴 돌봄.
2. 잘 지켜 원래대로 보존되게 함.

보호라는 말의 사전적 의미를 보면 근본적으로 성과 보호라는 말이 어울리지 않는다는 것을 알게 된다. '잘 지켜 원래대로 보존되게 함'이라는 말은 영락없이 처녀성을 떠올리게 하고 '잘 보살펴 돌봄'이라는 말은 시혜적 시선이 느껴진다. 어린이뿐만 아니라 어느 누구의 성이든 원래대로 보존되고 돌봄을 받아야 할 성은 없다. 모든 성은 일생 내내 변화하고 성장하며 자기 스스로 쟁취하는 것이 아니던가. 필요한 것은 돌봄이 아니라 존중이다.

하지만 어린이가 자기 주도적으로 성생활을 설계하고 자기 결정권을 누리며 성생활을 할 수 있도록 여러 지식과 경험 그리고 가치관들을 습득하고 탐색하고 향유하도록 하는 조력이 필요하다. 성교육은 반드시 이런 내용으로 채워져야 한다.

교육이 모르는 것을 알게 해주리라는 생각은 사실 착각이자 오래된 신화다. 교육은 그보다는 사회적 지위에 가깝다. 학교에서 어린이에게 읽고 쓰고 셈하기를 교육하는 이유는 그것을 반드시 알아야 하는 내용이라서기보다는, 읽고 쓰고 셈하기의 교육이 사회 구성원으로 살아가는 데 필요한 기본 지식이기 때문이다. 그래서 개개인마다의 삶의 궤적에 맞추어 그들의 삶에 가장 알맞게 지지해주고 지원해주는 교육, 즉 다양하고 개별화된 교육을 좋은 교육이라 일컫는다. 교육은 경쟁이나 선발이라기보다는 신종플루가 유행할 때 공공기관의 입구마다 배치되었던 무료 손소독제나 제품에 반드시 포함되어야 하는 사용설명서와 더 비슷하다.

그런 측면에서 성은 아주 당연하게도 기본 교육에 해당한다. 정자와 난자가 수정되는 과정을 지식으로 알고 있기 위해서, 성범죄의 마수에 걸려들지 않기 위해서만 성교육이 필요한 것이 아니다. 모든 사회 구성원은 성을 알고 건강한 성을 누릴 수 있도록 다양한 방법으로 지지받고 지원받을 권리를 가지고 있다. 따라서 성교육은 수많은 실습과 체험으로 구성되어야 한다. 요컨대 자위가 일으키는 세균 감염의 무서움을 알려주기보다 건강하고 위생적인 자위법을 알려주어야 한다. 원하지 않는 성적 접촉에 대해 '싫어요!'라고 외치고 어른에게 신고하라는 것뿐만 아니라 원하는 성적 접촉에 대해서는 어떻게 받아들일 수 있는지를 알려주고 나누어야 한다.

어린이가 성적 주체가 되기에 이르다는 전제를 백번 양보해서 인정한다 하더라도, 미래에 성적 주체가 될 어린이에게 우리 사회는 어떠한 준비를 하도록 돕고 있는가? 미래의 유권자를 위해 삼권 분립과 민주주의에 관해 가르친다. 그리고 그것을 체험하게 하기 위해 학교마다 어린이회와 학생회를 조직하고 그 속에서 여러 실험을 하며 성공과 실패를 경험해보게 한다. 설혹 학생회나 어린이회에서 사업이 실패하더라도 그것이 사고나 큰 피해로 이어지지 않도록 교사나 부모가 돕는다. 그게 보호다. 당사자의 선택이나 실수 혹은 어떤 변수로 인해 문제가 생겼을 때 그 파급력을 줄여주고 그로 인해 당사자가 무서워하지 않고 여러 시도를 해보게 하는 것, 그 시도로부터 배울 수 있게 하는 것. 그것이 보호의 진짜 의미다. 보호장비를 갖추면 다칠 걱정 없이 스케이트를 맘껏 탈 수 있어야지 스케이트를 아예 탈 수 없게 하는 보호장비라면 그것은 보호장비가 아니라 구속복이다.

보호와 박탈은 전혀 다른 말이다. 통제하고 억압하는 방식으로 지킬 수 있는 것은 아무것도 없다. 무엇보다 성을 즐기고 또한 그 향유를 지지받을 권리는 모든 사람에게 있다. 어린이에게조차도 말이다. 그것을 아무도 막을 수는 없다.

2부

성소수자

/

선언

/

19세, FTM 트랜스젠더

나는 청소년인 동시에 트랜스젠더이며 게이이기도 합니다. 애인과 손을 잡고 걸을 때 누군가 '저기 봐라! 게이다!' 하는 표정으로 우리 쪽을 보며 비웃으면, 남자로 잘 보였단 기쁨과 호모포비아(성소수자 혐오자)로 인한 짜증을 동시에 느낍니다. 애인은 일일이 신경 쓰지 말라고 하지만 신경 쓰이는 건 어쩔 수 없습니다. 그래서 일부러, 보란 듯이 애인의 손을 놓지 않으렵니다.

19세, 레즈비언

열다섯 살 때 첫사랑, 그 여자애와 내가 느끼기에 섹스인 행위를 처음 했다. 그 이후에는 남성 애인을 몇 명 사귀었다가, 지금은 레즈비언으로 정체화하고 여성 애인과 알콩달콩 살고 있다. 내가 했던 섹스 중에는 다소 즐거웠던 섹스도, 다소 지루했던 섹스도, 다소 폭력적이었던 섹스도 있다. 각각의 사람에게는 각각의 섹스가 있다. 이성애중심적이고 삽입중심적인 섹스 관념으로 내 경험을 해석할 수는 없다. 그래서 나는 섹스가 남녀간의 성기 '결합'이라는 생각에 반대한다. 나는 섹스와 성을 둘러싼 사회의 편견이 나의 경험을 청소년이라는 이유로, 혹은 레즈비언이라는 이유로 쉬쉬하고 차별하는 것을 두고 보지는 않을 테다.

18세, 양성애자 여성

나는 '죄책감'이 참 싫다. 여성청소년이었던 전 애인과 연애하던 시절, 그녀가 친구들에게 당당히 애인이 나라고 소개하지 못하는 것에 죄책감을 느꼈다. 내가 여자라는 사실에 죄책감을 느꼈다. 그녀와 섹스한 이후 이유 모를 죄책감을 느꼈다. 그녀를 남자친구라고 지칭하며 주변인에게 자랑하고는 죄책감을 느꼈다. 죄책감을 느끼는 나에게 분노했다. 나와 그녀가 지은 죄는 무엇인가? 우리는 왜 잘못한 것도 없는데 죄책감을 느끼고 좌절하고 불안해하며 상처받는가? 우리는 스스로를 조각하고 다듬는다. 작은 구멍을 통과하려면 어쩔 수 없이 '나'를 삭제해야 한다. 그게 참 서글프다.

?, 양성애자 여성

나에게도 애인이 있어요! 가족에게도 친구들에게도 비밀인 애인이 있어요. 그런데 내 애인은 여자예요. 나는 양성애자예요. 친구들에게 애인 얘기를 하며 '내 애인'이라 말하면 친구들은 '네 남친'이라고 고쳐 불러요. 그럴 땐 너무 슬프고 서럽고 가슴 아파요. 나도 '내 애인' 말고 '내 여친'이라고 말하고 싶어요!

19세, 양성애자 여성

엄마에게 커밍아웃을 했다. 내가 커밍아웃을 할 수 있었던 건,

엄마는 가족이니까 내 얘기를 들어주리라는 믿음이 있었기 때문이다. 그래서 나는 차를 마시면서 가벼운 수다를 떨듯 내 이야기를 했다. "나는 어떤 스타일의 남자를 좋아하고, 여자는 이런 사람이 좋더라." "전에 여자와 애인 관계였던 적이 있었는데……." "저번에 어떤 여자한테 고백을 받았는데 말이야……." "재작년에 사귀었던 남자는 어떤 사람이었고……."

하지만 내가 즐겁게 얘기하는 동안 엄마의 얼굴은 어느새 비웃음으로 가득 찼다. 엄마는 내가 아직 어려서 "그저 친한 친구가 되고 싶은 욕망을 연애 감정으로 느끼는 것"이라고, "엄마도 너 나이 때 그랬다."고, "네가 나이를 좀 더 먹으면 알게 된다."고 했다. 동성애를 혐오하는 사람들이 대게 그렇듯 논리라고는 찾아볼 수 없는 말을 끊임없이 내뱉었다. 구역질이 나올 것 같았다. 엄마가 입을 열 때마다 가슴에 커다란 못이 하나하나 박히는 듯했다. 그 날 나에겐 아물지 않을 상처가 가득 생겼다. 후회했다. 내가 왜 그 얘기를 했을까. 믿었던 내가 잘못이다, 그래도 가족인데 어떻게……. 끊임없이 드는 배신감과 수치심, 친권자에 대한 혐오감. 이 모든 것이 뒤범벅되어 한동안 정말 힘들었다.

나는 가족조차도 나의 성정체성을 이해하지 못하는 세상에서 살고 있다. 동성애에 대한 무조건적인 혐오, 오해, 편견이 가득한 세상. 이런 세상에서 나는 당당히 나의 이야기를 하고 싶다. 나는 여자도, 남자도 다 좋다! 어쩔래!

?, ?

자꾸만 내가 커밍아웃한 친구들만을 만나려고 하고 다른 사람들과는 거리를 두게 되는 건, 커밍아웃하지 않은 사람들에겐 나의 삶의 커다란 부분을 숨겨야 하는 것이니 어떻게 해도 일정 수준 이상 가까워질 수 없기 때문이다. 나는 나 자신을 숨겨야 하는 것이 싫다. 주변 사람들에게, 가족에게 내 애인을 당당하게 내 애인이라고 소개할 수 없는 게 싫다.

?, 레즈비언

저에겐 사랑스러운 애인이 있어요. 눈도 예쁘고 코도 예쁘고 입도 예쁘고 모든 게 다 사랑스러워요. 제 애인은 여자예요. 친구들은 몰라요. 제 애인이 남자인 줄 알아요. 아직은 친구들을 못 믿겠어요. 친구들은 성소수자도 괜찮다고, 이해할 수 있다고 하지만 정작 제가 커밍아웃을 하니까 멀어지려고 하더라고요. 지금은 저의 커밍아웃이 농담이라고 하고 다시 평소와 같이 지내고 있어요. 이 친구들 얼굴을 볼 때마다 가슴이 먹먹해져요.

17세, 양성애자 여성

고1 가을, 10시에 야자 마치고 나오는데 갑자기 비가 왔어요. 우산이 없어서 독서실로 뛰어가려는데 제 6년지기 친구가 같은 방향에 사는 친구들하고 안 가고 반대 방향에 사는 저를 데려다췄어요. 그럴 성격의 애가 아닌지라 감동감동 먹었는데, 그 다음 날부터 애를 볼 때마다 알 수 없는 일렁이는 감정이 느껴지는 거예요. 그냥 단순히 감동받은 거라기에는 생각보다 오래 지속되고, 자꾸 생각나고 매일 보는데 계속 보고 싶고.

설마 내가 쟤를 좋아하나, 아닐 거라고, 아니라고 부정했지만 자꾸 스킨십하고 싶고 볼 때마다 설레고. '너에게는 너무 미안한데 네가 다가올수록 좋아져. 그런 내가 너무 싫어.' 보지 않으면 이 마음이 사라질까 일주일 동안 피해도 보고 인터넷 상담도 받아보았어요. 1년을 고민한 끝에 내린 결론은 나는 여자도 남자도 좋아하는 사람이라는 것. 그리고 나는 그 친구를 좋아한다는 것.

알고 나서도 실상 달라진 건 없어요. 고백한다거나 그런 건 상상만 하죠. 그냥 지금이 좋아요. 매일 옆에서 보고 장난 치고 추우면 손 잡아주고 내 패딩 벗어주고. 그냥 이대로 있으면 좋겠어요. 들키지만 않으면 좋겠어요. 1년째 매일 봐도 설레요. 뒤돌아보면 걔가 있다는 게 믿기지가 않아요.

난, 겨울이 끝나지 않았으면 좋겠어. 왜냐하면 네 손을 잡을 수 있으니까. 학교가 추워서 참 좋다. 엄마 절 따뜻한 여자로 태어나게 해주셔서 감사해요. 이따 보자, 안녕.

15세, 레즈비언

나는 어렸을 때부터 느꼈다. 내가 평범하지 않다는 걸. 부모님부터 주위 모든 이성애자 사이에서 나는 남자가 아닌 여자를 좋아하고 끌림을 느끼고 성욕을 느끼고 있다는 건 나는 이미 알고 있었다.

엄마한테 혹시나 하는 생각으로 물어보았다. "엄마는 여자가 여자를 좋아하거나 남자가 남자를 좋아하는 동성끼리의 사랑에 대해서 어떻게 생각해?" 장난스럽게 물었지만 기대감이 없진 않았다. 하지만 엄마의 대답은 나를 더 아프게 만들었다. "그런 사랑은 있어선 안 돼. 그런 사랑은 절대 안 되고, 있어서도 안 돼." 엄마가 미워졌다. 나는 "음…….. 그렇구나."라고밖에 말하지 못하고 그냥 묵묵히 가던 길을 걸었다. 마음이 너무 아렸다.

17세, 양성애자 여성

내가 다닌 여자중학교는 기독교 미션스쿨이었다. 매주 한 시간씩 종교수업을 들어야 했다. 어느 날 종교수업시간에 목사가 '동성애는 죄악'이라고 말했다. 매주 한 시간씩 따로 또 진행했던 채플 시간에는 종종 성경에 나오는 '소돔과 고모라'가 동성애 때문에 멸망했다는 설교를 하곤 했다. 나는 그런 말들이 근거 없는 소리라고 생각했고, 내가 성소수자이기 때문에 더욱 기분이 나빴다. 채플 시간이 되면 귀마개를 챙겨가서 몰래 귀를 막고 있기도 했다.

그렇게 학교를 다니던 어느 날이었다. 기말고사가 끝나고 수업시간에는 수업을 진행하는 대신 영화를 함께 보곤 했다. 뒷자리에 앉았던, 시력이 나쁜 어떤 학생이 화면이 잘 보이지 않아 앞자리의 다른 여학생 의자 하나에 함께 앉아 있었다. 그런데 그 모습을 보고 교사는 "너네 그러면 레즈비언 된다."고 이야기했다. 두 여학생은 그 말을 듣고 즉시 따로 앉았다. 내가 그 교사에게 "레즈비언이 뭐 어때서요?"라고 물었는데, 그 교사는 "동성애는 성경에서 금지하고 있고, 하나님도 동성애를 싫어하신다."고 말했다. 종교를 학생들에게 강요하면서 동성애 혐오 발언을 아무렇지 않게 하는 교사, 나는 그 광경이 너무나 비교육적이라고 생각했다.

20세, 이성애자 여성

나는 학교에 다니면서 '동성애'라는 단어를 들어본 적이 한 번도 없었다. 당연히 사랑은 남녀 사이에만 존재한다고 생각했다. 내가 처음 세상에는 동성끼리의 사랑이 존재한다는 것을 알았던 계기는 열일곱 살 때 어떤 레즈비언 커플의 결혼식을 다룬 외국 신문기사를 보고 나서였다. 그래도 동성애는 외국에나 있는 건 줄 알았다. 그러다 열여덟 살이 되어서야, 어떤 친구가 내게 자신이 레즈비언이라고 커밍아웃을 해왔다. 그제야 알았다. 내 주변 어디에나 동성애자들이 있다는 걸. 단지 세상의 차별 때문에 말 못하고 숨기고 살고 있다는 걸. 알고 보니 그 친구 말고도 내 주변 친구 중에는 동성애자, 양성애자가 많았다. 이미 세상에 이렇게나 많은 동성애자, 양성애자가 있는데 왜 학교에서는 단 한 번도 이들에 대해 이야기하지 않았을까? 2015년 교육부 성교육 표준안 연수 내용에는 동성애에 대해 성교육시간에 가르치지 말라는 내용이 있었다. 이미 학교에는 청소년 동성애자와 양성애자가 존재한다. 말하지 않는다고 없어질 존재가 아니다. 왜 어른들은 청소년을 '보호'한답시고 밤에도 못 나가게 하고, 공부만 시키면서 막상 약자인 청소년들이 겪는 차별을 없애기 위해서는 아무런 노력도 하지 않을까?

19세, 레즈비언

열다섯 살 때 처음으로 연애를 했다. 상대는 나와 같은 여자였다. 나는 그 애가 정말 좋았다. 우리가 서로 끌리고 만나고 사랑하는 과정 전체가 아주 당연하고 자연스러웠다. 그렇지만 세상은 우리 관계를 자연스럽게 생각하지 않았다. 감히 어느 누구에게도 우리가 연애하는 사이란 걸 털어놓지 못했다. 물론 부모에게도 이야기하지 못했다. 그렇지만 서로가 있었기에 행복했다. 어느 날 그 애 엄마에게 발각되기 전까지는. 그 애의 엄마는 내게 전화를 해서 쌍욕을 해댔다. 다신 만나지 말라며, 다시 만나면 자기 딸을 때리겠다고 했다. 옆에서 울며 매달리는 그 애의 목소리가 들렸다. 그 이후로 우린 헤어졌지만, 서로에 대한 마음을 지우지 못해 다시 만났다. 그러다 또 그 애 엄마에게 다시 만나는 걸 들키고, 또 헤어졌다. 그 과정을 네 번 반복했다. 발각될 때마다 그 애 엄마는 딸을 때리고, 휴대폰을 압수하고, 외출을 금지시키고, 감시했다. 언제 휴대폰을 압수당하거나 감시당할지 몰라 나는 그 애에게 먼저 연락할 수조차 없었다. 우리는 빌린 휴대폰이나 공중전화로 통화했고, 밖에서 안이 보이지 않는 실내노래방 같은 곳에서 만나야 했다. 그 애가 집 밖을 자유롭게 나올 수 없어서 그 애가 다니는 학원 옥상에서 내가 기다리고 있으면 10분 정도 일찍 학원에 온 그 애가 나를 만나러 오곤 했다. 감시하는 눈을 피해 하는 짧은 통화와 만남은 늘 아쉬웠다. 무엇보다 나는 언제 발각될지 모른다는 불안감에 정신이 피폐해져갔다. 나는 우리가 모든 걸 버리고 둘이 함께할 수 있다면 어떨까 상상하곤 했다. 하지만 그렇게 할 수는 없었다. 우리는 청소년이기에 독립하지 못했고, 가진 것은 아무것도 없었다. 열다섯 살은 아르바이트도 할 수 없는 나이다. 그렇게 세상에 절망하고 나의 무력함을 자책하며 내 첫 연애는 끝났다. 이후 다른 성소수자들을 만나고 인권운동을 접하면서, 내가 그렇게 불안에 떨고 자책해야 했던 건 차별과 불합리로 가득 찬 세상 때문이란 것을 알게 되었다. 나는 이제 커밍아웃을 하고 나름 당당하게 연애하며 살아가고 있지만, 여전히 많은 청소년 성소수자가 매일 숨바꼭질하듯 살고 있다. 만약 이 글을 읽는 성소수자의 부모가 있다면, 당신이 할 수 있는 최선은 차별하는 사람들 편에 서서 자녀의 정체성을 부정하는 것이 아니라 자녀 편에 서서 세상 앞에 나서는 것이라고 말하고 싶다.

학교에서
성소수자로 살아간다는 것

-가을

나는 범성애자[1]이고, 시스젠더[2] 여성이며, 현재 동성을 사랑하는 열다섯 살 퀴어이다. 얼마 전에 나를 두근거리게 하는 사람은 반드시 남성일 필요가 없다는 사실을 깨달았고, 지금은 주변의 웬만큼 친한 사람들에겐 커밍아웃하며 살고 있다.

1 양성애가 남성과 여성을 모두 사랑할 수 있다는 것을 뜻하는 것에 비해, 범성애는 남성이나 여성이라는 기존의 성 인식의 틀을 벗어나 모든 사람을 사랑의 대상으로 둔다. 범성애자는 상대방의 성별정체성이나 생물학적 성별을 전혀 고려하지 않고 사랑하는데, 쉽게 생각해서 한 사람이 '남자로서 좋다' 혹은 '여자로서 좋다'가 아니라 그냥 어떤 사람의 존재 그 자체만을 보고 좋아하는 것이다.
2 시스젠더는 트랜스젠더의 반대 개념으로, 출생 시 부여된 성별과 성별정체성이 일치하는 사람을 말한다. '시스젠더'라는 개념이 나오기 전에는 트랜스젠더의 반대말은 '정상인' 등으로 쓰여, 트랜스젠더를 비정상화할 여지가 있었다. 장애인이 아닌 사람을 '정상인'이 아닌 '비장애인'으로 일컫는 것처럼 트랜스젠더 친화적 용어로 등장했다고 볼 수 있다.

초등학교를 거쳐 중학교를 다니면서 학교는 성소수자가 살아가기에 그다지 좋은 환경이 아니라는 사실을 깨달았다. 일단 기본적으로 학교는 '우리가 여학생이라고 생각하는 모든 학생은 여성일 것이다.' '사랑이란 남녀만 할 수 있는 일이다.'라고만 간주한다. 성교육시간이나 가정·과학시간에 배우는 성과 관련한 내용은 '바람직한 이성교제'나 '(이성끼리의) 결혼 및 자녀 출산'에 대한 것뿐이었다.[3] 교사들이 농담 소재로 성소수자를 조롱하고, 학생들도 성소수자 혐오 발언을 아무렇지도 않게 한다.

십대들이 즐기는 문화 중에 '팬픽'이라는 것이 있다. 팬 픽션(fan fiction)의 줄임말로, 주로 아이돌 그룹 멤버 간의 애정을 다루는데, 팬이 창작하여 팬덤에서 소비한다. 그런데 아이돌 그룹이 남성으로만, 혹은 여성으로만 이루어진 그룹이 많다 보니, 동성애 코드가 많이 담기게 된다. 학교에서는 이 팬픽을 읽는 학생들, 또는 팬픽을 창작하는 학생들을 자주 볼 수 있다. 그들은 팬픽 속의 동성애는 호의적으로 여기지만, 실제 동성애자는 혐오하는 경우가 많다. 어떤 학생들은 "게이는 괜찮은데 레즈비언은 더럽다."고 이야기하기도 한다. 최근 동성애를 다룬 드라마나 한국 영화도 늘어나고 있지만, 그렇다고 해서 성소수자가 겪는 일상적인 차별이 사라진 건 아니다. 사람들은 스크

---

3   최근에야 고등학교 '생활과 윤리' 교과에 성소수자 인권 관련 내용이 포함되었다.

린 속 성소수자는 이해한다는 듯 관용을 베풀어도, 실제로 자신의 옆에, 자신의 학급에, 우리 학교, 우리 동네에 있는 성소수자는 차별한다. 마치 '동성애자는 이해하지만 내 친구가 동성애자면 싫다.'는 듯이 말이다.

성소수자의 존재를 알고 이해한다고 말하는 사람이 간혹 있기도 하다. 평소 성소수자에 대해 우호적인 태도를 보이던 친구에게 "난 여자와 사귀고 있어."라고 말하자 잠시 당황하더니 애써 이해한다는 표정을 지어보였다. 이때 나는 내가 존중받는다기보단 '애써 이해받는 존재'라고 느꼈다. 그 친구가 아예 이해되지 않는 것은 아니다. 나와 다른 존재가 있다는 것을 아는 것과 실제로 눈앞에 그 존재가 나타난 건 다르니까. 사실 이 친구처럼 '애써 이해'하려 한다면 다행인 축이다. 어떤 친구는 다정하게 손을 잡고 지나가던 게이커플을 보면서 "아 xx 더럽네." 하고 말했다.

성소수자 중에는 레즈비언, 게이, 양성애자, 트랜스젠더 외에도 다양한 사람이 있다. 여성과 남성이 아닌 제3의 성별을 가진 사람, 스스로 '중성'이라고 생각하는 사람, 나처럼 사랑하는 상대의 성별이 여성이든 남성이든 제3의 성별이든 성별 자체가 중요하지 않은 사람도 있다. 내가 커밍아웃했을 때 비교적 호의적인 태도를 보인 친구들조차 레즈비언, 게이, 양성애자, 트랜스젠더, 딱 거기까지만 알고 있었다. 사람들은 때로 동성애자, 트랜스젠더를 이해하기에도 벅찬데 그렇게까지 세분화해야 하는지, 그 소수자적 정체성이 그렇게나 중요한지, 그냥 대충 양성애자라고 하면 되는 것 아닌지 묻는다. 하지만 이성애자와 시스젠더만 존재하는 듯 돌아가는 사회에서 자신이 과연 '무엇인지' 오랫동안 고민한 사람에게 이런 말들은 상처가 된다.

이곳에서 나는 '나 자체'로 인정받을 수 있을까?

진로교육시간에 '나에게 소중한 사람'에 대해 발표한 적이 있다. 나는 "내게 소중한 사람은 가족과 친구, 그리고 애인이다."라고 발표했다. 교사는 내 표현에 의문을 제기하며 "애인이 아니라 남자친구라고 해야지." 하고 말했다. 내가 "왜 그래야 하나요? 제가 사귀는 사람의 성별이 남자일지 아닐지 어떻게 아시나요?" 하고 물으니, 교사는 "네 나이 때 애인이란 말을 쓰는 게 아니다."라고 말을 돌릴 뿐이었다. 친구들도 마찬가지였다. 나의 친구들은 너무 자연스럽게 "너 남친 있냐?" 하고 묻는다. 남성이 아닌 애인을 사귀는 것도 분명한 '나'이다. 하지만 성소수자를 당연하게 받아들이지 못하는 사람들은 그런 나의 존재를 상상하려 하지 않는다. 이런 일은 언제고 반복된다.

 어쩌면 나의 정체화⁴가 늦어진 이유도 이 때문일지 모른다.

4 나는 어떤 성별을 가지고 있는지, 어떤 성별의 사람을 좋아하는지를 깨닫는 것.

내가 누군지를 알아간다는 것보다 내가 어떤 사람이어야 하고 어떤 사람의 범주에 속해야 하는 것이 중요하다는 느낌을 받았다. 사실 올해 들어서야 내가 추구하는 사랑의 형태를 범성애로 정체화하게 되었지만, 내가 이성이 아닌 다른 성별도 좋아한다는 걸 알게 된 건 그보다 한참 전이다. 나는 성소수자인 것이 나쁜 것이 아니고, 성소수자를 차별하는 것은 옳지 않다고 예전부터 알았지만, 그럼에도 성소수자가 되는 것은 두려웠다.

이곳에서 나는 '살아갈' 수 있을까?

학교에서 성소수자들은 어떻게 살아가고 있을까. 내가 성소수자로서 학교를 다니며 겪은 일들은 분명 나 혼자만이 경험한 일은 아니다. 학교는 정확하게 어떤 방식으로 성소수자의 존재를 부정할까? 학교의 어떤 요인이 성소수자를 차별해도 상관없는 존재로 만들어버릴까? 또 어떤 요인이 성소수자들을 차별과 폭력 상황에 쉽게 놓이게 만들까? 성소수자 학생들이 학교에서 겪는 어려움을 당장 눈앞에 보여주는 사례는 무수히 많다. 나는 성소수자이면서 학교를 다니는(혹은 다녔던) 두 사람을 만났다.

선우, 19세, FTM 트랜스젠더

"학교에서는 일단 화장실 가는 것부터가 힘들었다. 나는 생물학적으로는 여성이었고, 성별정체성은 남성인데, 학교에서 여자화장실을 이용하려 하면 나의 '남성적'인 외모에 사람들이 놀랐기 때문에 아무도 없는 지하나 높은 층에 있는 화장실을 이용해야 했다. 남자화장실을 이용할 때는 마음은 더 편했지만 소변기와 대변기가 나눠져 있으니 소변을 볼 때도 대변 칸에 들어가 사용할 수밖에 없었다. 탈의실 이용은 꿈도 꿀 수 없었다.

남녀교복을 다르게 만들었기 때문에 규정에 따르면 나는 여자교복을 입어야만 했다. 체육시간이나 수련회 때는 성별에 따라 줄을 세울 때가 있는데 그럴 때 나에게 '여자야 남자야?' 하고 물어오는 사람들도 있었다."

선우 씨는 다른 트랜스젠더들에 비해 빨리 자신의 성별정체성을 커밍아웃하고 받아들여 줄 것을 요청한 케이스였다. 중학교 때부터 남자교복을 착용하기 시작했으며, 자신을 여성으로 보이게 하는 것들을 거부하겠다는 의사를 가족에게 전달했다.

"내가 배정된 고등학교에 나의 특수함을 설명하고, 내가 남학생 반에 배정되고 남학생으로서 학교를 다닐 수 있게 해달라고 부탁했다. 그렇게 고등학교에 입학하고 3월이 반쯤 지났을 때였다. 평소처럼 반 친구들과 놀고 있는데, 다른 반 아이들이 몰려와서 우리 반을 쳐다보았다. 우리 반은 다른 1학년 반과 달리 3층 복도 끝에 있었기 때문에 그렇게 사람이 북적일 일이 없었다. 나는 무슨 일이 생겼다는 것을 직감했다. 그리고 그게 나에 대한 소문 때문이라는 것도. 교실 너머로 들리는 '이 반에 여자애 있다며?' '쟤야 쟤.' 하는 말들에 나는 머릿속이 새하애졌다. 그리고 화가 났다. 그 일이 있고 나의 고등학교 생활은 완전히 무너졌다. 매번 도서실로 피신해 있느라 같은 반 아이들과 친해지기도 힘들었다.

나는 어서 시간이 지나기만을 기다렸다. 어떻게 아웃팅이 되었을까? 나는 들키지 않으려 교복을 입을 때나 화장실을 쓸 때나 늘 조심했다. 혹시 학교 측에서 내 정보를 잘못 관리했거나, 교사가 소문을 냈을까? 학교에서는 학생의 주민등록번호나 주소 등의 개인정보가 인쇄된 종이를 이면지로 쓰는 등 학생의 사생활 보호에 무신경하다. 나는 결국 자퇴를 했다. 사람들은 자신이 경험한 것이 세상 전부인 줄 안다. 그래서 자신의 생각에 조금이라도 벗어난 나 같은 사람은 이상하게 바라본다."

청소년 트랜스젠더들은 성별 구분에 이분법적인 학교를 더욱 생생하게 경험한다. 생물학적 성별에 따라 교복을 입히고 두발 길이를 규제하며, 학교를 나누고 줄도 따로 세운다. 이러한 학교의 행태는 트랜스젠더들에게 모멸감을 줄 뿐만 아니라, 그 사람이 '남들과 다른' '이상한' 사람이라는 것을 드러내 아웃팅할 위험이 크다. 또한 이들에게 자기 부정이나 자기 혐오를 하도록 조장하는 요인이다.

2009년, 고등학교에 다니던 한 남학생이 목을 매 자살한 사건이 뉴스에 보도되었다. 이 학생은 중학교 시절 동성 학생에게 고백을 했다는 소문이 퍼지고 난 후 '뚱녀' '걸레년' '나 같으면 뛰어 내리겠다.'는 등 온갖 욕설과 조롱에 시달렸다. 수업 중 지우개 가루와 감기약 시럽 세례를 받기도 했다고 한다. 교사들마저 이 학생을 '1학년 3반 계집애'라 부르며 괴롭힘에 가세했고, 또 방치했다. 다음은 비슷하게 동성애 혐오성 폭력 피해를 입은 학생의 이야기다.

미진, 17세, 레즈비언

"중학교 1학년 때부터 이상한 소문이 돌았다. 내가 레즈비언이고 여자친구가 있다는 소문이었는데, 그 당시 나는 애인이 없었기 때문에 내게 진위를 물어오는 학생 중 한 명에게 '레즈비언은 맞는데 애인은 없다.'고 대답했다. 그 후로 내가 레즈비언이라는 소문이 학교 전체에 퍼지면서 폭력이 시작됐다. 학생들은 내가 사물함으로 갈 때면 공으로 머리나 엉덩이, 가슴 등 신체 부위를 맞추면서 놀았다. 화장실에서 볼일을 볼 때면 물을 뿌리거나 몰래 사진을 찍어가기도 했다. 내가 쓴 양치컵에 치약을 대량으로 짜놓거나 교복에 치약이나 껌을 묻히기도 했다. 화장실에서 볼일 보는 나를 찍은 사진들을 인터넷 사이트들에 올리기까지 했다. 나는 정말로 개처럼 맞았다.

한번은 누가 내 교복 안에 커터칼 심 조각을 잘라서 넣어놨는데 그 상태로 계단에서 밀어서 굴렸다. 누군가 이 일을 익명으로 신고했다. 교사가 나와 나를 괴롭힌 학생들을 교무실로 불렀는데, 가해자들에게 얘를 왜 때렸냐고 묻자 가해자들이 '얘가 레즈비언이라서요.'라고 대답했다. 그 순간 교무실 분위기가 싸해졌고 교사는 우리를 반으로 돌려보냈다. 다음 쉬는 시간에 나와 가해자들은 다시 불려갔는데 그때는 교사는 '둘 다 잘못한 것 같다.'며, 나에게는 성정체성을 고치라고 하고, 가해학생들에게는 때리지 말라고 하면서 서로 악수하고 화해하라고 했다."

이 경우 심각한 학생 간 폭력과 성폭력이 지속적으로 발생하는데도 교사조차 성소수자 학생에게까지 잘못을 돌리고, 성정체성을 고치라고 명령했다.

"고등학교 때는 이렇게 괴롭힘을 당하기 싫어서 일부러 멀리 떨어진 학교에 갔다. 그런데 우리 반에 같은 중학교에 다녔던 학생이 있었다. 그 학생이 '너 레즈비언이라며?'라고 묻는 순간 눈앞이 깜깜해졌다. 고등학교에도 소문이 퍼졌다. 모두가 괴롭히는 건 아니었지만 수련회 때 나와 같이 방을 쓰기 불편해 해서 나는 복도에서 자야 했다.

어느 날은 어떤 아줌마가 다짜고짜 찾아와서는 '네가 미진이냐?'고 물었다. 맞다고 하니까 '네가 레즈비언인 거 안다. 동성애는 에이즈 옮기는 거 아니냐. 우리 딸한테 집적대지 말아라.'는 말을 늘어놓기에 알았다고 하고 일단 그 자리에서 빠져나왔다. 학생부 교사도 나를 불러서 '머리 자르지 마라. 네가 레즈비언이건 말건 상관없는

데 우리 학교 애들이랑은 (동성애)하지 말아라.' 같은 말을 했다. 결국 나는 학교를 자퇴했다."

성소수자가 겪는 폭력은 이렇게 직접적인 폭력뿐만이 아니다. 남자와 여자를 음과 양, N극과 S극, 화성에서 온 남자와 금성에서 온 여자 등으로 비유하며 남녀는 본질적으로 다르지만 꼭 남녀가 결합해야 한다는 항간의 이야기는 자연스럽게 성소수자의 존재를 부정한다. 당연한 듯 이성애자를 상정하고 행하는 연애 상담, 99%가 이성애인 연애소설과 드라마, 하다못해 타로점을 보러 가서 연애운을 물어도 이성연애를 전제로 하고 점을 봐준다. 라디오에는 늘 사람들의 이성연애 고민 이야기가 나오고, 기업에서 연인들을 대상으로 이벤트를 할 때는 이성연인들만 할인이나 증정 혜택을 준다. 세상은 이성애만을 말하고 이성애만이 존재하는 듯 돌아가는 것, 이런 모든 것이 바로 이성애중심주의이고 성소수자를 숨 막히게 하는 배제이자 폭력이다.

성소수자의 입장에서 생각한다는 것은 어쩌면 어려운 일일수 있다. 많은 이성애자가 자신이 혹여나 동성애자나 양성애자일지 생각조차 해본 적 없을 테고, 자신이 정말 남자인지 여자인지 의심해본 적도 없을 것이다. 게다가 세상에는 동성애자, 양성애자, 트랜스젠더 외에도 다양한 성소수자가 있는데, 그 모든 것을 진심으로 이해하기란 쉽지 않을 것이다. 어쩌면

이 글을 읽는 독자도 성소수자 문제는 자신과 그다지 상관없는 문제라고 생각하고 있을 수 있다. 그런데 확률적으로도 당신의 친구, 가족, 동료 중에는 성소수자가 존재한다. 어쩌면 그 성소수자는 당신이 가장 사랑하는 사람 중 한 명일 수도 있다. 지금 내 눈앞에 살아 숨 쉬며, 세상의 차별로 인해 고통받는 성소수자가 있는데 어떻게 무관심할 수 있을까?

학교는 바뀌어야만 한다. 학교가 원래 그렇지, 성인이 되면 나아질 거야, 청소년기에는 공부만 열심히 하면 돼, 하는 생각은 학교가 앞으로도 지금처럼 폭력적인 구조를 유지하도록 내버려두는 것이다. 그럼 학교를 변화시키기 위해 우리는 무엇을 할 수 있을까? 아래는 서울시 성소수자 학생들을 대상으로 '학교 내 시급히 필요한 정책 리스트'를 뽑은 설문조사 결과이다.[5]

1위: 성소수자를 존중하는 성교육

2위: 학생, 교사, 보호자 대상 성소수자 인권교육 실시

3위: 학교 도서관 내 성소수자 도서, DVD 등 문화 콘텐츠 확보

4위: 편안하게 상담받을 수 있는 학교 상담실 마련

5위: 차별 긴급 구제 시스템 마련

지금 미약하지만 곳곳에서 학교에서 성소수자 인권교육을

---

5 서울시 성소수자 학생인권 실태조사, '성소수자 차별반대 무지개행동 이반스쿨팀' 시행, 2012.

하러 다니는 사람들이 있고, 청소년 성소수자 쉼터를 개소하기도 했으며, 매년 열리는 서울 퀴어문화축제에는 청소년을 포함하여 몇만 명이 참여한다. 지금은 대부분 시민단체와 활동가가 변화를 위해 앞장서고 있지만, 앞으로는 시도교육청 혹은 정부 차원에서도 성소수자 인권교육을 시행하고 성소수자 학생에 대한 폭력 예방 시스템을 구축해야 한다. 성소수자이거나 성소수자 청소년을 지지하는 사람이라면, 작게는 우리 사회의 교육 정책과 인권 이슈에 더 관심을 갖는 것부터 시작해, 성소수자 인권단체를 후원하고 성소수자 청소년의 인권 개선을 요구해야 한다.

청소년 트랜스젠더
이야기

−선우

트랜스젠더란 무엇일까? 사람들은 트랜스젠더라는 단어를 들으면 무엇을 생각할까? 하리수? 성전환자? 여장남자? 남장여자? (여성스러운) 게이? 문자 그대로 바꾸다(trans)+성별(gender)이니까, 성별을 바꾼 사람인 건가? 처음 들어보았든, 어디선가는 들어보았든 트랜스젠더가 무엇인지에 대해 정확히, 잘 아는 사람은 그리 많지 않다.

트랜스젠더는 육체적인 성과 정신적인 성이 다른 사람을 말한다. 흔히들 남자인데 여성스럽게 다니거나 여자인데 남성스럽게 다니면 트랜스젠더일거라고 오해하기도 하고, 동성애자와 트랜스젠더를 구분하지 못하기도 한다. 외모만 보고 여자 같은 게이, 남자 같은 레즈비언을 트랜스젠더라고 하기도 하고 동성애자의 극단적인 모습이 트랜스젠더라고 생각하기도 한다. 하지만 트랜스젠더는 외모만으로 구분할 수 없다. 앞에서 말했듯 트랜스젠더는 육체적인 성과 정신적인 성이 다른 사람이다. 자신의 정신적인 성이 육체적인 성과 다르다는 것을 느끼고 규정할 수 있는 것은 오로지 자신만이 할 수 있다. 따라서 트랜스젠더는 다른 사람 눈에 비치는 모습으로 규정되지 않는다. 스스로 자신의 성별을 찾아가는 과정을 통해 트랜스젠더로 정체화하는 것이다.

청소년 트랜스젠더의 삶

트랜스젠더를 거의 알지 못하는 대부분의 사람은 나 같은 사람을 만나면 꼭 한 번 이런 질문을 한다. "대체 언제부터 남자(또는 여자)가 되고 싶었니?" 많이 받는 질문이지만 들을 때마다 무슨 대답을 해야 할지 모르겠다. 어느 순간 어떠한 사건 때문에 갑자기 이렇게 된 것도 아니고, 태어날 때부터 아주 자연스럽게 내가 가지고 태어난 성이 아닌 다른 성으로 살고 싶었기 때문이다. 그래서 이러한 질문을 받는 것은 "너는 왜 인간으로 태어났니?"라는 질문을 받을 때와 흡사한 기분이 든다.

인생의 첫 기억에서부터 나는 여자가 아니라 남자로 살고 싶었다. 자연스럽게 남자아이들이 좋아할만한 칼, 총, 팽이 등을 가지고 놀았고, 태권도 같은 운동을 좋아했다. 옷도 붉은 계열보다 푸른색 계열을 더 선호했다. 반면 '여성성'을 부각하는 것들, 바비인형이나 발레, 핑크색 옷, 치마 등을 기겁할 정도로 싫어했다. 여자아이처럼 행동하는 것보다 남자아이처럼 행동하는 것이 더 좋았다.

아주 어릴 때 "난 남자로 태어나고 싶었는데 나를 이렇게 태어나게 만든 삼신할머니가 밉다."며 울었던 적이 있다. 크리스마스에 산타클로스로 변장한 유치원 선생님이 선물로 치렁치렁한 헤어밴드를 주어 기분이 나빴던 기억도 난다. 억지로 치마를 입히려는 엄마와 절대 치마를 입지 않겠다며 실랑이를 많이 벌였다.

초등학생 때는 사회에서 요구하는 여자아이의 모습으로 살았다. 물론 너무 여성스럽다고 여겨지는 것은 여전히 기피했지만, 주변 사람들처럼 평범한 사람으로 지내려고 노력했다. 머리도 길렀고, 여자아이들과 어울려 놀았다.

하지만 그렇게 살려다 보니 불편하게 느껴지는 부분이 많았다. 스스로 여자라고 소개하거나, 학교에서 남자와 여자를 가를 때마다 마음이 턱하고 막히는 느낌이 들었다. 특히 친구들끼리 누가 누구를 좋아한다더라, 누가 누구랑 사귄다더라, 너는 언제 결혼하고 싶냐 등의 이야기를 주고받을 때 특히 더 그랬다. 그때는 동성애라는 개념조차도 몰랐다. 사람들이 말하는 대로 연애나 결혼을 한다면 상대는 남성일 텐데 그게 너무 싫었다. 하지만 대체 무엇 때문에 그러는지는 몰랐다.

아무리 평범하게 지내려 해도 싫은 것은 어쩔 수가 없었다. 남성적인 옷을 입고는 싶었지만 그런 옷은 부모가 절대 사주지 않았고, 여성적인 옷은 너무 입기 싫었기 때문에, 거의 초록색 계열의 옷이나 트레이닝복을 입고 다녔다. 친구들이 왜 그런 옷만 입냐고 물으면 "그냥 내 취향이다." 하고만 대답했다.

하고 싶은 것들이 있는데 내가 여자로 보이기 때문에 못하는 것이 싫어서 남자가 되고 싶은 걸까 고민해본 적이 있다. 운동을 꽤나 좋아했기 때문에 나도 축구를 하고 싶었지만 여자애라고 절대 끼워주지 않았다. 여자로 사는 것이 남자로 사는 것보다 불리하다는 생각이 들면서 혹시 내가 스스로 남자라 생각하는 이유가, 남자라면 주변의 간섭을 덜 받게 되기 때문일까 하는 고민을 했다.

초등학교 6학년 때 나는 인생의 전환점을 맞이하게 되었다. 그때 원래 살던 동네에서 다른 동네로 이사 가서 전학을 가게 되었는데, 그곳에서 내가 트랜스젠더로 정체화하는 데 큰 용기를 준 두 사람을 만났기 때문이다.

한 사람은 전학 간 학교에서 사귄 같은 반 친구였다. 처음 전학 간 날 눈에 띄는 애가 있었다. 그 아이는 머리도 짧고, 성격도 좋아서 남자 여자 가릴 것 없이 대부분 친하게 지냈다. 그리고 보통 여자아이스럽지 않고, 뭐랄까 좀 남성스러워 보이는 그런 친구였다. 운동도 잘했고, 성격도 털털했으며, 여자애들이랑 소꿉놀이를 할 때도 거리낌 없이 남자 역할을 잘 소화해냈다. 나와 같은 (생물학적) 성별인데도 내가 살아가고 싶었던 삶에 근접한 삶을 사는 그 아이에게 자연스럽게 호감이 갔다. 이제껏 여성스러운 여자와 남성스러운 남자만을 봐오면서 그게 당연한 줄만 알고 살아왔는데, 내게 정말로 큰 영감을 주었다. 나도 내가 하고 싶은 것을 하고 내가 원하는 모습으로 살아도 이상하지 않겠다는 생각을 하게 되었다. 그 친구랑 친해지고 함께 놀면서 이전의 삶과는 다른, 내가 더 원하는 방식으로 살게 되었다. 옷도 더 내가 추구하는 성향의 옷으로 입기 시작했고, 운동도 많이 했다. 그 친구 역시 남자애들이랑 놀지는 못했지만 여자 친구들끼리 놀면서 남자 역할을 했다. 그 친구는 내가 더는 사회에서 요구하는 성역할에 꼭 맞춰서 살아갈 필요는 없다는 것을 깨닫게 해준 존재였다.

다른 한 명은 내 첫사랑이다. 그 애와의 첫 만남은 평범했다. 학원에서 처음 만났는데, 처음에는 잘 모르는 사이라 우리 학교에 다니고 공부를 잘한다는 이야기만 들은 정도였다. 그러다 어느 정도 친해지면서 언제부터인가 그 애를 만날 때마다 특별한 감정이 들었다. 얼마 안 있어 내가 그 애를 좋아한다는 걸 알게 되었다. 하지만 나는 그 사실에 전혀 놀라지 않았다. 동성애에 대한 개념도 없었고, 연애 형태도 이성연애밖에 몰랐지만 이상하다는 생각은 전혀 들지 않았다. 오히려 내가 그 아이를 좋아한다는 게 자연스럽게 느껴졌다. 지금 생각해보면 내가 남자라는 것을 이미 마음속 깊은 곳에서 알고 있었기 때문에 여자인 그 애를 좋아하는 것이 전혀 이상하게 느껴지지 않았던 것 같다.

내가 나를 트랜스젠더라고 명명하게 하게 된 때는 중학교 1학년에서 2학년으로 올라가는 시기였다. 초등학교 6학년 때 그 두 사람을 만나고, 중학교 1학년 때 머리카락을 짧게 잘랐다. 그러던 어느 날 트랜스젠더라는 단어를 알게 되면서, 내가 바로 트랜스젠더라는 것을 깨달았다.

많은 성소수자가 정체화를 하면서 그동안 풀리지 않던 감정과 의문을 단번에 이해되는 느낌을 받는다고 한다. 나 역시 그런 느낌을 강렬하게 받았다. 왠지 모르지만 불편한 기분이 들었던 까닭이 무엇 때문이었는지 드디어 알게 되었다. 나의 젠더가 남성이었기 때문에 주변에서 여성적이어야 한다고 강요하는 일이 불편할 수밖에 없었고, 내가 여성이라고 명명되는 것이 이상하게 느껴졌던 것이었다!

트랜스젠더뿐만 아니라 모든 성소수자가 자신의 정체성을 알게 되면 이전과는 다른 삶을 살기 시작한다. 트랜스젠더들은 대체로 청소년기에 자신의 정체성을 구체적으로 알게 된다. 2차 성징이 시작되고 타고난 성별이 더욱 두드러지는 과정에서 자신의 젠더와는 완전히 반대로 자라는 몸과의 불일치를 경험하기 때문일 것이다. 여성의 신체는 더 두드러지게 달라지기 때문에 FTM(female to male), 즉 법적 성별은 여성이나 정신적 성별은 남성인 트랜스젠더의 경우 스트레스를 특히 많이 받는다.

MTF(male to female), 법적 성별은 남성이나 정신적 성별은 여성인 트렌스젠더는 청소년기를 지나서 정체화하는 경우도 많다. 소위 말하는 남자들의 사회는 힘겨루기의 분위기가 꽤나 심하기 때문에 이러한 약육강식 세계에서 살아남기 위해서라도 어쩔 수 없이 자신의 여성성을 숨기거나 스스로 부정까지 하기 때문이라고 한다. 남중, 남고같이 남자들만 있는 사회에 오래 있던 한 MTF 지인은 대학교에 와서야 남녀가 함께 있는 공간에서 생활하게 되었고, 그제야 자신이 트랜스젠더라는 것을 알았다고 한다.

내가 중학교를 입학할 때 가장 고민이 되었던 부분은 교복이다. 중학교에 들어가게 되면 교복을 입어야 하고, 그러면 치마를 입어야 하는데 그게 너무 싫었다. 하지만 여학생도 교복바지를 입을 수 있다는 것을 알게 되면서 일단락되었다.

머리를 자르고 내가 트랜스젠더임을 알게 되면서 평범한 남자로 학교에 다니고 싶다는 생각을 많이 했다. 그래서 조금씩 여자교복이 아닌 남자교복을 입기 시작했다. 중학교 1학년 때는 여자교복바지를 입다가 2학년이 되면서 남자교복바지를 입기 시작했다. 그 해 가을부터는 남자조끼, 남자넥타이를 매고 다녔고, 그 해 겨울에는 친구가 입던 친구가 입던 자켓을 받아 남자교복을 완비하게 되었다. 중학교 3학년 때는 마지막으로 남자하복상의를 사서 입었다.

2차 성징이 시작되면서 몸매가 드러나 보이는 옷을 입지 않기 시작했다. 특히 가슴이 나오는 것이 너무나 거슬렸다. 옷은 내 몸보다 조금 큰 사이즈로 사서 입고, 어깨를 항상 구부정하게 하고 다녔고, 옷을 겹쳐 입으면 몸매가 잘 안 드러나 보이기 때문에 여름에도 옷을 항상 네 겹씩 입고 다녔다. 그게 너무 더워서 압박조끼를 사용해보려고 했는데 너무 불편했다. 결국 압박조끼는 포기하고 이전처럼 계속 옷을 껴입고 다녔다.

내가 트랜스젠더임을 알고 난 이후에는 집에서 "나는 남자가 되고 싶다."고 자주 이야기했다. 어릴 때부터 치마는 죽어도 안 입고, 운동을 좋아하고 칼이나 총을 가지고 놀았던 나의 성장과정을 보아온 부모 입장에서는 그렇게 크게 놀랄만한 일은 아니었겠지만, 그렇다고 그 사실을 이해하지는 못했던 듯하다. 처음에는 여자로 살면 커가면서 운동 같은 것을 많이 하지 못하니까 남자가 되고 싶은 것 아니냐는 식으로 받아들였던 듯하다. 그래서 "여자도 열심히만 하면 잘 된다." "요즘은 직업도 남녀 잘 안 가리지 않느냐." "어떤 집 아줌마는 결혼했는데도 남자처럼 하고 다닌다. 여자로 살면서도 그렇게 다닐 수 있다." "주변 눈치 안 보고 그냥 너 하고 싶은 거 하고 살면 되지 않느냐." 등 어떻게든 여자로 살게끔 회유하는 말만 계속 늘어났다. 하지만 나는 전혀 그러고 싶지도 않았고, 그런 이유 때문에 내가 남자가 되고 싶은 것도 아니었기 때문에 매번 그게 아니라고 답했다. 나는 남자로 살고 싶지만 그렇게 안 되니까 너무 힘들다고, 사는 게 정말 힘들다고 끊임없이 얘기하니, "그렇게 힘들면 네가 성별이 없다고 생각하고 그냥 사람이다 생각하고 지내는 게 어떻겠느냐."고도 하셨다. 나는 그게 말이 안 된다고 생각했다.

오랜 갈등과 논쟁 끝에 부모는 내가 성전환수술을 필요로 한다는 것은 인정했지만, 실제로 성전환하도록 지지해주지는 않았다. "나중에 커서도 생각이 안 바뀌면 네 돈으로 해라." 하고 말했다. 정말로 울고 싶었다.

내가 트랜스젠더라는 사실을 자각하고 나자 정말 많은 것이 불편했다. 머리를 자른 후에는 화장실을 제대로 갈 수가 없었다. 여자화장실에 가면 사람들이 깜짝 놀라기도 하고 남자로서 여자화장실을 가고 싶지도 않았다. 하지만 남자화장실을 이용하다가 내가 생물학적으로 여자인 걸 들키면 어쩌나 하는 생각이 들어 남자화장실도 이용할 수가 없었다. 그래서 학교나 밖에 있을 땐 물도 안 마셨다. 되도록 아예 화장실을 안 가려고 했고, 너무 급해서 가야 하면 사람들이 잘 안 드나드는 화장실을 간다거나 후드를 쓰고 여자화장실에 들어가기도 했다. 목욕탕이나 수영장에는 아예 갈 수가 없었다. 나의 젠더와는 다르게 자란 내 몸을 보기도 싫었고, 남에게 보여주기도 싫었기 때문이다.

어느 정도 남자로 보이는 외양을 갖추게 되면서 가장 거슬렸던 점은 남녀로 나뉜 생활을 하는 것이었다. 체육시간에 줄을 설 때도, 수학여행이나 수련회 때 잠자리를 배정할 때도, 내 (생물학적) 성별이 드러날 위험이 있었다. 하지만 학교에서는 너무나도 자연스럽게 그런 일들이 반복되었고 그때마다 대체 어떻게 대처해야 하나 전전긍긍하고 살아가는 게 일상이었다.

트랜스젠더들이 많이 고민하는 문제는 아마도 '패싱'일 것이다. 자신이 생각하는 성별의 외양으로 보이도록 하는 것을 패싱이라고 한다. 패싱을 할 수 있을까 하는 고민에서부터, 어떻게 해야 잘 패싱이 될까 하는 고민까지 패싱에 대한 고민은 끝이 없다. 자신이 트랜스젠더임을 알았다고 해서 바로 패싱을 할 수 있는 건 아니다. 왜냐하면 어느 정도 주변 상황이 따라주어야 하기 때문이다. 특히 가정 내에서 커밍아웃을 한 결과가 어떻느냐에 따라서 많이 달라진다. 나의 경우는 꽤나 어릴 때부터 그래왔으니 새삼스럽게 정식으로 커밍아웃한 적도 없다. 머리를 자르거나 남자교복을 입거나 하는 부분에 대해서도 별 간섭은 없었다. 하지만 다른 트랜스젠더들의 이야기를 들어보면, 어떤 MTF 청소년은 머리를 조금만 길러도 부모가 가위로 강제로 잘라버린다고 한다. 그 집안이 중성적인 스타일을 어떻게 받아들이느냐, 그리고 이른바 집안이 성별 문제에 있어 진보적이냐 보수적이냐에 따라 패싱 인정 여부가 많이 갈리는 것 같다. 그뿐만 아니라 MTF냐 FTM이냐에 따라 상황이 달라지기도 한다. 대게 MTF의 패싱이 FTM의 패싱보다 더 어렵다고 한다. 여자가 남장을 하거나 남성스럽게 하고 다니는 것은 어느 정도 용인하는 분위기가 있지만, 남자가 여장을 하거나 여성스럽게 하고 다니는 것은 많이들 혐오하거나 차별하기 때문이다.

자신의 정체성을 깨닫고 난 이후 트랜스젠더들은 많이 괴로 워한다. 자신의 성별에 맞게 외모를 꾸미고 싶지만 주변의 반 발이 너무 심해서 하지 못하기 때문에 힘들어하기도 한다. 또 자신의 성별에 맞는 외모를 갖게 되어도 생물학적 성별이 들킬 까봐 불안해하기도 한다. 특히 2차 성징이 시작되면 신체적 성 의 특징이 두드러지게 되고 자신이 생각하는 성별과 정반대로 몸이 변하게 되기 때문에 더욱 패싱에 신경을 많이 쓰게 된다. 나의 경우는 패싱이 꽤나 잘 되는 편이어서 처음 보는 사람들 은 나를 그냥 평범한 남자로 보곤 했다. 하지만 남녀로 나누어 줄을 서는데 내 신체적 성별이 여성인 것을 아는 사람이 주변 에 있을 때, 혹은 신분증을 보여주어야 하는 때와 같이 어쩔 수 없는 상황에서는 아무리 열심히 남자처럼 보이려 해도 (신체적) 성별이 들통나 버려서 괴로웠다.

트랜스젠더로 산다는 건

트랜스젠더로 살기 힘든 것은 왜일까? '보통사람들과는 많이 다르니까.' 또는 '그런 사람들은 적으니까.' 하고 생각하기 쉽겠 지만 실상 그렇진 않다. 모든 사람은 다 다르다. 또 사회적 소 수자나 약자가 살아가기 힘든 이유는 단지 숫자가 적기 때문 이 아니다. 그렇게 생각하면 경제적으로 상위 1%의 사람들 또한 특이한 사람들이며 숫자도 적으므로 사회적 소수자이자 약자여야 한다. 또 차별의 대상이 단지 해당 인구수가 적은 집단이라면 왜 아직도 인구의 절반인 여성들은 차별받고 있을까? 차별의 대상이 되는 이유는 숫자가 적거나 남들과 달라서가 아니다. 우리의 의식 속에 뿌리 깊게 박혀 있는 정상과 비정상에 대한 관념, 옳은지 그른지 판단하기도 전에 주입된 고정관념을 통해서 세상을 보면서 누군가를 차별하기 때문이다.

그렇다면 트랜스젠더로 살면서 겪는 어려움의 가장 근본적인 이유는 무엇일까? 바로 성이분법적인 사고 때문이며 그렇게 형성된 사회구조 때문이다. 성이분법이란 사람의 성을 남성과 여성 두 가지만으로 분류하며 남성은 남성답고, 여성은 여성다울 것이다(또는 그래야 한다.)라는 생각을 의미한다.

이러한 생각은 트랜스젠더를 이상하고 정상적이지 않는 존재로 만들며, "언제부터 남자(또는 여자)가 되고 싶었니?" 하고 당연하다는 듯 묻게 만들어 많은 트랜스젠더를 곤혹스럽게 만든다. 또한 누구나 태어난 성별대로 자랄 것이라는 예측을 하게 만들어 그 성별에 맞게끔 키우는 경향을 만든다. 그리고 이 경향은 트랜스젠더들이 자신이 원하지도 않는 성별로 자라게끔 강요받게 만든다.

그렇기 때문에 트랜스젠더로서의 삶은 정말로 암울하다. 자신에게 전혀 자연스럽지 않은 것들을 강요받는 삶의 연속이기 때문이다.

청소년 트랜스젠더로 살아가기

트랜스젠더로 사는 것은 어렵지만, 트랜스젠더이면서 청소년으로 사는 것은 정말로 힘들다. 청소년기는 대부분의 트랜스젠더들이 자신의 정체성을 찾는 꽤나 중요한 시기임에도 이러한 성정체성에 대한 고민은 '한때 사춘기적 방황' 따위로 취급당하기 쉽기 때문이다.

현재 한국에서는 평범한 청소년으로 사는 것도 꽤나 힘들다. '성인(成人)'이 아닌 우리는 한 명의 사람으로 취급받지 못한다. 사람이지만 사람이 아니다. 법적으로 우리는 '자의적으로 판단이 불가능한 사람'(미성년자)으로 분류된다. 교육 측면에서도 우리는 교육하고 훈육해야 할 대상으로 여겨진다. 우리가 그렇게 취급되는 이유는 우리가 '미성숙'하기 때문이라고 한다. 그렇기 때문에 청소년은 자신의 삶의 많은 부분을 스스로 결정할 수 있도록 허용되지 않는다.

이러한 생각 때문에 청소년은 억압받는다. 자의적 판단이 불가능하다 하여 선택권을 법적 대리인 또는 친권자에게 양도당하고, 훈육받아야 할 존재라는 이유로 성이분법적 사고와 같은 기존의 사고들을 주입하는 것이 정당화된다.

특히 청소년 트랜스젠더들의 삶은 더욱 더 암울하다. '네가 아직 어려서 잘 몰라서 그래.' '크면 바뀔 거야.' 등 회유의 말을 들어야 하고 존재 자체를 부정당한다. 무엇보다도 법적으로 청소년을 '자의적으로 판단이 불가능한 사람'으로 보고 있기 때문에 친권자나 법적 대리인의 동의 없이는 아무것도 할 수 없다. 트랜지션[1]에 필요한 의료적 조치, 법적 성별정정 과정도 자신의 힘으로 밟을 수 없을 뿐만 아니라 트랜지션에 필요한 돈을 모으기 위한 노동도 불가능하다. 청소년 트랜스젠더가 주변에서 지원받지 못하는 경우, 아무런 조치도 취할 수 없는 상황에 놓이게 되는 셈이다.

'십대섹슈얼리티인권모임'에서 실시한 '청소년 트랜스젠더 및 젠더퀴어 설문조사'에 따르면, 청소년기의 트랜스젠더와 젠더퀴어[2] 중 56%는 학교에서 화장실을 사용하기 불편하다고 호소했고, 72%는 교복 입기가 불편하다고 답했다. 이처럼 학교를 다니는 이들 중 50%가 아웃팅되거나 남들에 의해 추측되는 경험을 하고, 이로 인해 친구와 부모에게 원치 않게 성정체성이 알려졌다고 한다. 청소년기의 트랜스젠더와 젠더퀴어 중 18%는 아웃팅 후 사람들과의 관계가 불편해졌고, 14%는 따돌림과 괴롭힘을 당했다. 그뿐만 아니라, 청소년기의 트랜스젠더와 젠더퀴어 중 40%는 자신의 신체가 불만족스럽다고 답했고, 47%는 자신의 '진짜' 성별에 가까워지기 위해 압박조끼 등의 도구를 사용해보았다고 했다. 향후 하고 싶은 성별정정 의료적 조

---

1 다른 조건으로의 이행. 여기서는 트랜스젠더가 자신에게 맞는 성별로 살기 위해 거치는 의학적 수술 등을 뜻한다.
2 자신의 성별정체성이 여성이지도 남성이지도 않다고 여기는 사람.

치가 무엇이냐는 질문에는 40%가 성별호르몬 치료를, 29%가 자궁제거술을, 27%가 가슴수술을 하고 싶다고 답했고, 법적으로 성별정정을 하고 싶은가를 묻는 질문에는 46%가 의향이 있다고 답했는데, 청소년기에는 의료적으로도 법적으로도 성별정정이 어려우므로 이십대 때 하고 싶다는 답변과 최대한 빨리 하고 싶다는 답변이 많았다.

이처럼 많은 트랜스젠더가 현재 또는 과거의 청소년기를 지금까지 설명한 나의 삶과 비슷하게 살고 있거나 살았을 것이다. 정체화를 하고, 패싱을 하고, 커밍아웃을 하고. 자고 일어나면 내 몸이 바뀌어 있었으면 좋겠다고 생각하면서, 그리고 녹록치 않은 현실과 매일매일 싸우면서.

트랜지션을 하기까지

청소년이 트랜지션 과정을 밟기 위해서는 부모를 설득해야 한다. 그 과정에서 커밍아웃은 필수다. 그래서 트랜지션을 하기까지의 과정은 집안 내에서 부모를 설득하는 과정이나 다름없다. 일단 트랜지션의 모든 과정에서 '부모 동의'가 필요하기 때문에 부모가 결사반대하면 그걸로 끝이다. 또 완전히 결사반대까지는 아니더라도 "성인이 된 다음에 하라."든가 "굳이 반대는 안 하겠다만 지원해줄 수는 없다."고 하면 결과는 같다. 따라서 청소년기에 트랜지션 과정을 밟는 경우는 극소수다. 트랜스젠더를 이해하는 부모를 만나기란 정말 사막에서 바늘 찾기보다 힘들 것이다. 그래서 트랜스젠더들은 청소년 때 트랜지션을 끝마쳤거나 밟기 시작한 사람을 꽤 부러워한다. 나는 그런 아주 특별한 케이스 중 한 명이다.

내가 트렌스젠더라고 정체화한 이후 집안에서의 갈등이 이어지는 가운데 중학교 3학년이 되고, 고등학교 입시를 준비할 시기가 되었다. 트랜스젠더로 학교를 다니는 것이 너무 힘들었고 그 생활을 몇 년 더 해야 한다고 생각하니 너무나 괴로웠다. 고민 끝에 고등학교에 진학하지 않겠다고 선언했다. 이 선언을 계기로 집에서는 나의 '남자가 되고 싶은 마음'이 그냥 넘어갈 문제가 아니라는 것을 실감하게 되었는지도 모른다. 어떻게든 나를 고등학교에 보내기 위해서 상담소에 데리고 갔다. 하지만 근본적인 문제는 해결할 수 없었고, 상담소에서는 나의 정체성을 이해조차 하지 못해 아무런 도움도 되지 않았다. 그렇게 고등학교 원서 접수기간이 다가왔다. 내가 원서를 내지 않겠다고 우기자 결국은 아빠가 직접 학교에 찾아가서 냈다고 한다. 그리고 나를 고등학교에 보내기 위해 협상을 시도했다. 나는 고등학교를 평범한 남자애로 다닐 수 있으면 다니겠다고 했다. 부모는 인정했고, 나는 남녀공학인 고등학교에 진학하게 되었다.

내가 진학한 고등학교는 1학년은 남녀분반, 2, 3학년은 남녀합반이었다. 입학 전, 음악선생님, 1학년 부장선생님, 교감선생님 등 여러 선생님과의 면담을 통해 학교에서 평범한 남학생으로 지낼 수 있게 해주겠다는 약속을 받았다. 그래서 1학년 때는 남자반에서 생활하게 되었다 나는 패싱도 어느 정도 길 되는 편이고, 이제는 내가 원하는 성별로 대우받고 지낼 수 있을 테니 평범한 학교생활을 할 수 있겠다는 생각이 들었다. 하지만 그 기대는 학교를 다닌 지 2주 만에 깨져버리고 말았다. 어디서부터 새어나간 것인지는 모르겠지만, 학교에 '남자반에 여자애가 있다.'는 소문이 돈 것이다. 어느 날 갑자기 다른 반 아이들이 우르르 몰려와서 나를 가리키며 쟤가 걔라며 수군거렸다. 당시에는 너무 당혹스러워서 가만히 있었다. 그 일을 계기로 학교에 대한 기대가 완전히 무너져버렸다. 비밀 보장이 하나도 안 되고 개인정보가 그대로 드러나는 학교에서 더는 있을 수가 없었다. 화가 나서 자퇴하겠다고 했다. 하지만 "그런 소문은 차차 가라앉을 거다. 2학년 되면 합반도 되고 애들도 공부하느라 신경 안 쓸 테니 그때까지만 참아보자." 하는 말로 회유했다. 그때는 좋은 대학에 가야겠다는 욕구도 있었고, 그 말에 속아 결국 1년만 버텨보자는 다짐으로 다녔다. 하지만 그 일이 벌어진 이후, 친구를 제대로 사귀지 못했고 2학년이 되어서도 반에서 계속 겉돈다는 느낌만 들어 나는 결국 자퇴하게 되었다.

남자로 생활한 지 1년 즈음 되던 겨울방학 때, 나는 성소수자를 대상으로 전문적으로 상담을 하는 상담소를 하나 알게 되었다. 이런 곳도 있구나 신기하기도 했고 평소에 하던 고민들을 상담받고 싶어 신청했다. 그리고 그 상담소를 통해서 예상

밖의 수확을 얻어내었다. 내가 그 상담소를 다닌다는 것을 알게 된 엄마가 상담가와 상담을 하게 된 것이다. 상담가가 어떻게 이야기해주셨는지는 몰라도, 그 이후 엄마는 나의 트랜지션에 관심을 가지게 되었고, 내게 정말로 필요한 과정임을 알게 되었다. 이전까지만 해도 수술하려거든 나중에 커서 알아서 하라고 했던 엄마가 내가 정신과를 다닐 수 있게 지원해주셨다. 호르몬치료나 성전환수술을 하려면 정신과 진단서가 필요하기 때문이었다. 성인이 되기 전에 다 끝내놓아야 이후 남자로서의 사회생활이 편하겠다며 오히려 나보다도 서두르기도 했다. 2학년 때 자퇴한 이후에는 학교도 안 다니고 시간도 많아졌으니 빨리 법적 성별정정까지 끝내자고도 했다.

나의 트랜지션 과정을 요약하자면 이렇다.

2013년 5월~9월: 정신과 진단 1차
2013년 10월 이후: 성호르몬 치료
2014년 3월: 정신과 진단 2차, 1차 수술(유방 제거 수술), 2차 수술(자궁 및 난소 적출 수술)

성호르몬 치료를 시작하면 목소리가 낮아지고 생리가 중단된다. 전에는 외모만 보면 남자인 줄 알았다가 목소리를 듣고 여자구나 하는 사람이 종종 있어서 슬펐다. 그런데 호르몬주사를 맞고 목소리가 낮아지고 나서는 오히려 외모만 보고 여잔가 남잔가 했다가 목소리를 듣고 남자구나 하고 보니 좋다. 그리고 무엇보다 생리를 안 한다는 것이 좋다. 생리는 언제나 내 몸이 여자임을 자각하게 만드는 요인 중 하나였기 때문이다.

유방 제거, 자궁과 난소적출수술을 하고 나서는 여름에 옷을 한 겹만 입고 다닐 수도, 내가 입고 싶은 옷을 맘껏 입을 수도 있게 되었다. 물론 현재의 의학기술로는 완전한 남성의 신체를 갖기는 불가능하지만 최소한 내가 원하지 않는 몸에서 탈출한 듯한 기분이 참 좋다. 아직 성기재건수술은 하지 않았기 때문에 목욕탕이나 공용 샤워실, 탈의실 등 몸 전체가 드러나는 장소는 이용하지 못하지만 지금도 어느 정도 만족한다. 수술하고 나서 후회했던 적은 단 한 번도 없다.

하지만 신체적으로 남성처럼 보이는데 법적으로 성별정정이 되지 않은 상황은 더 어려운 점이 많았다. 신분증을 꺼내야 할 일이 생기면 수술 전보다 더 두려웠다. 수술 전에는 일단 신체적인 성과 주민등록번호는 일치하니까 그냥 여성인 척할 수도 있지만 이제는 정말 신분증상의 성별과 신체적 성별이 일치하지 않으니까 말이다. 2014년 10월에 서울북부지방법원에 성별정정 신청을 넣었는데 그때는 기각되었다. 그리고 뒤에 이야기하겠지만 다음 해인 2015년에 성별정정 허가를 받았다.

법적으로 성별을 정정하는 일은 트랜스젠더에 대한 이해도가 별로 높지 않는 한국사회에서 꽤나 까다롭다. 놀랍게도 한국에는 성별정정에 관한 법이 없다. 그럼 트랜스젠더들은 이때까지 어떻게 성별을 고쳐왔을까? 대법원 예규를 통해 이루어져 왔는데, 예규는 법이 아니라 어떤 사건의 처리에 대한 사무지침 같은 것이기 때문에 사건 담당판사의 재량에 따라 좌지우지될 수 있다. 현재 성별정정 예규 내용을 보면, 성별정정의 조건으로 1) 성전환수술을 받아 현재 생물학적인 성과 반대되는 성의 신체를 가지고 있는가, 2) 만 19세 이상의 행위능력자인가, 3) 만 19세 미만의 미성년 자녀가 없는가 등의 내용이 포함되어 있다. 성별정정을 하려면 이렇게 까다로운 기준을 정해둔 것이다. 게다가 많은 판사가 트랜스젠더를 이해하지 못하기 때문에 예규에도 없는, 인권을 침해할 소지가 있는 자료를 제출서류로 요구하기도 한다. 성전환수술 후 전신사진 혹은 성기부위 사진을 찍어 제출하라고 하는 등의 사례가 그것이다.

한편 이것이 법이 아닌 예규이므로 판사가 이 예규를 참고하되 꼭 따라야 할 필요가 없기 때문에, 성별정정 허가 판례가 나기도 한다. 예로, 몇년 전 서울서부지방법원에서 성기재건수술(3차)을 하지 않은 FTM 트랜스젠더의 허가 판례가 한 번 크게 기사화된 이후로 요즘에는 (FTM의 경우) 성기재건수술을 하지 않아도 성별정정 허가를 해준다. 아직 예규에는 전환된 성의 외부성기를 갖출 것을 요구하고 있지만 말이다. 또 나의 경우 2015년 당시 만 18세임에도 허가 판정이 난 것을 보니 나이에 대해서도 조금은 관대해진 모양이다.

판사와 판례에 따라 법적 성별정정의 결과가 달라진다는 말은 어느 법원이냐에 따라 판결이 달라질 수 있다는 말이기도 하다. 판례가 많고 진보적인 법원이 판례가 없거나 적고 보수적인 법원보다, 그리고 지방보다는 수도권에 있는 법원에서 성별정정 허가를 많이 내준다(사실 허가해주는 법원과 아예 허가를 안 해주는 법원으로 나뉜다고 말하는 게 현재로서는 더 정확한 표현일지도 모르겠다). 허가 판례가 많은 법원으로는 서울가정법원, 서울서부지방법원, 서울남부지방법원 등이 있다. 그 외 법원에서는 서류를 제출해도 허가 결정이 날 확률은 현재로서는 거의 0%이다.

법적 성별정정 신청은 주민등록부정정 신청 중 하나이기 때문에 등록기준지(본적)의 관할 법원에 신청해야 한다. 그래서 위에 언급한 법원의 관할 지역이 아닌 곳에 등록기준지가 등록되어 있으면 예규에 있는 조건을 다 충족했더라도 법적 성별정정 허가를 받을 수 없다.

그나마 다행인 것은 등록기준지를 변경하기가 쉽다는 점이다. 등록기준지는 실제 사는 주소와 달라도 되기 때문에, 위에 언급한 법원들의 관할 지역에 사는 가족이나 친척, 지인의 주소로 등록기준지를 변경해서 신청하기도 한다.

법적 성별정정 과정은 대체로 세 과정을 거쳐 끝난다. 서류 제출 및 신청, 심문, 결과 통보. 이 과정은 1개월에서 3개월 정도 걸린다. 세 과정 중에서 가장 중요한 것은 심문이다. 서류 제출의 경우 예규에 적힌 필수 서류 외에도 판결에 유리할만한 기존 판례 등 자료들을 더 첨부해서 낼 수 있고, 또 빠진 자료가 있으면 법원에서 서류를 보완해달라는 통지서가 오기 때문에 굳이 법 전문가가 아니더라도 크게 두려워할 필요는 없다. 심문받을 때도 굳이 법 전문인과 동행할 필요는 없지만, 부모와 동행하면 좋다(미성년자의 경우는 법정대리인을 통해서만 법적 신청을 할 수 있다). 또한 심문 때 판사가 한 질문에 어떻게 대답하느냐에 따라 판결이 뒤바뀔 수도 있기 때문에 이 과정은 매우 중요하다.

나의 법적 성별정정 과정

지난 2015년 4월 6일. 가정법원에서 한 통의 편지가 집에 왔다. 1월 초에 신청했던 등록부정정 신청에 관한 판결 내용이었다. 결과는 '정정 허가'. 성전환수술을 받은 지 약 1년 만에 법적으로도 내 성별을 인정받은 셈이다. 그리고 이것으로 트랜지션의 모든 과정이 끝났다.

내가 처음에 등록부정정 신청 서류를 낸 법원은 서울가정법원이 아니라 서울북부지방법원이었다. 등록기준지(본적)이 북부지법 관할 구역이었기 때문이다. 작년 10월 중순에 신청했고 12월 초에 결과가 나왔다. 결과는 기각이었다.

사실 서울북부지방법원에 서류 신청을 내면서 내심 불안했긴 했다. 서울북부지방법원은 절대 허가 판정을 내주지 않는다는 말이 있었기 때문이다. 하지만 서류도 모두 갖췄고, 심문 때도 꽤나 잘 대답을 했다고 생각해서 좋은 결과가 나오겠지 히는 기 대를 하고 있었다. 그런데 아니나 다를까, 기각이었다.

그래서 결국 등록기준지를 변경한 후(그러니까 주민등록상 주소만 바꾼 후) 성별정정 허가 판례가 많다는 서울가정법원에 다시 등록부정정 신청을 냈다. 서류 제출 후 며칠이 지나고 법원에서 편지가 왔다. 심문기일 통지인 줄 알았는데, 신청인을 정정하라는 내용의 편지였다. 이유는 신청인 겸 사건 본인인 내가 (법적) 미성년자이기 때문이었다. 분명 북부지법에 신청했을 때도, 똑같은 서류를 제출했는데 이런 편지는 오지 않았기 때문에 꽤나 당황했다. 물론 법적 미성년자가 독립적으로 법적 신청이 불가능하여 법정대리인이 대신 신청해야 한다는 사실은 알고 있었다. 하지만 제출한 서류 중에는 부모 동의서도 있었기 때문에 나는 이 편지가 온 것이 당황스럽기도 하고 화도 났다. 내가 남자인지 여자인지는 내가 제일 잘 아는데, 왜 나는 직접 신청인이 될 수 없을까. 그래도 딱히 법적으로 어떻게 대응해야 할지 주변에 조언을 구할만한 사람도 없어 법정대리인(부모)으로 신청인을 변경했다.

그리고 한 달 뒤, 드디어 심문기일이 정해졌다. 심문기일이 정해지고 난 후 며칠 뒤, 수술은 나보다 늦게 했지만 수술이 끝나자마자 서울가정법원에 성별정정 신청 서류를 내고 결과를 받은 동갑내기를 만났다. 그는 허가 판정이 나서, 판결문을 구청에 제출하고 이제 새 신분증이 나오기만을 기다리고 있었다.

나는 그에게 가정법원은 심문 때 어땠느냐고 물어보았다. 그가 말했다. "판사가 처음에는 미성년자여서 허가를 안 해주려고 했다는데, 언제부터 남자가 되고 싶었는지도 물어보고, 내가 어떻게 살아왔고 언제부터 그랬는지 잘 설명하니까 허가해주겠다고 하더라. 그리고 일주일 뒤에 결과가 나왔어. 그냥 솔직하게 잘 말하면 될 것 같아." 난 그 말을 듣고 단지 미성년인 것만으로 처음에는 허가해주지 않으려했다는 말에 충격을 받았다. 심문 때 잘 말하지 않으면 아무리 판례가 많은 법원이라고 해도 내가 미성년이기 때문에 북부지법 때처럼 또 기각 결정이 나는 건 아닐까 하는 걱정이 들었다. 그 말을 들은 후부터 심문일까지 미성년이라고 판단 능력이 없는 것이 아니고, 성정체성에 대한 고민은 나이의 적고 많음과 관련이 없다는 것을 어떻게 판사에게 설명해야 좋을지 고민했다. 하지만 이래저래 생각은 잘 정리되지 않았고, 이번에도 또 기각되면 어쩌나 하고 걱정이 되었다.

그래서 마음을 단단히 먹었던 첫 심문 때와는 다르게 이번에는 꽤 긴장을 많이 했다. 진실되게 말해야 한다는 생각보다 판사가 허가 결정을 내릴 수 있도록 대답을 해야 한다는 압박감, 이번에도 또 기각되지 않을까 하는 불안감 등 여러 생각이 뒤엉켜 심문하는 그 짧은 시간 동안 정신이 없었다.

결과가 나오기 전까지, 또 기각될까봐 안절부절못했던 날들이 이어졌다. 기각이라는 판결문이 나오는 악몽도 꿨다. 또 한

번은 허가 판정이 난 꿈을 꿨는데, 꿈속에서 정말 너무 기뻐서 방방 뛰었는데 깨고 나니 꿈이어서 너무 허탈했고, 시간이 좀 지나고 나니 꿈은 반대라던데 기각 판정이면 어떻게 하나 걱정했다. 심문일로부터 2주 정도가 지난 뒤에는 기각되었을 것이라는 불안감을 넘어서 아예 중간에 사건이 사라져버려서 결과가 안 나오는 건 아닌가라는 생각까지 들었다. 차라리 기각 판정이라도 좋으니 빨리 나왔으면 좋겠다고 생각했다. 판결이 나와야 다른 법원에 다시 서류를 넣을 수라도 있으니까.

그리고 결국 판결이 나왔다. 가족들도, 친구들도 모두 축하해주었다. 나는 엄청난 해방감을 느꼈다. 약 20년 동안 나를 속박해왔던 것들에서 완전히 자유로워졌다. 드디어 나의 성별을, 나의 젠더를 증명할 수 있게 되었다!

법적 성별정정을 끝으로 신체에서 서류까지 모두 내가 원하는 성별로 트랜지션되었지만, 트랜스젠더로서의 험난한 삶의 여정은 여기서 끝이라고 생각하지 않는다. 분명 서류상으로 나의 신분을 증명할 때 이전과 같은 눈초리는 받지 않겠지만 말이다.

하지만 이제는 '군대는 왜 안 갔니? 왜 면제니?' 등 새로운 질문과 의심의 눈초리가 나를 따라 다닐 것이다. 또한 성기재건수술을 하기 전까지는 여전히 목욕탕이나 공용 샤워실은 이용하지 못할 것이다.

무엇보다도 의료적, 법적 성별정정 전이든 후든 강제로 아웃팅당할 수밖에 없는 곳이 존재하기 때문이다. 관공서와 병원이 그렇다. 한 개인에 대한 정보를 태어나서부터 죽을 때까지 모두 기록하는 곳 말이다.

비록 내가 패싱에서부터 법적 성별정정까지 모든 과정을 거쳤지만, 내가 '완전히 평범한 남자'가 될 수는 없다고 생각한다. 갖은 노력을 다해도 시스젠더들과는 다른 삶을 살 수밖에 없는 걸 알기 때문이다. 하지만 나는 그러한 나의 특별함이 싫지 않다. 다만 나와 같은 이런 특별한 사람들이 이상한 눈초리를 받지 않았으면 한다. 그래서 나는 이 글을 통해 나와 같은 사람들이 존재한다는 것, 우리가 어떤 어려움을 겪는지를 여러 사람에게 알리고 싶다.

엑스존에서 학생인권조례까지, 청소년 성소수자 인권을 돌아보다

—정욜

나는 10년 넘게 청소년 성소수자들을 만나왔다. 2000년대 초반에 만났던 청소년이 이제 서른 살이 넘었으니 참 시간이 빠르다. 그동안 만났던 이들 가운데서는 학교와 집에서 자신의 존재를 숨기며 이 시기만 버티면 된다는 마음으로 살아가는 이들도 있고, 또 스스로 목숨을 끊고 유명을 달리한 이도 있다. 한강 다리 위에서 뛰어내리려는 이를 붙잡아 순댓국을 먹고 헤어졌던 기억도 있고, 한밤중 자해 소동을 일으킨 이 때문에 안절부절못하고 잠을 설쳤던 기억도 있다. 부모에게 커밍아웃을 하고 나서 쫓겨나 하룻밤 잘 곳을 찾았던 이도 있었으며, 교사의 폭언에 힘들어하며 학교를 가지 않았던 이도 있었다. 인권단체에서 활동하는 나 같은 사람을 만날 정도의 청소년 성소수자라면 아마 조용한 삶을 살지는 않았을 것이다.

　내가 청소년 성소수자의 삶에 관심을 기울이게 된 특별한 이유는 없다. 성소수자들이 자신의 정체성을 확인하는 순간부터라도 행복하면 좋겠다는 마음으로 나의 위치에서 필요한 역할을 했을 뿐이다. 상담을 했던 일도, 함께 밥을 먹은 일도, 갈 곳 없는 청소년에게 하룻밤 잘 곳을 내어준 것도 모두 그 순간 그들에게 내가 필요했기 때문이다. 한때는 청소년 성소수자들이 인권단체의 문을 두드리는 것만으로도 다행이라 여겼지만, 지금은 도움이 필요해도 인권단체에 찾아오지 못하는 청소년 성소수자들이 어떻게 삶을 사는지, 이들에게 도움을 줄 수 있는 방법은 무엇인지 고민하고 있다. 무엇보다 청소년 성소수자들이 행복할 수 있는 사회라면 그건 나에게도, 우리 모두에게도 도움이 되리라는 믿음으로 십대들의 삶에 관심을 두고 있다.

　성소수자 인권이 언급될 때마다 '동성애는 청소년에게 유해하다.'는 꼬리표가 늘 따라다닌다. 여기에 담긴 속뜻은 '이성애가 아닌 다른 모든 성적 지향과 성별정체성은 정상이 아니다.' '동성애는 유해하기 때문에 미성숙하고 자기 정체성을 스스로 결정하지 못하는 청소년들이 동성애를 접해선 안 된다.'는 것이다. 2010년 SBS 드라마 〈인생은 아름다워〉가 방영될 때는 아이들과 텔레비전을 시청하는 시간대에 동성애자가 등장하는 드라마를 방영한다는 이유로 "〈인생은 아름다워〉 보고 게이 된 내 아들 SBS 책임져라."는 구호가 일간지 광고에 실리기도 했다. 이들은 정체성 혼란을 경험하는 청소년의 고민을 한때 지나가는 열병쯤으로 취급하며, 지금이 아니라 성인이 돼서 다시 생각해보라는 말을 하기도 하고, 때론 이들의 정체성을 고치고 바꾸기 위해 안간 힘을 쓰기도 한다. 2014년 12월에는 동성애 치유회복 단체인 '홀리라이프'를 중심으로 탈동성애인권기독교협의회를 구성해 갈보리채플서울교회 내에 동성애 치유회복 센터(쉼터)를 만들었다는 기사가 난 적도 있다. 청소년 성소수자 존재 자체를 '문제'로 취급하는 사회에서 청소년 성소수자들은 자신의 존재를 드러낼 수 없다. 동성친구에게 끌리는 자신의 감정을 혐오하기도 하고, 남들과 다른 자신이 문제라는 결론에 도달하기도 한다. 청소년 성소수자들이 스스로 모임을 만들고 자발적인 목소리를 내왔던 노력과 성소수자 인권운동의 힘으로 세상은 점진적으로 변하고 있지만 청소년들에게 동성애는 유해하다는 담론의 벽은 여전히 높기만 하다. 인터넷에서 '청소년 동성애'라는 단어만 검색해봐도 여전히 청소년에게 동성애가 유해하다고 말하는 것이 현실이다.

내가 활동하고 있는 '청소년성소수자위기지원센터 띵동(이하 띵동)'[1]은 2014년 12월에 개소했다. 띵동 설립을 준비하며 어

---

1 띵동은 자신의 성적 지향과 성별정체성 때문에 어려움을 겪는 청소년 성소수자들을 지원하고 상담하는 단체다. 24시간 운영이 가능한 쉼터를 만들겠다는 계획을 가지고 2014년 한 해 동안 시민을 대상으로 모금을 진행했고, 약 4천만 원 규모의 후원금을 모아 1년만에 그 결실을 맺었다.

려움을 겪는 청소년 성소수자들에게 도움을 줄 수 있는 기관이 왜 필요한지, 청소년 성소수자들이 쉼터나 상담기관에서도 왜 반갑지 않은 손님으로 취급받는지 설명해왔다. 사회의 차별 때문에 청소년 성소수자들은 자살, 자해, 우울, 폭력, 학대로부터 자유롭지 못함을 증명하려고 이곳저곳에서 찾은 통계자료를 활용하기도 하고, 간담회나 인터뷰 등을 통해 얻은 차별의 경험을 사례로 재구성하기도 했다. 거리 상담과 일시쉼터 역할을 하는 청소년 기관들을 찾아다니며 정보와 조언을 얻기도 했고, 청소년 성소수자들이 찾아오면 공동으로 사례 관리를 하자고 부탁하기도 했다. 대부분의 청소년 기관이 종교재단이나 정부, 지방자치단체의 지원으로 운영되고 있다는 점을 감안할 때 띵동이 시민들의 자발적 모금으로 1년만에 개소했다는 것은 기적에 가깝다. 그동안 청소년 성소수자 모임들의 다양한 활동이 없었다면, 정체성 때문에 힘든 시기를 견뎌온 성소수자들의 경험이 없었다면 띵동은 탄생하지 못했을 것이다.

띵동이 하는 일은 비교적 간단하다. 열두 시간 문을 열고, 청소년 성소수자들과 직접 전화하거나 카카오톡으로 상담한다. 매월 1회 종로 낙원동에서 거리이동상담을 진행하고, 격주 토요일마다 밥상모임을 진행한다. 사무실에는 세탁기와 샤워실이 있고, 잠깐 눈을 붙일 수 있는 침실도 있다. 청소년 기관에서 하는 일과 별 차이가 없다고 여길 수도 있겠지만, 대부분의 청소년 복지기관에서 성소수자 문제에 무지하거나 달갑지 않게 여기는 것이 현실이라 청소년 성소수자들은 복지 영역에서도 소외된다. 띵동은 그 빈틈에서 이들을 맞이하고 있다. 많은 이의 기대와 바람 속에 한국사회에 첫발을 내딛은 만큼 위기를 경험하는 청소년 성소수자들이 자신의 삶을 내려놓는 것이 아니라 긍정하며 살아가도록 도움을 주는 역할을 다하고 싶다.

띵동은 청소년 성소수자 운동의 역사에 기반을 두고 탄생했다. 지금 띵동에서 함께 활동하는 은찬은 2009년 '동성애자인권연대'(현재는 '행동하는성소수자인권연대'로 단체명이 바뀌었다.)에서 청소년팀을 함께 만든 친구이고, 띵동의 전화번호 뒷자리는 '무지개학교놀토반' 프로그램에서 만난 범준의 기일이다. 범준은 교회에서 동성애 혐오성 괴롭힘으로 힘들어하다 스무 살이 되던 해 스스로 목숨을 끊었다. 띵동이 앞으로도 계속 청소년 사회복지 영역에서 배제된 청소년 성소수자들의 목소리를 대변하면서 외연을 확대해나가길 바란다.

'청소년무지개와함께지원센터'의 제안과 좌절, 그리고 다시 일어섬

"성소수자도 당신과 같은 꿈을 꾸고 있는 사람입니다." 성북구가 2013년 6월 서울시주민참여예산위원들에게 제출한 자료의 제목이다. 이 문서에는 청소년 성소수자 인권증진을 기대한다는 말도 담겨 있었다. 지역사회를 기반으로 한 청소년 성소수자 상담센터 '청소년무지개와함께지원센터' 사업이 처음 제안되었을 때만 해도 '그래도 세상은 변해가는 구나.' 싶어 크게 기대했다. 지역주민이 직접 제안한 최초의 사업이고 시행 주체가 지방정부였기 때문에 그것만으로도 큰 의미가 있었다. 그동안 성소수자 커뮤니티 내에서만 아등바등했는데, 이제 지방정부가 나서니 학교와 가정 내에서 경험하는 차별의 문제를 바꿀 수 있으리라 기대했다. 특히 민주적이고 공정한 절차를 통해 선정된 주민참여예산 사업이었기 때문에 사업이 진행되는데 큰 어려움이 없으리라고 생각했다. 하지만 성소수자 혐오가 심한 우리 사회를 제대로 보지 못했기 때문이었을까. 섣부른 기대였다. '청소년무지개와함께지원센터' 사업은 결국 진행되지 못했다. 성북구에 위치한 교회들의 협의회인 성북교구협의회의 압력에 밀려 성북구는 사업 진행을 포기하겠다며 항복을 선언했기 때문이다. 주민들의 복지를 일부 담당하는 성북교구협의회는 이 사업을 성북구에서 진행하면 복지 지원을 중단하겠다고 엄포를 놨다. 이들은 성북구에 청소년 동성애 상담소가 들어온다면서 호들갑을 떨어댔다. 성북구가 동성애 도시가되어 땅값이 떨어진다는 구호를 외치기도 했다. 이 사업을 시행하는 것만으로도 동성애가 확산될 테고 청소년들의 성정체성을 혼란스럽게 만들 테니 비윤리적인 동성애를 지원하고 선동하는 사업이 절대 시행되어서는 안 된다고 주장했다. 이들은 매일매일 지하철역이나 학교 앞에서 항의 유인물을 배포하고, 공무원들의 업무가 불가능할 정도로 민원을 넣어댔으며 시도

때도 없이 구청 앞에서 잦사진을 쳤다. 구청장 낙선운동을 하겠다고 겁박하기도 했다.

우리는 '청소년무지개와함께지원센터' 사업 이행을 촉구하는 과정에서 성북구청장과 담당공무원, 청소년상담복지센터 담당자 등과 면담했다. 성북구청 측에서는 이 사업 때문에 다른 업무가 불가능할 정도로 민원을 받고 있다고 하소연했고, 여러 부서에서 이 사업을 담당하지 않으려 안쓰러울 정도로 안간힘을 썼다. 구청 측에서는 민원을 받을 소지가 있기 때문에 성소수자와 무지개라는 단어가 모두 삭제된 사업변경(안)을 내면 어떻겠느냐고 우리에게 제안했다. 그러다 심지어는 청소년이라는 단어마저 삭제된 사업계획을 제출하라고도 했다. 그럼에도 청소년상담복지센터장은 "사회적 합의가 이루어지지 않아서" "아직 실태조사 결과가 없기 때문에" "단 한 건의 상담도 들어온 적이 없어서" "전문가가 없기 때문에" 이 사업을 진행할 수 없다는 이유를 댔다. 이건 중요한 문제라고, 꼭 필요한 사업이라며 우리를 지지해주는 공무원은 단 한 사람도 없었다. 우리는 왜 이 사업을 시행되어야 하는지 이 사업이 미칠 긍정적인 영향에 대해 반복해서 설명했다. 성북구청장은 면담에서 인권센터장 경상비 예산이 구의회를 통과되고 나서 사업을 진행하자는 제안을 해왔다. 우리는 그들에게 정말 이 사업을 이행할 의지가 있는지 확인하고 또 확인하기 위해 반복해서 면담을 요청했다. 그리고 계속 기다려야 했다. 모욕감을 느끼면서도 마지막까지 기다렸던 이유는 사업을 변경해서라도 이 주민 참여예산 사업이 시행되어야 우리가 청소년 성소수자 상담센터가 다른 자치구에도 생길 가능성이 열리리라 판단했기 때문이다.

2014년 12월 31일, 사업 예산 불용 여부가 최종 결정되는 시점에 성북구청장과 면담했다. 마지막 면담이었다. 이 자리에 참여한 서른 명이 넘는 성소수자들은 이 사업이 '사람을 살리는 목숨과도 같은' 사업이라고 표현했다. 목숨이라는 절박한 표현을 써서라도 사업 이행을 바랐던 사람들의 마음에는 자신이 정체성 때문에 힘들어했을 때 그 고민의 무게를 함께 나눠 줄 사람이 있었다면 한결 나아졌으리라는 생각을 했기 때문일 것이다. 그리고 세상의 핍박에 못 이겨 한 줌의 재로 떠난 이들과 차별과 혐오 앞에 무기력할 수밖에 없었던 경험들이 떠올랐을지 모르겠다. 만약 이 사업이 시행되었다면 성북구에 거주하는 청소년 가운데 정체성 때문에 고민하거나 위기를 겪는 청소년들을 직접 상담하며 그들이 무엇을 어려워하고 힘들어하는지 직접 들을 수 있었을 것이다. 또한 청소년 성소수자의 삶을 파악해보는 연구와 교사들에게 필요한 상담매뉴얼도 제작했을 것이다. 천덕꾸러기 신세로 전락한 이 사업이 이리 치이고 저리 치이며 너덜너덜해지는 모습을 보면서도 붙들고 있었던 까닭은 바로 이 사업이 청소년 성소수자에게 필요한 목숨과도 같은 사업이었기 때문이다.

'청소년무지개와함께지원센터' 사업은 붙발되었지만 싸움은 끝나지 않았다. 동성애가 청소년에게 유해하다는 구태의연한 논리와 억지로 주민들의 자발적인 사업 제안마저 묵살하는 것은 동성애 찬반을 떠나 민주주의 사회에서 용납될 수 없다. 이렇게 불발된 사례로 인해 다른 지방정부에서 성소수자 인권사업은 제안되지도, 이행되지도 못할 가능성이 커졌다. 성소수자 혐오세력의 주장이 주민들의 의견으로 받아들여졌고, 결국 그들이 원하는 결과를 얻었기 때문이다.

엑스존 투쟁의 기억과 육우당이라는 존재

내가 속한 '동성애자인권연대'에는 정체성을 막 알게 된 청소년부터 이십대 초반 사람들이 참 많이 들락거렸다. 2000년대 초반에는 'Any79'나 '아쿠아'와 같은 (지금은 사라졌지만) 성소수자 카페모임의 청소년 회원들이 사무실에 와서 수다를 떨며 종일 사무실에서 놀았다. 특히 아쿠아는 2001년 정보통신윤리위원회가 인터넷 내용등급제를 실시하면서 동성애에 관한 인터넷 자료를 퇴폐등급으로 분류한 것에 반대해 결성한 동성애자 차별반대 공동행동의 구성원이었다. 그리고 Any79는 당시 천명이 넘는 회원이 있었으며, 정기적으로 오프라인 모임을 진행하기도 했다.

현재 청소년보호법 시행령상의 청소년유해매체물 개별심의

기준에 '동성애'라는 단어는 없다. 하지만 2004년까지만 해도 동성애는 수간, 혼음, 근친상간 등과 같이 변태성행위의 예시로 나열되어 청소년유해매체물로 규정되어 있었다. 물론 동성애라는 단어가 그 기준에서 사라졌다 하더라도 여전히 청소년 보호라는 감투를 쓰고 청소년을 규제하고 통제하려는 제도적 억압은 남아 있다.

인터넷이 막 보급되고 확산되기 시작한 시절, 국내 최초 동성애 사이트인 '엑스존'이 청소년유해매체물로 고시되었다. 게시판에 게시된 일부 내용이 청소년이 보기에 적합하지 않다는 것이 그 이유였다. 이때가 2000년 8월이었고 엑스존이 사이트를 구축한 지 만 3년이 지난 때였다. 뒤늦게 이 사실을 안 엑스존 운영자와 성소수자 인권단체들은 긴급히 동성애자 차별반대 공동행동을 조직해 항의했다. 성소수자들이 이용하는 인터넷 커뮤니티에 대한 검열이 미칠 영향을 심각하게 우려했다. 심의기관이었던 정보통신윤리위원회(현재 방송통신심의위원회)에 항의질의를 보내고 그 앞에서 항의집회를 열기도 했다. 2001년 11월에 정보통신윤리위원회가 엑스존에 청소년 유해마크나 문구를 표시하지 않을 경우 벌금과 징역에 처할 수 있다는 협박성 고지를 하자 그에 항의한다는 의미로 사이트를 자진 폐쇄했다. 엑스존 운영자는 사이트 자진 폐쇄를 앞두고 호소문을 발표했다. "엑스존의 자진 폐쇄는 검열과 차별에 반대하는 공동행동의 새로운 전기로 활용되어야 합니다. 한 사람이라도 더 관심을 갖고 도대체 이 정부가 동성애자들에게 거누고지 하는 칼끝의 모양새가 어떠한지를 우리 모두 심각하게 가늠해보고 중지를 모아 대처해 나가야 합니다." 이렇게 시작하는 호소문은 정부 정책에 대한 항의이기도 했지만 우리가 애써 가꿔온 인터넷 공간이 검열당하는 것에 침묵하는 성소수자들의 행동을 촉구하는 절박함이 담기기도 했다. 청소년유해매체 표시를 하느니 사이트를 차라리 닫는 게 낫다는 엑스존의 판단을 성소수자 인권운동가들은 적극 지지했다. 2002년 1월이 되어서는 청소년보호법을 동성애자 차별법으로 규정하고 엑스존을 청소년유해매체물로 심의하고 고시한 정보통신윤리위원회와 청소년보호위원회에 행정소송을 제기했다. 엑스존은 소송에서 "청소년유해매체를 심의하는 기준 중 하나로 동성애를 포함하고 있는 청소년보호법 시행령은 성적 자기결정권을 부당하게 제한하고 있고, 평등권과 동성애에 대한 표현의 자유와 알 권리를 침해하고 있다."고 주장했다. 지난한 법정 싸움이 지속되었다. 수천 장의 탄원서를 법원에 제출하고, 문화평론가 서동진 씨가 증인으로 출석했다. 나는 당시 탄원서를 받으러 대학가를 돌아다니고 그것을 모아 법원에 제출하는 역할을 담당했다. 또 시청 부근 한 호프집에서 변호사 비용을 마련하기 위한 '후원의 밤'을 개최했다. 엑스존 운영자에게 이 투쟁은 당신 홀로의 투쟁이 아니며, 우리도 그의 호소문에 조금이라도 응답하고 있다는 걸 보여주고 싶었다.

재판이 진행되면서 우린 반가운 소식과 안타까운 소식을 동시에 접했다. 2003년 4월 2일 국가인권위원회는 청소년보호법 시행령에서 동성애를 차별적으로 명시한 조항이 행복추구권과 평등권, 표현의 자유 등의 헌법적 가치를 침해한 행위라고 선언하고, 청소년보호위원회에 이 조항을 삭제하라고 권고했다. 청소년보호위원회가 바로 이를 수용한다는 입장을 밝히자 한국기독교총연합회는 4월 7일 항의성명을 발표했다. 이 같은 결정이 청소년들의 성정체성 혼란을 초래할 테고, 가정의 붕괴나 에이즈 등 심각한 사회적 문제를 일으킬 것이라고 언급했다. 그러던 중 4월 25일 새벽으로 추정되는 시간에 현석이 동성애자인권연대 사무실에서 자살했다. 그의 필명은 육우당(六友堂)이었다. 자신의 유일한 친구로 술, 담배, 수면제, 파운데이션, 녹차, 묵주를 언급하며 지은 필명이었다. 그의 유서에는 "이 한 목숨 죽어서 동성애 사이트가 유해매체에서 삭제되고 소돔과 고모라를 운운하는 가식적인 기독교인들에게 무언가 깨달음을 준다면 그것만으로도 나 죽은 게 아깝지 않다고 봐요."라는 내용이 담겼다. 자기도 좋은 일을 하고 싶다고 담뱃값을 줄여 후원금을 보탰던 그는, 성모마리아상과 십자가를 유품으로 남긴 채 그렇게 허망하게 떠났다. 그가 죽은 이유는 물론 한기총의 성명 때문만은 아닐 것이다. 하지만 동성애를 혐오하는 사회에서 느꼈을 좌절을 생각하면 그 죽음은 분명 사회적 타살이다. 이후 청소년보호위원회는 국가인권위원회의 권고를 받아들여

2004년 4월 청소년유해매체물 개별심의 기준에서 동성애 그 항은 최종 삭제되었다.

2002년에 시작된 행정소송은 2007년 대법원에서 원고 패소로 끝났다. 엑스존 사건을 심리한 서울고등법원은 '동성애를 조장하는 것'을 청소년유해매체물 심의 기준에 포함하는 것은 위헌 또는 위법이라고 하면서도 청소년유해매체물 결정이 무효라고 볼 만큼 위법성은 없다는, 앞뒤가 맞지 않는 판단을 내렸다.

나에게 엑스존 투쟁은 빚이다. 우선 엑스존이 청소년 성소수자들에게도 열려 있어야 한다는 생각을 가지고 정부 정책에도 저항하고 법적 대응을 진행했지만 충분히 서포터 역할을 하지 못했다는 아쉬움이 남았다. 또 청소년유해매체 기준에서 동성애 조항은 삭제되었지만 대부분의 성소수자 포털사이트는 정부의 규정대로 19금 딱지를 붙이고 운영하는 현재 상황에 대한 안타까움도 있다. 현재 운영되는 성소수자 사이트 중에는 청소년들이 이용할 수 없는 사이트라고 강조하는 경우도 있다. 무엇보다 육우당의 죽음을 직접 마주한 나로서는 애도의 책임을 느끼고 있기도 하다. 동성애를 변태적 성행위로 규정한 법에 맞서 뜨겁게 보낸 그때의 투쟁은 동성애가 청소년에게 유해하다는 논리에 맞서 직접행동을 벌인 첫 번째 투쟁으로 기억될 것이다. 청소년 성소수자들도 이용할 수 있는 포털사이트를 만들고자 했던 '엑스존'의 꿈은 멈췄다. 현재 청소년 성소수자들이 이용할 수 있는 포털사이트는 거의 없는 현실을 감안할 때 엑스존은 얼마나 선구적이었던가.

매년 4월이 되면 우리는 육우당을 기린다. 추모와 애도하는 행위도 정의로운 행동이라는 사실을 가슴 깊이 새기며, 살아 있다면 서른을 넘겼을 그를 기억하는 추모식은 해마다 계속되고 있다. 2013년에는 육우당 사후 10주기를 맞아 거리에서 200명이 넘는 사람들과 슬퍼하고 기뻐하며 청소년 성소수자들의 인권을 생각해보는 시간을 가졌다. 또 독실한 천주교 신자였던 그를 위해 기독교 예식으로 추모예배를 진행하기도 했다. 어디에서 소식을 듣고 이곳까지 왔을까 하는 생각이 들 정도로 정말 많은 사람이 참여했다. 특히 청소년으로 보이는 나이대의 참여자가 많았다. 초창기에는 소수의 인원만 모여 슬픔을 나누는 정도였지만, 2009년부터는 캠페인으로 전환해 청소년 성소수자 인권에 대한 전 사회적 각성을 촉구해오고 있다.

동성애가 청소년유해매체 지정 기준에서 빠졌다고 해서 모두 끝난 것은 아니다. 지금도 청소년 성소수자들이 이용하는 인터넷 카페에는 자기가 올린 글이 이유도 없이 삭제되었다는 보고가 끊이지 않고, 사회적 시선을 의식한 인터넷 카페 운영자에 의해 자의적인 검열이 이루어지고 있기도 하다. 인터넷 환경은 청소년들이 콘돔, 섹스라는 단어라도 검색할까봐 전전긍긍하는 듯 지나치게 보수적이다. 무엇을 봐야 하고 무엇을 보지 말아야 할지는 국가가 일방적으로 결정하고 통제하는 것이 아니라 청소년 성소수자 당사자들의 자발적인 참여와 의견 개진, 민주적인 토론을 통해 결정되어야 한다. 표현이 자유가 허락된 인터넷 공간을 만들기 위한 활동도 다시금 시작되면 좋겠다. 학교와 가정에서 자신의 정체성을 드러낼 수 없는 조건에서, 인터넷은 청소년 성소수자들에게 자신의 존재를 자유롭게 표현할 수 있는 유일한 공간이다. 자신의 고민을 털어놓기도 하고, 친구를 만나기도 하고, 아무도 알려주지 않는 정보를 얻기도 한다. 청소년 성소수자들에게는 유일한 말동무와 같은 이 인터넷 공간들이 '청소년 유해'라는 낙인으로부터 자유로워지길 바란다.

청소년 성소수자 스무 명의 삶의 기록과
서울학생인권조례 제정을 위한 점거투쟁

동성애자인권연대의 청소년자긍심팀은 2009년 결성되었다. 이전에도 청소년 성소수자들이 꾸준히 사무실에 찾아왔지만 청소년 성소수자들이 참여할 수 있는 프로그램을 기획하는 별도의 팀을 구성한 적은 처음이었다. 처음에는 청소년 성소수자 두 명과 비청소년 회원 두 명이 의기투합해 팀 활동을 시작했다. 4회에 걸쳐 청소년 이반[2] 세미나를 해보자고 했다. 청소년 성소수자들이 참여할 수 있는 프로그램을 만들었지만 참여율이 저조해 번번이 실패했던 나는 세미나라는 말의 무게감 때문에 청소년 성소수자들이 올 리 없다고 생각했다. 하지만 청소년 회원들은 무조건 잘될 거라고 걱정 말라고 했다. 그런데 정말 그들의 말대로 입소문을 타고, 청소년 성소수자들이 모이기 시작했다. 당시 대표적인 청소년 성소수자 온라인 커뮤니티 '라틴' 활동이 활성화되어 있었기 때문에 이곳은 세미나를 홍보하는 주요 창구였다. 또 당시는 성적 지향, 성별정체성을 차별금지 사유로 포함하는 차별금지법을 제정하기 위해 십대들의 가시적인 활동이 눈에 띄었던 때였다. 기존 성소수자 운동에서는 거의 볼 수 없었던 십대들의 자발적인 활동이었고, 더 즐겁고 재미있는 방법으로 차별금지법을 사회적으로 이야기할 수 있는 활동을 진행하기도 했다. 에너지가 넘쳤던 시기였다.

이후 세미나에 참여한 청소년들과 '무지개학교 놀토반' 프로그램을 기획했다. 당시는 격주 토요일마다 학교에 가지 않았기 때문에, 학교에 가지 않는 토요일인 놀토에 또래 친구들을 만나는 프로그램을 기획했다. 무지개학교 놀토반은 청소년 성소수자 스스로 프로그램을 기획하고 홍보하고 진행했다. 나와 같은 성인은 조력자에 지나지 않았다. 청소년 성소수자라면 누구나 자유롭게 프로그램에 참여할 수 있도록 문턱을 더 낮췄다. 월 1회 진행된 이 프로그램은 말 그대로 대성황이었다. 퀴어영화를 함께 보고, 전래동화를 성소수자 친화적으로 바꿔 상황극

---

2 동성애자를 뜻하는 성소수자 커뮤니티 내의 은어. 이성애자를 '일반'으로 칭하고 그 반대 급부로 '이반'이라는 명칭을 쓰고 있다.

을 연출하기도 했다. 퀴어서적을 함께 읽기도 하고 토크쇼 형식으로 성에 대한 고민을 풀어내기도 했다. 사무실은 늘 청소년들로 가득 차 오히려 비청소년 회원들이 사무실에 들어오길 쭈뼛거릴 정도였다. 웃음소리가 늘 가득했다. 스무 명이 넘는 청소년들이 늘 참여했고, 새롭게 찾아오는 청소년들도 제법 있었다. 이들은 육우당을 추모하고 청소년 성소수자들의 존재를 직접 알리기 위해 거리캠페인을 직접 기획하기도 했다. 그중에서도 '청소년 성소수자, 무지개 봄꽃 피우다' 캠페인은 매년 4월 진행하고 있다.

청소년자긍심팀에 참여한 이들은 청소년 성소수자들에게도 다양한 정체성이 존재하고 또 다양한 경험을 하고 살아가고 있음을 드러내고 싶어 했다. 그래서 기획된 것이 청소년이 다른 청소년을 만나 인터뷰를 해보는 프로젝트였다. 게이, 레즈비언뿐만 아니라 바이섹슈얼, 트랜스젠더, 범성애자, 젠더퀴어 등 스스로 불리고 싶은 정체성을 지니고 사는 다양한 청소년을 만났다. 스무 명 대상자를 선정하고 직접 인터뷰를 진행했다. 아는 사람도 있었고, 소개를 받아 진행한 적도 있다. 인터뷰이가 적지 않아서 녹취하고 내용을 정리하는 시간이 꽤나 걸렸다. 그 결과 2011년에 나온 인터뷰 자료집 〈작은 무지개들의 비밀일기〉에는 청소년 성소수자들의 솔직한 고민이 담겨 있다. 인터뷰 자료집을 편집했을 당시는 대부분의 성소수자 인권활동가와 청소년 성소수자가 서울시 학생인권조례 원안 통과를 위해 서울시의원회관 앞에서 농성을 했을 당시였다. 2011년 12월, 그렇게 나는 사무실과 농성장을 오가며 뜨거운 겨울을 보냈다.

서울학생인권조례는 특히 10만여 명이 넘는 서울시민이 주민발의를 해서 만든 조례다. 청소년 인권활동가들과 교육운동가들이 서울 곳곳을 돌아다니며 받은 서명지에는 그들의 땀과 열정이 담겼다. 주민발의 학생인권조례안에는 체벌로부터의 보호, 두발의 자유, 교육받을 권리, 사생활 보호의 권리 및 양심과 종교의 자유 등 청소년 학생들에게 주어진 기본적 내용이 담겨 있을 뿐만 아니라 성별, 종교, 나이, 장애 등 신체조건, 임신 또는 출산, 가족 형태 또는 가족 상황, 인종 및 성적 지향, 성별정체성 등으로 차별받지 않을 권리가 담겨 있다.

하지만 학생인권조례가 동성애를 확산하고 조장한다는 일부 기독교계의 비상식적인 반대와 시의원들에게 보내는 테러에 가까운 공세로 인해 학생인권조례에 성적 지향 및 임신출산에 따른 차별금지 조항이 삭제된 채 의회에 제출될 수도 있다는 소식을 접했다. 급기야 2011년 12월 14일, 성소수자 활동가들은 성소수자 학생도 차별받지 않는 학교를 위해 학생인권조례 주민발의안 원안 통과를 촉구하며 서울시의원회관 앞 농성을 시작했다. 한국 성소수자 운동 역사에서 유례없이 입법기관을 점거하고 시위를 벌인 것이다. 조례 통과를 위해 부득이하게 '모든 학생은 어떠한 이유로든 차별받지 않는다.'는 식의 추상적인 차별금지 사유가 반영되리라는 소식도 들렸다. '모든' 이라는 단어만 보았을 때 별 문제가 없어 보이지만 성소수자 논란을 피해보자는 타협적인 표현이었기 때문에 우리는 이 수정안에 동의할 수 없었다. 이 차별금지 조항을 포함하여 발의하기로 결정하는 경우, 아예 의회에서 부결되어 학생인권조례가 아예 제정되지 않을 수 있다는 위기감도 있었다. 그러나 성소수자 당사자로서 나는 타협 대신 농성을 선택할 수밖에 없었다. 특히 서울학생인권조례는 10만 명이 넘는 서울시민의 주민발의로 청구한 조례이지 않은가. 점거농성은 주민발의의 정신을 지키는 최선의 방법이라고 판단했다. 이와 같은 성소수자들의 조항 삭제 반대운동에, 서울시의회 교육위원회는 원안대로 '성적 지향' '임신 및 출산' 등을 차별금지 사유에 명시했지만, '학내 집회에 대해서는 학습권과 안전을 위해 필요한 최소한의 범위 내에서 학교 규정으로 제한할 수 있다.'는 조건을 달고, 복장 및 두발 규제 제한 조항 중 복장은 학교 규칙으로 제한할 수 있도록 수정해버렸다.

12월 19일 본의회 회의 날, 성소수자들은 서울시의회관 앞에 모여 무지개 항의농성을 벌였다. 우리의 맞은편에는 학생인권조례를 반대하는 이들도 나와 있었다. 그들은 학생인권조례가 통과되면 학교에서 동성애가 조장되고 항문성교를 배운다는 말도 되지 않는 주장을 폈다.

하지만 결국 서울시민 10만 명의 요구와 성소수자들의 간절한 바람이 담긴 서울학생인권조례가 통과되었다. 재석 87명에 찬성 54명, 반대 29명, 기권 4명이었다. 〈작은 무지개들의 비밀일기〉 인터뷰에 참여한 청소년 성소수자들의 이야기가 살아 숨 쉬는 것 같아 매우 뜻깊었다. 6일 동안의 서울시의회 의원회관 점거농성은 결국 차별금지 사유에 성적 지향, 성별정체성이 명시된 학생인권조례를 통과시킴으로써 성공적으로 마무리되었다.

서울학생인권조례가 제정된 지 5년, 학생인권의 현실은 여전히 춥다. 교육감이 바뀔 때마다 학생인권조례 자체를 개악하려고 시도해서 학교에 정착될 수 없는 환경도 계속되었다. 차별금지 사유에 성적 지향, 성별정체성이 포함되어 있다고 한들 이를 활용할 수 없는 분위기는 여전하다. 2013년 1월 서울시교육청 앞에서 학생인권조례 개악 시도에 맞선 기자회견에서 다음과 같이 발언한 적이 있다. "보이지 않는다고 없는 것이 아닙니다. 보지 않으려 했기 때문에 없었던 것입니다. 과연 우리 한국교육이, 서울교육이 청소년 성소수자들의 삶을 보려고 노력했던 적이라도 있었습니까? 단 한 번이라도 진지하게 정체성이 다르다고, 태어날 때의 성별과 다른 자신의 모습 때문에 고민하는 청소년 성소수자들의 목소리에 귀 기울인 적이 있습니까? 지금 필요한 건 서울시교육청이 앞장서 학생인권조례를 누더기로 만드는 것이 아니라 학교에서 보이지 않는, 아니 보일 수 없는 소수자 학생들의 인권을 돌보고 위기의 위험을 점차 없애는 일입니다." 이 발언 내용은 학교 현장에 성소수자 차별이 계속 존재하는 한 변함없이 요구될 사항일 수밖에 없다,

청소년 성소수자들의 존재에 힘을

2012년 서울시 아동인권 실태조사에 의하면 청소년 중 약 43% 정도가 소수자 학생들과 친구가 될 수 있다고 응답했지만 성소수자 친구를 사귀고 싶다고 응답한 학생은 그보다 훨씬 적은 28.8%뿐이었다. 학부모의 경우 51.2%가 소수자 학생을 긍정적으로 생각했지만 성소수자 학생을 우호적으로 생각하는 경우는 겨우 15.1%였다. 한국LGBTI 커뮤니티 사회적 욕구조사[3]에 따르면 전체 응답자의 28%가 자살을 시도한 적이 있고, 35%가 자해를 시도한 적이 있다. 특히 연령이 낮은 18세 이하의 응답자 중 46%가 자살 시도를 한 적이 있고 53%가 자해를 시도한 적이 있다고 응답했다.

청소년 성소수자 스스로 모임을 만들고 목소리를 높여온 지꽤 많은 시간이 지났지만 좀처럼 위기를 드러내는 통계수치는 나아지지 않고 있다. 학교와 가정이 변하지 않은 상황에서 성소수자 혐오를 앞세워 청소년 성소수자들의 존재마저 지워버

---

3   한국게이인권운동단체 '친구사이'가 주관하고 '성적 지향 성별정체성 법정책연구회'가 조사 수행한 한국LGBTI 커뮤니티 사회적 욕구조사는 총 3,159명의 성소수자들이 온라인 설문에 응답했고, 49명의 성소수자가 면접조사에 참여했다.

리는 것은 아닌지 우려스럽다. '엑스존 투쟁'을 통해 청소년보호법상의 동성애 차별조항이 삭제되었고, 서울시의원회관 점거투쟁으로 성적 지향과 성별정체성이 명시된 학생인권조례가 제정되었지만 청소년 성소수자들의 현실은 제자리걸음이다. 그동안 활동해오면서 청소년 성소수자 스스로 모임을 구성하고 목소리를 만들어가기란 참 어렵다는 사실을 알았다. 학교와 가정에 묶여 있어야 하는 사회적 지위상 그렇기도 하고, 경험과 자원 부족에서 오는 한계이기도 하겠다. 성소수자 인권운동 역시 청소년 유해담론에 맞서 싸워왔지만 그때마다 청소년 성소수자들과 함께할 방법들을 어떻게 모색할지 묻게 된다.

20년이 넘는 성소수자 인권운동 역사 속에 청소년 성소수자 역시 자기 목소리를 내려 부단한 노력을 해왔다. 이들이 통계수치에 갇혀 위기를 겪는 존재로서만 남지 않고, 청소년 성소수자 스스로 자기 존재를 긍정하고 이야기를 만들고 사회적으로 공유할 수 있는 힘을 갖게 되길 희망해본다.

3부

가족

선언

19세, 여성

사람들은 청소년 가출이 비도덕한 일이라고 생각한다. 어떤 가족들은 평화롭지 않고, 폭력적이고, 서로 사랑하지도 않는다는 걸 모르는 것 같다. 자기 기준으로 생각하니까, 부모는 자식을 정말 사랑하는데 자식은 부모 말을 안 듣는다는 프레임에 갇혀 있으니까 그렇게 생각하는 거다. 어떤 청소년들은 가정에서 목숨의 위협을 느낀다. 계속되는 무시와 냉대, 차별에 더는 버틸 수 없을 만큼 마음의 멍이 든 청소년들이 있다. 가족에게 성폭력을 당하는 경우도 있다. 함부로 재단하지 말아야 한다. 타인이 한 사람의 인생에 대해 무얼 안다고 함부로 재단하는가. 어떤 청소년이 가출하게 된다면 얼마나 많은 고민과 결정 끝에 길바닥으로 나가게 되었을까 생각이라도 해봐야 한다. 언론도 원색적으로 가출 청소년을 비난하는 일을 그만두어야 한다. 선정적인 정보들만 모아 가출 청소년의 범죄, 가출팸의 폐해 등만 뉴스에 내보내니, 그런 보도를 사람들은 가출 청소년을 사회적 지원이 필요한 계층이라기보다는 가출한 그 자체만으로 죄를 지었다고 여긴다. 사회 시스템의 한계와 지원 부족으로 어려운 상황에 처한 계층을 부도덕한 인간으로 몰아가는 건 얼마나 부조리한가. 사람들이 깨달으면 좋겠다.

17세, 여성

나는 나보다 네 살 많은 친오빠와 자주 다투는 편이었다. 정확히는 오빠에게 일방적으로 괴롭힘을 당한 것이나 다름없었다. 오빠는 나를 이상하게 부르며 놀리거나, 내가 반응할 때까지 몇십 분이고 머리를 때리는 등 나를 귀찮게 군 뒤에 내가 화내는 걸 보며 재미있어 했다. 하지 말라는 말은 당연히 안 통했고, 엄마와 아빠에게 힘들다고 말하면 엄마와 아빠는 "그냥 네가 신경을 쓰지 마. 네가 반응 안 하면 오빠도 재미없어서 그만둘 거야." 하고 말했다. 나는 도저히 참을 수가 없어서 힘에서 밀리더라도 맞서 싸우고 똑같이 때리려고 애쓰는 쪽을 택했다. 그래봤자 힘으로 이길 리가 없었고, 언제나 내가 일방적으로 맞았지만 말이다. 가족이 다 같이 외출했다가 그런 식으로 싸운 날에는 아빠는 왜 남들 보기 쪽 팔리게 그렇게 쌈박질을 하느냐며 나에게까지 몽둥이를 들었다. 오빠에게 실컷 얻어맞은 뒤에 아빠에게 또 종아리와 허벅지 전체에 피멍이 들도록 맞고 나면, '내가 잘못했구나, 반성하고 앞으로는 그러지 말아야겠다.' 하기는 개뿔, 그냥 억울하기만 했다.

오빠는 때로는 위험한 짓도 했다. 내가 여덟 살이고 오빠가 열두 살이었을 때, 엄마와 오빠와 셋이서 저녁을 먹으러 패스트푸드점에 간 적이 있다. 엄마는 나와 오빠에게 먼저 2층에 올라가 있으라고 한 뒤 1층에서 햄버거가 나오길 기다리고 있었고, 오빠는 또 그 틈을 타서 나를 괴롭혔다. 계단을 내려다보고 서 있던 나를 계단 쪽으로 떠밀었고, 나는 계단으로 엎어질 뻔했다가 난간 손잡이를 잡고 가까스로 중심을 잡았다. 당한 일이 너무 어이가 없고 화가 나서 "야 이 씨X놈아!" 하고 오빠에게 소리쳤다. 햄버거를 들고 계단을 올라오던 엄마는 내가 욕하는 걸 들어버렸다. 그리고 그 날 저녁 늦게 아빠가 집에 들어온 순간부터 매타작이 시작되었다. 나는 어떻게 그렇게 나쁜 말을 쓸 수 있느냐는 이유로, 그리고 오빠는 어떻게 동생을 계단에서 떠밀 수가 있느냐는 이유로 피멍이 들도록 맞아야 했다.

나는 오빠의 끊임없는 괴롭힘보다도 부모가 '둘 다 잘못했다.'며 나에게까지 매를 드는 게 더 억울하고 더 싫었다. 나에게 폭력을 행사하는 오빠는 부모를 비롯한 어른들에게 '어린 동생 괴롭히는 못된 아이' 정도로 받아들여졌지만, 내 주변 사람들은 나와 함께 분노하거나 공감해주는 경우가 많았다. 하지만 부모는 언제나 나와 오빠의 싸움을 중재하는 '둘 중 누구 편도 들지 않는 공정한 어른'이라는 이름으로 고상하게 폭력을 행사했다. 그들의 폭력은 정당화되었고 나는 '맞을 짓을 한 아이'가 되었다. 이것 말고도 내가 왜 맞는지도 잘 모른 채 맞았던 기억은 무궁무진하다.

당시 나는 학교에서 인성검사를 하면 늘 극심한 우울증이 의심된다는 결과가 나왔다. 가족과 가정이라는 폭력적인 공간에서 도망치고 싶어도 도망칠 수 없을 것 같았고, 삶을 포기하고 도망치는 방법밖엔 없을 것 같아서 자살을 시도한 적도 있다. 집을 뛰쳐나와 밖에 나와 살기 시작하면서부터는 우울증 약 같은 건 입에도 안 댔는데도 나의 감정 상태는 조금씩 나아졌다. 나는 이제 우울증이 의심된다는 말 같은 걸 듣지도 않고, 가산을 고민하지도 않는다. 그때 내가 세상에서 가장 증오했던 사람들은 분명 나의 가족이다. 그리고 지금 나는 더는 가족을 증오하지 않지만, 그건 내가 나이를 더 먹고 가족의 소중함을 깨닫게 됐다는 개풀 뜯어먹는 이유 때문이 아니다. 내가 집을 나와서 이제 폭력에 시달리지 않게 되었기 때문에 분노가 무뎌진 것뿐이다. 가족은 나에게 폭력만을 행사하는 존재였다.

18세, 여성

부모님은 오빠가 중학생일 때부터 외박을 허락했다. 그런데 고등학생인 나는 외박은커녕 부모님이 통금시간을 정해두었기 때문에 제대로 놀지도 못한다. 작년까지만 해도 통금시간이 6시였는데 겨우 7시로 늦추었다. 그나마도 어디에 가는지 누구랑 가는지 왜 가는지 몇 시에 들어올 건지 하나하나 다 말해야 보내준다. 고등학생이 되기 전까지는 사는 지역 밖으로 나가지도 못했다. 지하철을 중3 때 부모님이랑 처음 타봤을 정도로 진짜 철저하게 외출을 제한받았다. 조금만 늦게 들어오면 옷 냄새를 맡으면서 담배 피웠는지 검사하고, 남자인 친구랑 놀다 들어오면 늦게 들어오든 일찍 들어오든 무조건 냄새를 맡으면서 검사한다. 술도 오빠는 펑펑 마셨는데 아빠는 나더러 계집애가 무슨 술이냐고 한다. 집에서는 어렸을 때부터 가족끼리 술을 마셨는데, 오빠는 미성년자일 때도 다 줬는데 나만 안 줬다. 대체 내가 계집애이고 딸이란 이유로 왜 이렇게 차별받는지 모르겠다.

16세, ?

우리 집은 이혼가정이다. 기본적으로 이혼가정에서 사는 것에 대한 주변의 시선 자체가 곱지 않다. 대놓고 흉은 안 봐도, 친구랑 말싸움 같은 걸 했을 때 우리 집이 이혼가정이라는 걸로 공격을 해온다. 또 어떤 사람들은 정작 난 아무렇지도 않은데 불쌍하다는 듯이 대한다. 이혼가정의 자녀라는 것을 숨기지 않고 다니는 나를 보고 쪽 팔리지도 않느냐며 뭐라고 하는 사람도 있다. 나는 쪽 팔릴 게 뭔가 싶지만, 그런 공격과 편견을 견뎌야 할 때는 귀찮아서라도 숨기고 살아야 하나 싶다.

18세, 여성

우리 집은 엄마 것이다. 엄마 돈으로 샀고 엄마 명의로 되어 있다. 하지만 우리 집엔 엄마만 사는 것이 아니라 나도 같이 산다. 그런데 내가 집으로 친구를 데려올 땐 미리 '허락'받아야 하고, 엄마가 집에 온 친구를 마음에 안 들어 하면 다시 밖으로 나가야 했다. 그런데 엄마는 다르다. 엄마는 밤늦게 자기 친구랑 놀다가 차가 끊기면 친구를 집으로 데려온다. 나에게 술 취한 엄마 친구는 취객이나 다름없다. 취객이 함부로 집에 하룻밤 머무는 건 정말 싫지만 나는 엄마에게 싫다고 할 수도, 엄마의 친구를 쫓아낼 수도 없다. 왜냐면 아무 소용없으니까. 우리 집은 우리 집이 아니라 엄마 집이니까. 내가 뭐라고 항의하면 네 돈으로 나가서 마음대로 살라고 한다. 치사하다. 그래서 엄마가 엄마 집을 우리 집이라고 할 때마다 거짓말인 것 같아 화가 난다.

18세, 여성

엄마가 연애를 시작했다. 몇년 전 이혼한 엄마는 새로 사귄 애인이라며, 애인과 애인의 아들을 나에게 소개시켜줬다. 우리는 같이 영화도 보고 밥도 먹고 여행도 가고 참 재미있게 살았다. 물론 싸우기도 많이 싸우지만 평소엔 원만하게 지낸다. 그런데 매번 추석이나 설이 되면 너무 부담스럽다. 나는 엄마 애인을 아빠라고 부르지도 않고 아빠라고 생각하지도 않는다. 엄마 애인의 아들도 내 엄마를 엄마라고 안 부른다. 우린 가족이지만 엄마와 엄마 애인이 부부관계로 맺어져 있다고 생각하지 않는다. 엄마와 엄마 애인도 서로 아내, 남편보다는 동거하는 애인으로 생각한다. 그런데 양쪽 집안 어르신들 생각은 좀 다른가 보다. 어쨌든 서로 얼굴도 알고 밥도 같이 먹는 친한 사이니까 명절 때도 인사를 드리러 가는데, 엄마 애인의 부모님이 매번 나를 장손녀 취급한다. "우리 손녀, 우리 장손녀, 네가 손자 손녀 중에서 맏언니지. 항상 중심을 잡아야 한다." 하면서 예뻐해주시는데, 이것 참. 그러실 때마다 엄마와 나는 어색한 웃음을 짓지만 차마 두 분한테 나는 당신들의 손녀가 아니라고 할 수 없었다. 왜냐면 결혼도 하지 않고 애 딸린 이혼 남녀가 결혼은 안하고 동거만 한다는 게 두 분이 받아들이기는 참 힘든 일일 테니까. 아무리 요즘 사회 분위기가 많이 변해도 멀긴 멀었나 보다. 어떻게 하면 두 노인이 충격받지 않도록 잘 말할 수 있을까? 고민이다.

18세, 여성

아버지는 사업가이다. 부모를 따라 종종 다른 사업가들이나 부모의 동료들을 만나러 갔다. 그때마다 늘 그런 생각을 했다, 내가 왜 그 자리에 가야 하는 걸까. 아버지가 클라이언트를 만나는 자리인데 왜 나를 거기에 데려갈까. 그때는 그 이유를 몰랐지만 이제는 안다. 부모는 그런 자리에 나를 참석시켜서 자신들의 사위이자 내 남편감이 될만한 사람을 물색하려 했던 것이다. 나는 집에서 늘 이상적인 딸인 양 행동했기에 어디 나가서는 늘 칭찬받았다. 아버지는 누군가를 만나면 꼭 자식 이야기를 했고, 나를 부러워하는 이들을 보며 한껏 으쓱해했다. 그리고 상대가 나를 며느리로 주라고 하면 아직 부족한 딸이라고 하면서도 그 사람 아들 이야기를 듣는다. 나이는 몇이고 키는 얼마나 되고 학교는 어디인지 같은 신상은 물론, 그 사람의 핸드폰에 있는 상대의 사진까지 본다. 그러고는 집에 들어오는 길에 나에게 "어때?" 하고 묻는다. 아버지의 그 물음에 "내가 무슨 아버지가 파는 상품이야?" 하고 되묻고 싶었다. 시장에 내놓고 거래하려는 것일까. 당신은 단지 나를 위해, 내가 조금 더 나은 사람과 함께하길 바라는 마음에서 그랬다고 하겠지만 내 생각은 다르다. 일단 나는 남성과 결혼하거나 사귈 의사가 없을뿐더러, 마치 품평하듯 나를 위아래로 쓸어보고 내 행동 하나하나를 주시하는 상대방이 매우 불쾌했다. "그 사람은 네가 마음에 든다더라. 한번 만나볼래?" 하고 물을 때도 있었다. 전혀 모르는 사람인데 날 어떻게 알고 마음에 든다고 했을까. 종종 아버지는 "누구누구가 너를 며느리로 달라더라. 그 집 재산이 많다. 외국에 으리으리한 저택도 있다더라. 갈래?" 하고 물었다. 언젠가 내가 엄마에게 이렇게 품평당하는 것이 불쾌하다고 말했을 때, 엄마는 다 너 편하게 살라고 그러는 건데 왜 그러냐며 되레 나를 나무랐다. 마치 경매에 나온 물건과 같은 취급을 당하는 일. 너 편하라고 하는 것이라는 핑계에 덮인 부모의 행동은 오만정이 떨어질 정도로 치가 떨린다.

22세, 남성

아홉 살 때였다. 추석이라 여/남친권자(나는 어머니와 아버지를 이렇게 부른다.)와 함께 외가에 갔는데, 그때는 오락실이 유행하던 때라 버리지도 못하고 쓰기엔 꺼림칙한 낡은 오락기 한 대가 외가에 있었더랬다. 또래 외가 친척들과 나는 음식이 있는 거실, 컴퓨터가 있는 안방, 오락기가 있는 방을 끊임없이 오가며 하루를 보냈다.

둘째 날, 비가 많이 오는 날이었다. 남성친권자는 어김없이 세 방을 왕복하며 또래 친척들과 깔깔거리고 있는 나에게 "올챙이 새끼들처럼 몰려다니지 말고 여기 와서 좀 진중하게 앉아 있어라." 하고 말했다. 그러나 하루가 어떻게 가는지도 모르게 놀이에 빠져 있던 나는, 그 말이 귀에 들어오지 않았더랬다.

집회 해산 경고방송 같이 몇 차례 '몰려다니지 말고'와 '진중하게'가 반복된 후, 나의 몸뚱이는 1층 계단 위를 날아 콘크리트 땅바닥에 불시착했다. 남성친권자가 날 들어 밖에 던져버린 것이다. 그리고선 나에게 "죽기 싫으면 빨리 따라오라."고 협박했다. 내가 왜 비오는 날 콘크리트 바닥에 던져져야 했는지 정말 하나도 이해되지 않았지만, 정말 죽을지도 모른다는 공포에 사로잡혀 맨발로 논둑길을 지나 농기구들을 보관해두는 창고까지 끌려갔다. 남성친권자는 "네가 잘못한 만큼 너의 볼기짝을 팰것이니 뒤돌아보거나 반항하면 대가리를 날려버릴 것이다." 하고 소리치며 날 구타하기 시작했다. 비오는 논둑에서 아무렇게나 주워온 각목 하나를 들고.

그렇게 무차별적인 구타가 끝나자, 내 볼기짝과 종아리 언저리는 시퍼렇게 멍이 들었다. 내 상태를 보고 화가 난 여성친권자는 "무슨 그만한 일로 애를 그렇게 패냐!"며 소리 질렀고, 남성친권자는 "집에 내려가서 보자."는 말로 하던 말을 끊었더랬다. 이어서 외가 할매의 한탄이 이어졌다. "무슨 애를 이 지경까지 패누……." 그 뒤에 나온 남성친권자의 말은 더 기괴이었다.
"저 원래 이런 사람이에요!"

그렇게 공포의 명절이 끝나고 집에 돌아왔다. 여성친권자는
"앞으로는 아빠 말 잘 들어야 한다."고 했다. 아무 일도 없었다
는 듯 많은 날이 지났다. 고등학교 2학년 때였을까, 작은 마찰
이 불씨가 되어 밤새도록 남성친권자와 이야기한 적이 있다.
나는 이때까지 친권자랍시고 행했던 각종 통제와 체벌의 이유
가 뭐였는지를 추궁했다. 여러 가지 이야기 끝에 사과랍시고
남성친권자는 그때의 일을 입에 올렸다. "그때는 네가 정말 말
로 안 되는 짐승으로밖에 보이지 않아서 그랬다. 좀 더 인간적
으로 대했어야 하는데 미안하다."

그때 나는 친권자의 말에 따라야 하는 로봇일 뿐이었다. 그 말
을 거역한다는 건 단순히 상급자의 말을 어긴다는 의미 이상이
었다. 인간 자격을 박탈하고 내 존재를 짐승으로 끌어내릴 수
있는 무소불위의 권력에 대한 저항이었다. 나는 가족 누구에게
도 인간으로 인정받지 못했다. 남성친권자에게 나는 '인간'이
아니라 '죽여도 되는 짐승'이었으며, 여성친권자와 외가 할매
에겐 무자비한 협박과 물리적 폭력의 피해자가 아니라 "맞을
짓을 하긴 했지만 애한테 이건 좀 심했다."고 말할 수 있는 훈
육의 대상일 뿐이었다. 내 볼기짝에 든 멍은 일주일이 지나서
야 가라앉았지만, 내 가슴에 든 멍은 그로부터 13년이 지난 지
금까지도 생생하게 남아 있다.

17세, 여성

나는 더위를 많이 타는 편이다. 특히나 초등학생 때와 중학생 때는 더 심해서 집에서까지 옷을 겹겹이 걸치고 있어야 한다는 사실이 상당히 힘겨웠다. 나는 주로 집에서 러닝셔츠에 반바지를 입고 돌아다녔다.

중학생이었던 어느 한 여름날 나는 평소와 마찬가지로 러닝셔츠에 반바지를 입고 집에서 컴퓨터를 하고 있었다. 퇴근하고 집에 온 엄마는 그렇게 헐렁하고 옆으로 가슴이 드러나는 러닝만 입고 있으면 어떻게 하느냐고 잔소리했다. 오빠도 한창 사춘기인데 네가 그렇게 입으면 이상한 생각이 들지도 모르니까 러닝 위에 티 하나는 입고 있으라며, 서랍장에서 티셔츠를 한 장 꺼내다 줬다.

오빠와 아빠와 나는 모두 러닝셔츠에 반바지 차림으로 집에서 지냈지만 엄마는 오빠와 아빠에겐 아무 말도 하지 않았다. 나는 오빠가 나를 보고 어떤 생각을 하든 간에 그게 왜 내가 덥게 지내야 하는 이유가 되는 건지 도무지 알 수 없었다. 엄마와 싸우기 귀찮아서 군말 없이 티셔츠를 껴입기는 했지만 어이없고 찜찜한 마음을 지울 수가 없었다.

청소년을 보호받을 수밖에
없게 만드는 것들

-김윤

내가 처음 집을 나왔을 때는 열다섯 살 때였다. 공부하라는 말로 언제나 압박을 주고 내가 입시 외의 다른 것들에 갖는 관심은 모두 쓸데없는 것으로 치부해 하지 못하게 막으면서, 정작 내가 학교생활을 어떻게 하고 있고 성적이 어느 정도인지는 잘 모르고 관심도 없던 엄마와 아빠, 즉 나의 친권자들에게 염증을 느꼈다. 아빠가 마치 인사말처럼 꺼내던 공부하라는 말에 싫다고 대답하고 말싸움을 하다 감정이 격해진 10월의 어느 날, 아빠에게 두들겨 맞고 집을 도망쳐 나왔다.

집을 나와 가장 먼저 해야 했던 일은 알바를 구하는 일이었다. 법적으로 임금노동을 할 수 없는 나이였던(정확히는 임금노동을 하기 위해선 고용노동부의 허가가 필요했던) 나는 나이를 열일곱 살이라고 속인 채 알바 면접을 보러 다녔지만 알바는 쉽사리 구해지지 않았다.[1] 두 달 가량 주변 사람들 집을 전전하며 도움을 받아 녹취 풀기 등의 단기알바를 해가며 돈을 벌어 생계를 겨우 유지했다. 그러다가 우연히 만난 A와 연애를 시작했다. 나는 그때 서울에서 살고 있었고, A는 광주에 살지만 서울에 올 일이 있어 잠깐 서울에서 지낼 때였다. 당시 스물한 살이었던 A는 마침 독립을 하고 싶어 하던 차였고 나는 달리 머물 곳이 없었기 때문에, A와 같이 광주로 가서 자취방을 구해 함께 살게 되었다.

해가 지나 열여섯 살이 되었지만 만 15세는 되지 않아 여전히 알바를 할 수 없었다. 나와 주민등록번호 뒷자리가 같은 번호로 시작하던[2] A의 이름을 빌려 나이를 속이고 고깃집 알바를 시작했다. 하지만 나이를 여섯 살씩이나 속인 데다 주민등록증의 사진과도 전혀 닮지 않았고, 어렸을 적부터 계속 광주에서 살았다고 거짓말했지만 전라도 사투리도 쓰지 않았기에 나이를 속인 것 아니냐는 의심을 계속해서 받아야 했다. 그럴 때마다 나중에 내가 나이를 속였다는 것을 알게 되면 그걸 빌미로 나를 해

---

1 근로기준법에 따라, 만 15세 미만이거나 만 18세 미만 중학생인 경우 고용노동부장관의 취직인허증이 없으면 노동할 수 없다. 또한 만 18세 미만 청소년이 노동하려 하는 경우 친권자 또는 보호자의 동의서를 내야 해서 부모와 관계가 단절된 청소년들이 일자리를 구하는 데 어려움을 겪고 있다.
2 애인이었던 A와 나는 둘 다 '여성'으로 규정되는 사람이다. 나는 성소수자로 살아가고 있다.

고하고 임금을 안 주지는 않을까 하는 두려움에 떨어야 했다.

당시 A와는 성격 차이로 금방 헤어졌지만, A는 지낼 곳이 없는 내 사정을 생각해서 계속 같이 살며 내가 A의 이름을 빌려 알바를 할 수 있게끔 해주었다. 그 집은 A가 보증금을 내고 구한 집이기는 했지만 A는 취직이 되지 않아 돈을 벌고 있지 못했기 때문에 혼자서 월세와 공과금을 부담하기가 어려워서 그랬던 탓도 있을 것이다. 하지만 연애 관계가 끝난 뒤에도 집을 얼마나 깨끗하게 치우는지, 집을 어떻게 사용하는지 때문에 계속해서 불화가 빚어지자, A는 자신의 보증금으로 이렇게 집에서 살게 된 거라며 나에게 생색을 내기 시작했다. 말다툼을 하면 집에서 나가라는 말을 자주 했지만, 정말로 내가 나가려고 하면 자신이 내야 할 월세 등이 생각나는지 집을 나가면 가출청소년으로 경찰에 신고하겠다며 협박했다. 나 또한 A와 같이 살기가 괴로웠지만, 집 보증금으로 쓸 만큼의 돈이 없었던 데다 돈이 있다고 하더라도 청소년이라서 집을 계약하기 어려웠기 때문에, A와 계속 함께 살 수밖에 없었다(법적으로는 내 이름으로 집을 계약하는 데 문제가 없지만, 친권자의 동의 없는 임대차계약은 친권자 또는 미성년 당사자가 취소할 수 있기 때문에 집주인들은 미성년자와 계약하는 것을 꺼끄러워 한다).

내가 A의 이름으로 알바를 하다 보니, A의 통장으로 알바비를 입금받은 뒤 A가 나에게 돈을 전해줘야 했다. 하지만 어느 순간부터 A는 자신의 통장에 들어온 알바비를 나에게 주지 않기 시작했다. 알바하는 곳에서 최대한 많은 돈을 현금으로 가불받아가며 생활했지만 점점 못 받은 돈이 쌓여갔고, A가 주지 않은 돈이 130만 원쯤 되었던 열여섯 여름, 나는 이대로 계속 살면 안 될 것 같다는 생각을 했다. 이렇게 사느니 나에게 압박을 주는 친권자들에게 돌아가는 게 낫지 않을까 싶었다. 그리고 그곳에서 도망쳐 나와 집에 돌아갔다. 사실 그곳에서 나와서 다른 거처를 구할 수도 있었겠지만, A의 가족은 경찰 쪽에서 오래 일해서 그 지역 파출소에서 꽤 직급이 높은 사람이었기 때문에 나를 가출 청소년으로 경찰에 신고하고 나에 대한 추적을 의뢰하겠다던 말이 그 시절엔 너무 무섭게 느껴졌다. A에게 내가 번 돈을 달라고 법적으로 소송을 걸까 생각한 적도 있었지만, 내가 A의 명의를 도용했으니 나도 처벌받아야 할 테고, 그때 그 고깃집에서 일했던 A라는 이름의 사람이 나였다는 것을 증명하는 절차 등이 너무 복잡할 것 같아 그만두었다.

그렇게 아홉 달 가량의 첫 가출이 끝났다. 나는 그동안 여러 가출 청소년 쉼터에 연락해서 과장을 다소 섞어가며 집에서 엄청나게 맞았다고 말했음에도 쉼터에서는 하나같이 "그래도 우리 쉼터에 들어오려면 부모님께 연락할 수밖에 없다."고 대답했다.[3] 유일하게 부모에게 연락하겠다는 이야기를 하지 않았던 곳은 성매매 피해 청소년 쉼터였지만, 내가 성매매 피해 경

---

3   현재 여성가족부는 가출 청소년 쉼터에 청소년 입소 시 보호자에게 연락하라는 가이드라인을 세우고 있다.

험이 없으니 입소할 수 없다며 전화를 끊었다. 나는 주변 사람들의 도움으로 단기알바를 하며 고시원에 들어갈 정도이 돈을 모았지만 미성년자여서 고시원에 들어갈 수 없었다. 그렇게 계속해서 다른 이들의 집을 전전해야 했다. 친권자가 위치추적을 할까봐 핸드폰도 통장도 쓸 수 없어 주변 사람들에게 핸드폰과 통장도 빌려야 했다. 알바를 할 수 없는 나이였던 데다 설령 내 이름으로 알바를 구할 수 있었다 해도 내 통장 내역을 친권자가 언제든 추적할 수 있는 상황이었기 때문에 주변 사람들에게 알바할 수 있게 명의를 빌려달라고 부탁해야 했다. 안 그래도 어린 나이 때문에 알바를 구하기 힘든 상황에서 연락처도, 거주지도 어느 하나 안정된 게 없으니 장기알바를 구하는 것은 더더욱 힘들었고, 자립하고 싶었음에도 주변 사람들의 도움에 기댈 수밖에 없었다.

가출해 있는 동안 결석 일수가 많아 다음 학년 진급을 할 수 없었다. 아홉 달만에 집에 들어가자 엄마는 학교를 한 학년 유급해서라도 학교를 다시 다니라고 하기 시작했다. 그러나 나는 그동안 고깃집 알바를 하며 많은 사람을 보아오면서, 주변에서 요구하는 대로 공부하고 학교 다니고 대학 나온다고 해서 정말로 삶의 질이 높아지는지, 정말 소득이 높아지는지 의문을 품게 되었다(나와 함께 일하던 사람들은 크게 세 부류로 나뉘었다. 첫째는 나처럼 학교를 다니지 않고 알바로 생계를 유지하는 사람, 둘째는 대학 등록금을 벌기 위해 알바를 하는 사람, 셋째는 대학을 졸업한 후 취직이 안 돼서 알바로 생계를 유지하는 사람. 그들은 모두 같은 임금을 받으며 같은 고깃집에서 일을 하고 있었다).

처음 집을 나왔을 땐 특별히 갖고 싶은 직업도, 하고 싶은 일도 없었고 해서 '안 그래도 학교 다니기 싫었는데 마침 집도 나왔으니 학교 다니지 말고 일찍부터 돈 벌어야겠다.'고 생각했지만, 알바를 하고 나보다 나이를 먹은 다른 사람들이 어떻게 살아가는지를 보니 학교에서 내 시간을 낭비하고 싶지 않다는 확신이 생겼다. 이런 생각은 엄마 생각과 달라 충돌이 일어났다. 엄마는 날 볼 때마다 학교에 다니라며 그런 식으로 학교도 안 나오고 초졸로 살다 인생 망치고 싶느냐는 말을 인사말처럼 했고, 그런 집에서 지내기가 불편했던 나는 외박을 자주 하기 시작했다. 결국 집에 들어간 지 두 달가량 지났을 때, 당시 활동하던 단체의 사무실에서 살다시피 하게 되었고, 집은 가끔 먹을거리와 옷가지를 챙기기 위해 들르는 정도의 공간이 되었다. 전에 가출했을 땐 가출 신고를 하고, 내가 활동하던 단체 사무실에 경찰과 방문하기도 하는 등 엄마는 나를 적극적으로 찾았지만, 붙잡아 봐야 다시 나갈 거라고 생각했는지 이번엔 날 찾지 않았다.

그 해 겨울 무렵, 나보다 한 살 많은 B와 연애를 시작하게 되었다. B는 엄마와의 불화로 집을 나와서 아빠가 구해준 네 평 남짓 되는 원룸에서 살고 있었고, 나에게 계속 함께 있고 싶다며 동거를 제안했다. 당시 나는 지내던 단체 사무실이 난방이 잘 되지 않고 샤워를 할 수 있는 공간도 없어서 힘들어하고 있던 차였고, 나도 애인과 함께 있는 시간이 더 늘어나면 좋겠다고 생각했기 때문에 그 제안을 받아들였다.

열여섯 살 겨울, 그렇게 애인과 동거를 시작했을 때, 세상에는 안 되는 일 투성이였다. 어린 나이 때문에 집을 직접 구할 수 없어, 작은 원룸에서 B가 패스트푸드점에서 일하며 번 40만 원 남짓의 돈으로 둘이 생활하며, 가스비가 무서워 보일러도 틀지 못한 채 덜덜 떨며 지내야 했다.

수능이 끝난 지 얼마 되지 않아 고3들로 가득 찬 알바 자리 중에서, 이제 갓 법적으로 노동을 할 수 있는 나이가 된 나를 뽑는 곳은 없었다. 전에 나이를 속이고 알바한 경험이 있어 여태껏 학교에서 공부만 하다가 처음 알바를 하는 대다수 고3보다 더 잘할 자신이 있었지만 이와는 무관하게 고용인들에게 열여섯 살과 열아홉 살은 느낌이 너무 달랐던 모양이다. 나는 세 달 가까이 알바 자리를 알아보다 해가 지나 열일곱 살이 된 뒤에야 겨우 집 근처 고깃집에서 알바하게 되었다.

게다가 B의 아빠는 혼자 사는 어린 딸이 걱정되어 자주 집에 찾아왔는데, 그때마다 나는 화장실에 숨어 있어야 했다. B는 자신이 동성 애인과 연애하고 동거한다는 것을 가족에게 들킬까 봐 두려워했고, 이렇게 좁은 원룸에서 둘이 살고 있다는 것 자체가 가족에게 단순한 친구관계가 아닌 것으로 보여질까봐 가족에게 나와의 동거 사실 자체를 숨겼다. 나는 집에서도, 일자리에서도 늘 편히 있을 수 없고 들킬까봐 마음을 졸여야 했다.

고깃집에서 알바를 하게 되기 전 B의 명의를 빌려 나이를 속이고 프랜차이즈 빵집에서 주 5일 알바를 한 적도 있었지만, 출근을 시작한 지 5일만에 잘렸다. 그곳 사장은 금요일에 퇴근하려는 나를 불러 세우더니 내가 표정이 밝지 않은 편이고 서 있을 때 자세가 축 처져 있고 부모 동의서를 늦게 가져왔다는 이유로 서비스 정신이 없다는 둥, 이런 일 하는 데 기본이 안 되어 있다는 둥, 자기가 사람 보는 눈이 좀 있는데 너는 이런 일 보다는 사무직 일이 더 적성에 맞는 것 같다는 둥 훈계를 늘어놓더니 다음 주부터 나오지 말라고 했다. 5일간 일한 알바비를 입금받을 계좌번호를 불러주고 나와서 집으로 가는 길에 생각했다. '내가 나이가 열 살만 더 많았어도 저런 식으로 이야기하진 않았겠지. 아니 최소한 이 알바로 가족을 부양하고 있다고 거짓말했다면 이런 식으로 나를 내치지는 않았겠지.' 업주들은 청소년이 비싼 옷 같은 걸 사기 위해 용돈벌이나 하려고 알바한다고만 생각하니까, 청소년 알바들을 해고할 때 죄책감도 느끼지 않는 듯했다.

해고당하고 집에 가는 길, 겨우 구한 알바인데 이제 어떻게 생계를 꾸려야 하나 하는 생각에 길거리에서 눈물이 쏟아져 나왔다. 집을 나온 뒤 나는 항상 벼랑 끝에 몰린 채 살아가야 했고, 그럴 때마다 내가 할 수 있는 일은 아무것도 없었다.

나는 그 후 고깃집 알바를 다섯 달 가량 하다가 그만두고 사무직을 구해 전에 비해 어느 정도 경제적으로 안정이 되있지만, B와 헤어지고 돈을 모아 새로운 집을 구할 때 역시 내 이름으로 집을 구할 수 없어 당시 스무 살인 지인에게 부탁해 나 혼자 살 집을 '둘이 함께 살 집'이라고, 나도 스무 살이라고 집주인과 부동산에게 속이며 다른 사람의 이름으로 계약해야 했다.

'청소년은 미성숙하다.' '청소년은 자신의 힘으로 살아갈 수 없으니 보호받아야 한다.'는 이야기를 질리도록 들어왔지만, 정작 친권자의 도움 없이 자립하려 하자 마주한 현실은 청소년이 스스로 살아갈 수 없게끔 어떻게든 막으려는 법과 편견이었다. 나는 노동을 해 돈을 벌 수 있는 육체를 가졌음에도 일할 수 없었고, 나와 내 애인이 자립하기 위해 필요한 모든 것은 다른 이의 도움 없이는 스스로 얻어낼 수 없었다. 나는 나의 의사와 능력과는 무관하게 '미성숙하고 남의 보호 없이는 살 수 없는 사람'이었다.

현재 대한민국은 청소년들을 친권자에게, 부모에게 종속될 수밖에 없는 존재로 만들고 있다. 이는 청소년들뿐만 아니라, 사람을 먹여 살리고 교육하는 총체적인 책임을 지게 되는 친권자에게도 부담되는 일이다.

청소년들이 혼자 살아갈 능력이 없다는 이유로 노동도 못하게 하고 집도 구하지 못하게 할 것이 아니라, 청소년이 남의 도움 없이도 홀로 살아갈 수 있게끔 법과 인식이 바뀌어야 한다. 청소년이 생계 때문에 폭력적인 집에서 벗어나지 못하는 일이 없게, 집을 벗어나서도 다시 집에 끌려 들어가지 않을까 하는 두려움에 떨 일이 없도록 말이다.

청소년이 입소하면 일단 부모에게 연락하고 청소년들을 보호해야 한다는 이유로 생활을 규제하고 외출을 자유롭게 하지 못하는 쉼터의 모습도 바뀌어야 하며, 쉼터가 아닌 다른 형태의 청소년 자립 공간이 늘어나야 한다. 이러한 청소년의 자립을 위한 공간이 예산 부족 등의 이유로 경제적 어려움을 겪는 일이 없게끔 예산을 늘리는 것 또한 당연히 시행해야 한다. 우리는 집과 학교에 욱여넣어진 채 어른들이 시키는 대로 움직이는 기계로 살아가고 싶지 않다.

가족,
시선의 감옥

−변중용

위기의 청소년

'위기 청소년'이라는 말이 있다. 가정이나 학교에서 문제를 겪고 있고 그로 인해 불안정한 삶을 사는 청소년은 모두 위기 청소년이다. 최근의 한 통계에 따르면 전체 청소년의 17%에 육박하는 87만 명이 위기 청소년이라고 한다. 그러나 억압적이고 위계적인 한국사회의 가정과 학교에서 어려움을 겪지 않는 청소년이 과연 얼마나 있겠는가? 이런 의미에서 '위기'에서 완전히 자유로운 청소년은 없다고 해도 과언이 아니다. '위기 청소년'으로 분류되느냐 마느냐는 개개인이 청소년기의 억압을 어떻게 받아들이고 얼마나 극복하느냐에 달린 셈이다. 그 말은 곧 한국사회에서는 어떤 청소년이든 위기 청소년이 될만한 충분한 가능성이 있다는 소리다.

국가 차원에서 보자면 이 위기는 청소년들이 '정상적' '제도적' 과정에서 이탈했기 때문에 눈에 드러난 것이다. 이때 위기는 청소년의 위기만을 의미하지 않는다. 제도화의 길에서 벗어나는 청소년이 많아진다는 것은 곧 국가의 위기이기도 하다. 위기 청소년을 지원하는 쉼터 같은 사회 안전망이 그들을 있는 그대로 인정하고 보호하지 않고, 다시 학교와 가정이라는 제도 속으로 돌려보내는 것을 목표로 한다는 점이 그것을 방증한다. 청소년의 위기는 억압적인 제도 때문에 생기는데, 제도의 문제를 파악하고 수정하는 노력 없이 또 다른 제도적 장치를 통해 기존 제도에 복귀하게 만들어 해결하려 한다는 것은 분명한 모순이다. 그러나 위기 청소년을 위한 여러 정부 기관이나 시민사회 단체, 활동가조차 이 위기를 청소년 개인이 극복해야 할 문제로 환원할 때가 많다.

나는 현장에서 위기 청소년들을 15년 이상 직접 만나왔다. 지속적으로 폭력을 당한 청소년들은 대체로 폭력성이나 무기력함을 드러낸다. 국가는 이들을 '적당히' 교화하여 가정이나 학교로 돌려보내 열심히 공부해 학교를 졸업하면 성실하게 일하는 '사회적 인간'으로 만드는 것을 목표로 삼고 있다. 그러나 이는 진정한 해결 방법이 아닐뿐더러, 오히려 그 과정을 겪으며 더 자존감과 실존감을 잃어버리는 청소년이 많다.

청소년을 위기에 빠뜨리는 가장 큰 요인 중 하나는 가족이다. 사람들은 가출 청소년이 가족의 품으로 돌아가야 한다고들 생각한다. 길 위의 삶보다는 가족 곁에 있는 편이 훨씬 안전하다고 여기기 때문이다. 그러나 현장에서 만나는 가출 청소년들의 증언에 따르면, 기존의 가족 관계가 폭력과 성매매 등의 위기에 놓인 '가출팸' 구성원 사이의 위계보다 더 폭력적이라고 한다. 너무나 견디기 힘들어서 뛰쳐나온 집으로 그들을 다시 돌려보낸다면 문제가 되풀이될 수밖에 없다. 우리는 가족이라는 개념에 관해 다시 근본적으로 생각해봐야 한다. 국가가 재생산을 위해 구성한 제도로서의 가족, 그 가족이라는 제도에 관해서 말이다.

'결손가정'을 보는 시선

위기 청소년이 '결손가정'[4] 때문에 생긴다고 설명하려는 시도는 나름의 논리가 있는 것처럼 보인다. 실제로 가출이나 범죄를 저지르는 청소년들의 상당수가 결손가정 출신이기 때문이다. 언론은 관련 통계자료를 들이밀며 마치 가족 문제만 해결

---

4 요즘은 '결손가정'이라는 표현이 지니는 부정적인 측면을 인정하고 한부모가정이나 조손가정 등으로 세분화한 표현을 쓰고 있지만, 그 모두를 아우르는 표현이 없고 부정적인 시선까지 포함한 '결손'이라는 양상을 대체할 단어도 마땅치 않다. 이 글에서는 '결손가정'이 일반적으로 쓰이는 표현이라는 점을 감안하고 비판적인 의미로 사용하겠다.

되면 위기 청소년 문제가 해결될 것처럼 말한다. 언론이 말하는 대로 문제가 해결되려면 가족 구성원들의 의지만이 필요할 뿐이다. 그러나 빈곤한 결손가정일수록 상황이 바뀔 가능성은 아주 낮다. 생계를 위해 장시간 노동을 해야만 하는 빈곤층 가족 부모들에게 각 가정의 문제는 알아서 노력하여 해결하라고 요구하는 것은 부당하며 현실적이지도 않다.

2009년 영국 요크 대학교의 연구팀은 유럽연합 소속 국가들과 노르웨이, 아이슬란드 등 27개 나라를 비교해본 결과 '가족 해체'의 비율과 아동의 행복 수준 사이에는 아무런 연관이 없다고 보고했다. 이 연구 결과에 따르면 '가족 해체'의 사례가 다른 유럽 국가들보다 많은 북유럽 국가에 사는 아동들의 행복 수준이 높으며, 이는 이들 나라의 사회복지정책 덕분이라고 한다. 결손가정에 대한 편견 이상으로 경제적 조건에 따른 영향이 크다는 것이다. 한국사회 결손가정의 청소년 중에서도 경제력을 갖춘 가정의 청소년이 위기 청소년이 될 가능성은 훨씬 낮다.

위기의 이유와 위기의 해결책을 동시에 가족 내부에서 찾으려는 까닭은 분명하다. 공공의 책임을 가족이나 개인 같은 사적 영역으로 떠넘겨야지만 이익을 보는 집단이 존재하기 때문이다. 위기 청소년이든 결손가정이든 불안 상태에서 벗어나 안정을 찾기 위한 필수 불가결한 토대는 물질적 안정이다. 그 당연한 사실을 우선순위에 두지 않는 것이 그들에게 유리하다.

어느 가정에서 태어나는지는 개인이 '운명'일 뿐, 사회의 책임은 없다는 생각은 청소년들에게 그들이 위기를 당연하게, 또 자연스럽게 받아들이게끔 만든다.

부모가 없거나 한부모만 있는 형태의 가정을 '구조적 결손가정'이라고 부르며, 구성원의 존재 여부와 상관없이 가족 내부에 문제가 있는 가정을 '기능적 결손가정'이라고 칭한다. 부모가 함께 산다고 하더라도 갈등과 불안이 지속되고 자녀를 방임하고 자녀에게 폭력까지 행하는 가정이라면 역시 결손가정인 셈이다. 구조적 결손가정은 물론 기능적 결손가정은 '시선의 폭력'을 강하게 당한다. 결손가정이고 빈곤할수록 이 폭력을 더욱 강하게 당하지만, 이는 한국사회의 모든 가정이 당하고 있는 폭력이기도 하다.

시선의 내면화

우리는 의식하든 의식하지 않든 '시선'에 예속되어 살아간다. 이 시선은 타인의 시선이자 사회의 시선으로, 무엇이 정상이고 바람직하며 무엇이 그렇지 못한지를 끊임없이 구별한다. 우리는 이 시선을 오랫동안 내면화해왔기 때문에 언제 어디서든, 누가 보든 보지 않든 그 시선에게 인정받으려 노력하게 된다. 가족은 시선의 감옥이다. 다른 제도들도 마찬가지이지만, 가족은 가장 가까이에 있는 시선의 감옥이다. 이 감옥의 창살은 특히 청소년들에게 훨씬 더 강력하게 작용한다. 이 사회에서 인간 구실을 하려면 학교에 다녀야 한다. 만약 등교하기를 거부하고 다른 길을 걷겠다고 선언하면 여기저기에서 시선의 공격을 받는다. 공부 대신 일을 하겠다고 한다 해도 마음대로 되지 않는다. 나이에 따라 일자리는 강하게 제한되고, 겨우 구한다 할지라도 부모의 동의가 필요하다. 이런 환경에서 가족은 청소년에게 유일한 보루이다. 하지만 가족의 보호를 받으려면 사회에서 요구하는 '시선의 기준'에 따라야만 한다. 그 기준은 너무나 명백하게 존재하지만 그 강력한 제재를 인식하지 못하는 경우가 대부분이다. 우리 곁에, 또 이미 우리 안에 자리 잡아버렸기 때문이다.

한국사회에는 좋은 가족에 대한 기준이 존재한다. 그 기준에 맞지 않는 가족을 발견하면 사람들은 눈살을 찌푸린다. 특히 '구조적 결손가정'에 속한 청소년을 만나면 그 가족에게 어떤 질곡이 있으리라 여기고 그 집의 자녀가 평탄치 못한 유년기를 보내리라 미루어 짐작한다. 청소년기의 자녀가 학교를 가지 않고 있다거나 아버지가 일을 하지 않는다거나 어머니가 밥을 차려주지 않을 때 사람들은 그 가족이 무언가가 잘못되었다고 생각한다. 그 자녀들을 가엾게 여기든, 그들의 태도 때문에 혀를 끌끌 차든 이미 우리는 시선의 지배를 받고 있는 셈이다. 가족을 바라보는 어떤 지배적인 힘, 그 시선의 이름은 바로 '이데올로기'이다.

시선은 편향적이다. 어느 유부녀가 연애를 한다고 하년 사람들은 대부분 그녀가 부도덕하다고 생각할 것이고, 그녀를 이해해주는 사람은 거의 없을 것이다. 연애 호르몬은 기껏해야 2년 정도 지속된다는 과학적 입장이 통용되고 있지만, 결혼제도가 결혼하고 아이를 낳은 여자의 성적 매력과 연애할 자유를 빼앗은 억압적인 제도라고 생각하지는 않는다. 반면 유부남이 바람을 피우는 것은, 결혼을 파탄 낼 정도로 심각하지 않다면 어느 정도 용인되는 경향이 있다. 부모 중 어느 한쪽이라도 외국계일 때, 사람들은 서구 세계인 경우와 제3세계인 경우를 구별하고 차별한다. 왜 성별에 따라, 인종과 국적에 따라 다른 기준이 적용될까? 사람들은 이미 정답을 정해놓고 그 편향을 따르는 게 당연하고 자연스럽다고 여긴다.

이 시선은 가족 구성원이 정해진 역할을 따르기를 바란다. 그리고 끊임없이 질문을 던진다. "정말 제대로 된 엄마, 아빠, 딸, 아들인가?" 엄마가 엄마답고 아빠가 아빠답고 자식이 자식다워야 한다고 강요한다. 가족 안에서 주체가 된다는 것은 시선의 억압에서 벗어나 자유롭게 사는 것을 의미하지 않을 수 있다. 사람들이 정해놓은 기준에 맞춰 살아가는 가짜 주체일 수 있다는 말이다. 벗어날 길이 없는 운명의 굴레 안에서 스스로 선택한 것 같은 착시에 사로잡히고, 그저 남들이 보기에 좋은 가족을 만들며 자족하는 것일 수 있다. 남편은 아내에게 반찬이 맛없다고 말하고, 아내는 남편에게 살림이 쪼들리니 경제

활동을 더 하라고 강요하고, 부모는 자식에게 제발 공부나 하라고 말하며 다른 사람들의 기준에 맞추려 애쓰고, 시선이 정한 기준에서 조금이라도 벗어나면 괴로워한다. 이것이 곧 시선의 폭력성이 우리 안에 똬리를 틀었다는 증거다.

한국사회의 가족은 가부장적인 질서와 함께 '효'라는 이름의 봉건적 질서가 남아 있는, 여전히 강력한 위계집단이다. 시선은 권력과 결합할 때 더 강력한 영향력을 발휘한다. 위계질서의 상위에 속한 이들에게도 주어진 역할이 있고 그 역할을 잘 수행할 때 권력의 정당성은 강화되고 영향력은 더욱 커지지만, 그렇지 못하다고 해서 위계질서가 뒤집어지지는 않는다. 반면 자식의 역할을 수행하는 청소년들은 언제나 위계의 가장 아래쪽에 있다. 아빠와 엄마의 잔소리가 불합리하더라도 따지기 쉽지 않으며, 따진다고 하더라도 대부분 논쟁조차 이루어지지 않는 경우가 많다. 이 위계질서에 따르지 않고 반항하면 불이익만 돌아올 뿐이다.

부모들의 잔소리는 제도의 요구와 닮아 있다. 공부 열심히 해라, 술 마시고 담배 피우면 안 된다, 연애는 너무 이르다……. 이런 갖가지 잔소리는 사회가 청소년들을 통제하는 목소리와 크게 다르지 않다. 사회에 비판적인 입장을 지닌 부모들조차 정도의 차이는 있을지언정 자식을 대하는 태도만큼은 제도의 목소리를 따라하는 앵무새 같은 경우가 많다. 여기서 중요한 점은 이러한 시선의 가장 큰 피해자처럼 보이는 청소년들도 이미 충분히 이 시선을 내면회하고 실아간나는 사실이다.

우리는 시선의 인정을 반기 위혜 기꺼이 노틱해왔다. 엄마 아빠 말을 잘 듣는 착한 어린이가 되려고 애썼고 꼬박꼬박 학교를 다니며 공부하는 척을 했다. 심지어 부모가 시키지 않아도 부모가 원하는 것을 알아서 잘하는 '주체'적인 아이가 되어보려고도 했다. 시선의 억압에서 벗어나고 그것으로 인한 불안과 갈등을 없애기 위한 가장 현실적인 방법은 시선을 내면화하는 것이기 때문이다. 한국사회에서는 특히 남들보다 번듯한 사람이 되어 경쟁사회에서 살아남아야 한다는 압박이 심하다. 부모는 자식에게 그 기준에 충족한 '번듯한 사람'으로 거듭나기를 강하게 바란다. 한국사회에서 청소년기를 보낸다는 것은, 그 무게를 버티는 일이다. 그러나 그렇게 번듯한 사람이 되기 위해서는 다른 사람들을 이기고 타인을 번듯하지 않게 만들어야 한다. 그 경쟁에서 살아남지 못하면 부모조차 자식을 외면하고 무시할 수도 있다. 남들이 정한 기준에 따라 살아야 하는 것도, 그렇게 살지 않는 것도 모두 괴로운 일이다.

시선의 대물림

남보다 나은 사람이 될 수 없다는 자각과 그로 인해 부모의 인정받을 수 없다는 실망감, 부모의 외면과 무시 때문에 받은 상처, 부모에 대한 반감과 갈등을 진저리치게 겪는다 하더라도 그 시선에서 벗어나고 싶다거나 시선 자체를 적대하는 마음을 가지기는 쉽지 않다. 시선 바깥의 삶을 상상해본 적 없는 이들은 이미 자신의 일부가 된 시선을 돌아보지 않고 오히려 그 시선의 잣대를 타인에게 휘두르는 가해자가 된다. 가족 구성원의 정해진 역할 때문에 고통받은 청소년은 자기 부모가 왜 자신을 경제적으로 정서적으로 충분히 뒷받침해주지 못하는지 부모를 원망하기는 쉽지만, '부모는(혹은 자식은) 이러해야 한다.'는 이데올로기는 애초에 자신을 옥죄고 있고 부모 역시 오래전부터 벗어날 수 없었던 굴레라는 사실을 깨닫기는 어렵다. 그 논리에 의존해서는 누구도 고통스러운 속박에서 벗어날 수 없다는 것을, 결국은 실패한 가족에 머물게 할 뿐이라는 것을 알아차리기 어렵다. 지긋지긋한 가부장의 폭력에서 벗어나려고 가출한 일부 청소년이 '가출팸'을 만들고 유사 가부장이 되어 구성원들을 지배하려는 것도 이 논리에 갇혀 있기 때문이다.

우리는 자신을 있는 그대로 봐주지 않는 시선에 갇혀 산다. 그러나 엄마가 나를 있는 그대로 사랑해주지 않는다고 슬퍼하고 엄마 친구 아들과 비교하면 그 '엄친아'를 질투하고 엄마를 원망했을 망정, 그 속박과 고통의 근본적인 원인이 엄마와 내가 시선의 감옥 안에 갇혀 있기 때문이라는 것은 쉽게 알아채지 못한다. 마치 플라톤의 우화에 나오는 동굴의 수인들처럼 우리는 감옥에 갇힌 죄수이자 죄수의 감시자로 살아가고 있다. 가족제도가 감옥으로 설계되었다는 진실을 알지 못한 채 서로 사랑하고 다정해야 할 가족이 왜 서로에게 이렇게 모질게 구는 지, 그 대답을 각자의 태도에서 찾으려고 한다. 가족 구성원이 제 역할을 못해서, 부모가 이해해주지 않아서, 자식이 제멋대로 굴어서……. 가족을 바라보는 시선이 변하지 않는 한 이런 원망은 끊일 날이 없을 것이다. 가족에게 상처 입은 이들은 자기 가족을 혐오하고 공포스러워했던 것만큼이나 이상적인 가족을 동경한다. 그리고 자신은 그런 이상적인 가정을 만들 수 있으리라 생각한다. 그러나 가족을 바라보는 시선이 바뀌지 않는 이상, 기대만큼 이상적인 가정을 이루기는 힘들다. 자신이 부모에게 상처를 입었음에도 내면화한 시선으로 인해 여전히 감옥에 갇혀 있다면 말이다.

시선, 내 안에 자리 잡은 주권자

교육을 비롯한 미디어가 선전하는 이상적인 가족은 가족 바깥에서 가족을 강제하는 시선이며, 가족 안에서 주로 위계적으로 상위에 있는 부모가 자식에게 던지는 잔소리는 가족 안에서 가족을 강제하는 시선이다. 이 둘은 같은 시선이며, 같은 목소리로 청소년들을 강제한다. 청소년들은 분명히 이런 시선을 부담스러워하지만 시선에서 벗어나면 벗어나려 할수록 고통스러워진다. 이미 제도적 장치가 마련되어 있기 때문이다. 사람들은 청소년(학생)답지 못한 모든 일에 눈살을 찌푸린다. 청소년답지 못한 일을 하려면 어떤 어른도 만날 수 없는 곳을 찾아야 한다. 탈학교나 가출을 선택한다는 것만으로도 커다란 위기이다. 대안학교를 가도 명절이면 친척 어른들의 잔소리를 들어야 하는 것이 한국사회의 현실이다.

번듯한 어른이 되기 위해서 청소년은 지속적인 불안을 경험해야만 한다. 입시나 취업의 엄청난 압박에 못 이겨 흔들리고, 누군가는 스스로 목숨을 끊기도 한다. 그런데도 이 과정은 누구나 거쳐야 하는 보편적인 과정일 뿐이다. 번듯한 사람이 되고 싶다는 욕망을 지니고 살아가면 항상 불안할 수밖에 없지만, 또 그것만이 유일한 출구처럼 여겨진다. 그 욕망을 포기하지 않고 받아들이는 사람만이 자신을 삶의 주인공이라 생각하도록 만드는 것이 우리 안에 자리 잡은 시선의 힘이다. 누구나 번듯한 사람이 되기를 바라기에, 그래서 번듯한 사람을 동경하기에, 번듯한 사람이 아니어도 있는 그대로를 사랑해줄 사람은 이제 세상에 그리 흔하지 않다. 가족마저도, 아니 어쩌면 가족이니까 더더욱, 자식이 번듯해지기를 가장 원했던 만큼 가장 큰 상처를 줄 수 있다.

안정적인 시공간과 안정적인 관계

나는 시선의 폭력에 속수무책으로 당할 수밖에 없는 저소득층 가정의 청소년을 무수히 만나왔다. 못나면 못난 대로 서로 의지하며 살자는 이야기를 대부분 진지하게 듣지 않았나. 내가 너보다 더 잘난 사람이 될 거라는, 그보다 지금 내가 너보나야 낫다는 속절없는 버둥거림을 그들은 포기하지 않았다. 약자가 또 다른 약자를 발견하여 발아래에 둠으로써 자존감을 찾으려는 시도는 결국 강자들에게 유리할 뿐이라는 당연한 사실을 수도 없이 반복하여 이야기했지만 약자 사냥은 끝나지 않는다. 간혹 내 이야기를 귀담아듣고 자기 삶을 돌아보았던 이들도 있다. 그중 하나가 스물이 넘어 취직하고 난 후 어느 날 함께 술을 마시다 냉소를 머금고 말했다. 약자가 약자를 괴롭히는 게 약자들에게 불리하다는 게 무슨 말인지는 알겠지만, 직장생활을 하다 보면 그러지 않을 수가 없다고……. 그러지 않으면 윗사람은 무능하게 보고 아랫사람은 무시하게 된다고……. 어쩌면 애초에 내 이야기를 무시한 청소년들은 직관적으로 내 말의 한계를 알고 있었던 것은 아니었을까?

나는 청소년기까지 속해 있었던 혈연 가족에서 벗어난 이후 몇 가지 형태의 독특한 가족 형태를 경험했다. 그 경험들을 통해서 확인한 사실은 타인의 시선을 걷어내려는 노력만 있어도 집안에서 충분히 편안할 수 있다는 점이다. 10년 전 네 명의 가출 청소년들과 함께 살았을 때 나는 처음에 그들에게 좋은 아빠나 교사 노릇을 하려고 했다. 그러나 내가 아무리 애써도 그들에게 아빠나 교사는 그들을 통제하고 관리하는 존재였기에 그들은 내 눈치를 보며 자신을 숨겼고 나도 그들을 솔직히 대할 수 없었다. 잘못을 깨닫고 그들의 있는 그대로의 모습을 받아들이려 했을 때 무언가가 변하기 시작했다. 그들 중 누군가는 불안에 떨지 않고 살아보기는 처음이라고 고백했다. 모든 불안이 다 씻겨 나갔다는 의미는 아니었겠지만 그 순간 확실하게 알 수 있었다. 누군가의 불안을 덜어내기 위해서 가장 먼저 필요한 것은 감시와 통제가 아니라 있는 그대로 받아들여 주는 안정적인 공간이라는 것을……

내가 현재 활동하는 단체인 교육공동체 나다에는 두 명의 이십대 여성활동가가 있다. 청소년기부터 보아왔던 이들과 함께 활동하기 위해서 나다는 그들이 살 수 있는 공간을 사무실로 구하고 어렵사리 나다의 기존 활동가와 같은 수준의 급여를 보장해주었다. 가출 청소년들을 자주 만나고 함께 생활하고 자주 만나온 나를 비롯한 기존 활동가들은 그들이 안정적으로 활동하기 위한 기본 조건이 무엇인지 알기에 별다른 이견이 없었다. 우리는 허물과 실패까지도 함께 책임지고 신뢰하는 관계라는 믿음을 만들려고 애썼다. 처음엔 기존 활동가들이 새로운 활동가들을 기다리고 책임지는 시간이 필요했지만 얼마 지나지 않아 기존 활동가들이 거의 딸 또래인 활동가들에게 의지하고 위로받는 일이 잦아졌다. 약자가 시선의 지배에 휘둘리지 않고 자신의 이익에 관하여 목소리를 내려면, 그리고 무엇보다 함께 즐겁게 살아가려면 지속적이고 안정적인 관계가 바탕이 되어야 한다. 안정적인 공간과 안정적인 관계, 이 두 가지가 불안에서 벗어나 살아갈 에너지를 얻기 위해 가장 필요한 요소이다.

시선에서 벗어나기

근대에 설계된 현대의 가족제도에는 이미 불안이 내재되어 있었고, 이제 그 문제가 드러났다. 그 위기를 벗어나는 길은 내 안에 가족 안에 이 사회에 드리워진 시선을 걷어내는 것이다. 한 사회의 습속을 만드는 시선의 힘은 생각보다 강인하며 습속의 생명력 역시 끈질기지만, 가능하다면 이 시대를 사는 어느 가족이 시선의 지배에서 벗어나 서로에게 따뜻한 의지가 되기를 바란다. 최소한 자기 안의 시선만이라도 반성하고 거두어들일 수 있다면 가족 안에서 안정을 찾을 것이다. 이 글을 읽는 당신이 청소년이라면 위기의 가족이 다음 세대에는 사라지기를 바란다. 그러기 위해서 당신을 옭아매고 짓누르는 힘의 조각이 당신의 마음에도 남아 있다는 것을, 그 조각이 씨앗이 되어 당신의 자식을 감시하는 시선으로 뻗어갈 수도 있다는 것을 기억하라.

4부

임신 · 출산 · 피임 · 낙태

선언

16세, 남성

편의점에서 콘돔을 사려고 계산대에 올렸는데, 신분증을 달라고 하더라고요. 왜 콘돔을 사는데 신분증 검사를 하느냐고 물어보니까, "저희 가게에서는 미성년자에게 콘돔을 팔지 않습니다."라고 하더라고요. 콘돔은 법적으로도 19금이 아니에요. 그런데 많은 가게에서 19금인 줄 알고 있고, 그게 아니라는 걸 알더라도 청소년에게 팔기 싫어서 팔지 않는 것 같아요.

18세, 여성

연애하던 걸 처음 엄마한테 걸렸을 때, 집에서 쫓겨날 뻔했죠. 애들이 무슨 연애야! 덧붙이는 말씀. "내가 헤어지란다고 헤어질 네가 아니니 헤어지라고는 안하겠다만, 나쁜 짓 이상한 짓은 하지 마라. 절대로! 결혼도 하기 전에 그러면 나중에 너 결혼 못해!"하며 혼전순결을 강조하셨죠. 언젠간 담임도 "연애는 해도 되지만, 책임 못 질 일은 벌이면 안 되지 않겠니?"하며 순결을 강조하시더군요. 청소년의 이성연애는 참으로 험난합니다. 연애한다니까 축하해주기는커녕 무슨 인간들이 죄다 임신 걱정, 순결 걱정. 정말 화가 납니다. 차라리 동성연애라면 이런 소리는 안 들었을 텐데 싶기도 해요. 제일 짜증나는 건 남친은 이런 소리 안 듣는다는 거예요. 임신은 여자 혼자 합니까? 근데 왜 나만 닦달해요? 정말 웃기는 세상입니다. 나더러 뭘 어쩌라고!

2년 전 저는 임신을 했었어요. 저 임신한 걸 중요하게 생각했
긴 하지만, 제가 학생이라는 점과 우리가 법적으로 혼인한 상
태가 아니었던 점 때문에 다른 사람에게 임신 사실을 알리는
것이 망설여졌어요. 사회가 미성년자의 임신을 반항으로, 임신
한 청소년은 걸레쯤으로 여기기도 하고. 결국 고민하다 애인에
게 그 사실을 알리고, 애인 부모님을 만나서 이야기했는데 생
각보다 애인 부모님이 잘 대해주셨어요. 몸이 따뜻해야 한다며
차도 내어주시고, 제 부모님께도 말씀드리고 한번 다 같이 만
나자고도 해주시고요. 그쪽 부모님이 너무 편안하게 받아들여
주셔서 전 저희 부모님도 그럴 줄 알았어요. 그런데 부모님께
임신 사실을 말하자마자 온갖 욕과 폭력이 쏟아졌어요. 내쫓기
듯 집에서 나왔고 애인 집에서 생활했죠. 저희 부모님은 계속
낙태를 주장했고 애인의 부모님은 낳아서 키우게 하자고 주장
했어요. 그렇게 실랑이하다 결국 일단 아이를 낳고 보기로 협
의하고 집으로 돌아갔어요. 그런데 집으로 돌아가고 나서 엄마
가 굉장히 잘 대해주는 거예요. 방심하고 있었던 탓일까요. 엄
마가 준 수면제가 든 유자차를 마시고 잠이 들었죠. 제가 다시
깨어났을 땐 전 병원이었고, 아이는 이미 사라진 후였어요. 뽀
뽀라는 태명까지 붙였는데 말이죠. 그렇게 낙태를 당하고 나서
부모님과 싸웠고 다시 집을 나왔어요. 양가 부모님은 계속 싸
우셨고 전 밤마다 뽀뽀가 나오는 꿈을 꾸고 우울증에 시달렸어

요. 그것 때문에 제가 미쳤다는 소문이 동네에 퍼지면서 학교를 그만뒀어요. 부모님 얼굴만 보면 뽀뽀 생각이 나서 부모님과 멀리 떨어진 곳에 집을 구해 지금껏 혼자 살고 있어요. 아직 그 애인과는 헤어지지 않고 있어요. 일주일에 서너 번씩 연락하고 요즘은 주말마다 그가 나를 보러 내려오고 있거든요. 애인이 대학을 졸업하면 결혼하기로 했어요. 우리는 자주 미래에 관해 이야기를 주고받아요. 아직 아기 이야기는 하지 않지만. 언제쯤이면 아기 이야기를 아무렇지 않게 하고 아이를 가질 수 있을까요? 아마도 시간이 필요하겠지만 너무 오래 걸리지는 않았으면 좋겠네요.

18세, 여성

저는 섹스할 때 제대로 피임을 한 적이 없었습니다. 일단 늘 급했고, 남자친구가 콘돔을 끼는 것을 꺼려했거든요. 그냥 질 밖에 사정하면 되겠지 싶어 그 사람이 콘돔을 끼지 않아도 뭐라 하지 않았습니다. 그런데 예정일에 생리를 하지 않는 겁니다. 처음에는 그냥 늦어지는 거겠지 싶어 그냥 있었는데 예정일로부터 15일이 지났는데도 생리를 할 기미가 보이지 않았습니다. 순간 전에 했던 섹스들이 떠오르며 불안해지기 시작했습니다. 결국 친구에게 말했는데 친구가 언제 섹스했는지 예정일이 얼마나 지났는지 물어보더니, 혹시 모르니 임신테스트기를 사서 체크해보라고 했습니다. 학교가 끝나고 일부러 멀리 떨어진 약국에 가서 임신테스트기를 샀습니다. 다행히 임신은 아니었습니다. 아, 임신이 아니구나 싶어 친구에게 이야기했더니 그럼 조금 더 기다려보고 그래도 생리를 하지 않으면 병원에 한번 가보자고 했습니다. 그로부터 이틀 뒤 생리가 시작되었습니다. 그때의 안도감이란……. 그 불안하고 초조했던 시간이 지나고 정말 임신이 아니었다는 사실을 확인한 후 남자친구에게 이 이야기를 해줬습니다. 그리고 친구가 역설했던 콘돔 없는 섹스의 임신 가능성에 대해 설명했습니다. 그러자 남자친구도 순순히 콘돔을 끼겠다고 했습니다. 요즘은 꼬박꼬박 콘돔을 끼고 섹스합니다. 처음에는 그 사람도 저도 콘돔이 낯설었지만 적응하고 나니 편해지더라고요. 이 글을 보시는 분들, 섹스할 때 콘돔 꼭 끼고 하세요. 저는 다행히 임신이 아니었지만 혹시 임신은 아닐까 고민했던 그 순간은 정말 끔찍했습니다.

19세, 남성

어느 날 애인이 말했습니다. "자기야, 나 생리를 안 해." 그 말을 듣는 순간은 별 생각이 없었습니다. 저에게 생리란 단지 애인이 민감해지는 날, 또는 섹스를 못하는 날 정도였거든요. "그냥 늦어지는 거야?" 하고 물으니 버럭 화를 내더군요. "우리 저번에 섹스할 때 콘돔 안 꼈잖아!" 그러고 보니 저번 섹스 때 콘돔을 끼라는 애인에게 키스를 퍼부으며 정신없는 틈을 타 콘돔 없이 삽입했습니다. 그렇지만 저희는 콘돔 없이 섹스한 적도 많이 있고 질 내에 사정을 해도 바로 빼내 별다른 문제없이 지냈습니다. 다시 생각해보니 그때도 그랬던 것 같습니다. "하고 바로 빼냈잖아." 하고 말했더니 애인은 갑자기 울면서 그래도 임신 가능성이 있다며 임신이면 어떻게 하느냐고 소리쳤습니다. 그때까지만 해도 저는 "설마 임신이겠느냐, 그냥 늦어지는 거겠지." 하며 애인을 달래주고 임신테스트를 해보라고 하며 달래주었습니다. 주변에도 콘돔 없이 하는 사람들 많은데 임신한 경우는 많이 못 봤다고 하면서요. 그렇게 애인과 헤어지고 좀 짜증이 났습니다. 그거 좀 늦어지는 거 가지고 임신이라느니 내 탓이라느니 하는 것이 짜증이 났고 애인이 성급하단 생각이 들었거든요. 다음 날 아침, 정말 임신이라는 소리를 들었습니다. 그 순간 멍했습니다. 자다가 전화를 받았는데, "테스트기를 해봤는데 어떻게 하느냐? 진짜 임신한 것 같다."면서 울먹이더군요. 일단 자다 깨서 정신이 없었고 난생 처음 듣는 소리라 멍했습니다. 펑펑 우는 그녀를 달래고 주말에 같이 병원에 가보기로 했습니다. 정말 그때 인터넷을 뒤져서 임신테스트기의 정확성도 찾아보고 혹시 모를 사태에 대비해 낙태 방법도 알아보고 그랬습니다. 주말까지 저나 애인이나 지옥 같은 날을 보냈습니다. 수능이 몇 달 안 남아 그것도 그것대로 신경 쓰이는데 갑작스럽게 애인이 임신을 했다니요. 주말에 애인을 만나서 또 우는 걸 달래고 병원에 들어가 검진을 받았는데 다행히 임신은 아니었습니다. 그냥 생리불순이라고 했습니다. 임신테스트기는 가끔 그런 식으로 오류가 나기도 하다고 하더군요. 안심도 안심이었지만 깨진 진료비에 그동안의 마음고생이 생각 나 애인에게 울컥 화를 냈습니다. 결국 그 날 애인과 헤어졌죠. 나중에야 정신 차리고 생각해보니 그때 누구보다 힘들었을 사람이 그 사람인데 내가 너무 내 생각만 했구나, 하는 생각에 후회가 되었습니다. 애인을 정말 좋아했거든요. 정말 미안했다고 하며 다시 만나자고 했지만 한번 돌아선 마음을 돌리는게 여간 힘든 일이 아니었습니다. 사과도 하고 빌어도 보았는데 결국은 다시 만나지 못했죠. 그때 왜 그렇게 경솔했나 아직도 후회하고 있습니다.

17세, 여성

약국에 들어가서 임신테스트기를 달라고 한 적이 있어요. 혹시 몰라서 교복도 벗고 다른 옷으로 갈아입고 제가 사는 곳에서 지하철로 열 정거장 넘게 떨어져 있는 곳으로 갔죠. 그 약사 분은 저를 잠깐 위아래로 훑더니 선반 아래에서 한참 꿈지럭거리다가 검은 봉투에 넣은 테스트기를 주면서 작은 목소리로 아침 첫 소변으로 검사하라고 했어요. 얼른 돈을 건네고 약국을 빠져나와 걷는데 그 약사가 계속 저를 쳐다보는 것 같아 거의 뛰다시피 걸었어요. 그래도 테스트기를 사서 다행이라고 생각하면서. 그 약국에 들르기 전에 들렀던 약국에서는 "저기 혹시 나이가?" 하며 암묵적으로 절 내쫓았고 다른 약국에서는 아무 말도 없이 가만히 쳐다보기만 하더라고요. 팔지 않겠다는 뜻 같았어요. 임신테스트기를 사는 게 뭐가 그리 잘못된 일이기에 저는 눈치를 보고 내쫓기고 나이를 확인받아야 하는 걸까요? 임신테스트기, 그게 뭐라고 사람을 내쫓고 훑어보고 안 보이게 검은 봉지에 돌돌 싸서 줄까요? 임신테스트기를 사러 가도 그냥 감기약을 처방받는 것처럼 아무렇지 않게 꺼내주고 주의사항을 제대로 알려주고 그것을 주변 사람들도 이상하게 보지 않는 시대가 오면 좋겠어요.

17세, 여성

내가 처음 생리를 했을 때, 친척이 "우리 ○○ 다 컸네. 이제 시집만 가면 되겠다."고 했다. 그냥 슥 지나칠 수도 있었던 말인데 곱씹어 볼수록 왜 이리 불쾌하던지. 난 애 낳는 공장이 아닌데 왜 '생리-결혼-임신' 생산라인을 당연히 따를 것처럼 말할까? 생리하는 동안 몸이 아프고 불편해서도 싫지만 역시 제일 견디기 힘든 건 누군가 나를 '결혼, 임신, 출산을 위한 몸'으로 보는 것이다. 생리를 한다고 해서 결혼을 하는 게 내게는 당연한 수순이 아닌데, 왜 자기 마음대로 내 미래를 설계하지?

18세, 여성

수능이 끝난 2학기 말. 학교에서 여학생들에게 성교육을 했다. 학교에서 하는 성교육(성폭력 예방교육, 학교폭력 예방교육 등)에 일

말의 기대도 없는 나와 친구들은 강사가 주는 선물이나 챙기려고 열심히 듣는 척했다. 강사로 나온 산부인과 의사는 콘돔, 피임약, 간단한 시술 방법까지 꽤 자세히 알려줬다. 책임질 수 없는 일을 미연에 방지하려면 알아서 챙기란다. 여자애들만 교육받으러 와서 그런가? 전부 우리 여자들이 약을 먹거나 몸에 루프나 침을 삽입하는 방법만 알려줬다. 정관을 묶는 방법으로 남자가 수술 받으면 안 되냐고 물으니 남자들이 성기능에 문제가 생기는 게 아니냐는 반발을 심하게 해서 대부분 여자 쪽에서 방지해야 한다고 했다. 웃겨서 정말. 임신은 혼자 하나? 아무리 세상 좋아졌다고 하지만 화학약품은 몸의 리듬을 깨고 금속물질을 몸 안에 집어넣는다는데 몸에 좋을 리 없다. 비용도 엄청 들고. 그런데 왜 다 우리가 부담해야 하는 건지 도통 모르겠다. 산부인과 의사도 설명해주면서 고개를 절레절레 저었다. 말이 안 되어도 어쩔 수 없다고 하는 소리가 얼마나 슬프던지.

19세, 여성

열다섯 살 때였다. 남자와 처음 성관계를 가졌다. 준비된 성관계도 아니었고, 사실 내 입장에서는 성관계를 하려고 했던 것도 아니었다. 상대 남성은 콘돔을 착용하지 않았다. 집으로 돌아오는 길에 나는 아는 언니에게 전화를 해 조언을 구했다. 사후피임약을 먹으면 성관계 이후에도 피임 효과를 얻을 수 있다고 했다. 사후피임약에 대해 검색해보니 그 약을 사려면 병원 처방전이 필요하다고 했다. 나는 난생 처음으로 혼자 산부인과 문을 두드렸다. 어린 여자애가 혼자 산부인과를 온다고 이상하게 보는 시선이 느껴지는 것만 같았다. 접수대에 내 생년월일을 쓰고, 대기실에서 잠시 기다리다가 의사와 면담을 했다. 나는 미성년자에게 사후피임약을 처방해주지 않을까봐, 부모님 데려오라고 할까봐 걱정했다(사실 사후피임약은 나이 관계없이 살 수 있지만, 그땐 그걸 몰랐고 청소년도 살 수 있다는 걸 가르쳐주는 사람도 없었다). 그래서 나는 성폭력을 당했다고 의사에게 말했다. 일방적으로 당했다고, 내가 하고 싶어서 한 것도 아니라고 이야기하는데 나를 발랑 까진 이상한 애로 보진 않겠지, 사후피임약을 처방해줄 수밖에 없겠지 생각했다. 의사는 성폭력이라면 신고해야 한다고 말했고, 나는 신고할 수 없다고 말했다. 병원에서 처방전을 받는데 1만 원가량 들었고, 약국에서 사후피임약을 사는 데 또 1만 원가량 들었다. 내게는 매우 큰돈이었다. 기분 탓인지 그 약을 먹고 나니 배가 아팠다.

16세, 여성

자궁 외 임신. 제가 낙태를 할 수 있었던 이유입니다. 자주 만나던 사람에게 강간을 당해 임신이 되었습니다. 임신 사실을 알기까지 많은 우여곡절이 있었습니다. 그 사람이 처음 저를 강간한 날 그동안 지켜왔던 서로의 약속이 깨졌음을 느끼면서 동시에 더는 그 사람을 만나고 싶지 않다는, 만나지 말아야겠다는 생각이 들었습니다. 머리가 너무 복잡했고 정신이 없었습니다. 그로부터 3주가 지나고 서서히 정신이 들기도 하고 슬슬 걱정도 되어 임신테스트기를 샀습니다. 그 날 그 사람에게 두 번째 강간을 당했습니다. 사는 곳까지 찾아왔더라고요. 임신테스트기를 산 것을 나는 그 사람에게 '들켰'습니다. 그런데 그 사람은 미안해하거나 부끄러워하는 게 아니라 화를 냈습니다. "네가 뭔데 임신테스트기를 사냐!" 저는 아프고 무섭고 합의되지 않은 그 상황이 두려웠는데, 그 사람은 흥분했습니다. 화냄, 기쁨, 정복감, 소유욕 같은 감정이 뒤섞인 흥분이었죠. 임신테스트기에는 두 줄이 떴습니다. 첫 번째 강간에서 임신이 됐던 겁니다. 두 번째 강간에서는 감정적, 육체적 여파와 함께 낙태에 대한 고민이 찾아왔습니다.

'강간이면 낙태가 합법적이긴 한데, 그걸 증명해야 하면 어쩌지? 3주 전의 일인데, 증명하기 힘들고 시간도 오래 걸리지 않을까?' '낙태하려고 누구는 계단에서 굴렀다는데, 그건 너무 위험하잖아. 무섭고. 몸에도 안 좋을 텐데 어쩌지?' 이런저런 고민을 한 지 일주일도 안 되었을 때 하혈을 했습니다. 너무 놀라다음 날 바로 병원에 갔고 검사 후 자궁 외 임신이라는 이야기를 들었습니다. 자궁 외 임신에 대해 차근차근 친절하게 설명을 해주면서도 어쩌다 이렇게 됐냐고 묻지 않는 의사의 태도에 안도했습니다. '왜 하필 나에게만 이런 일이 생기는 걸까? 사정한 것은 그쪽인데 왜 아픈 건 다 내가 떠맡아야 돼?' 낙태를 앞

두고 이런 원망과 억울함이 섞인 복잡한 생각도 났습니다.

그래도 저는 소속되어 있던 청소년 센터에서의 지원으로 약값을 제외하고는 경제적 부담 없이 낙태할 수 있었습니다. 그런데 제가 센터에 낙태가 필요한 상황임을 알리기 위해서는 상담을 받아야 했습니다. 상담을 담당한 선생님이 성적으로 보수적인 성향을 보인다는 것을 알기 때문에 저는 그 사람들의 상식선에서 나의 강간 사실을 알리기 위해 고민했습니다. 상담 선생님은 "청소년과 성인이 섹스하면 무조건 성인이 성폭력 가해자."처럼 성폭력의 맥락을 고민하지 않은 말들을 내뱉었습니다. 제가 그 이상 요청하거나 의사를 비치지 "내가 너를 구해주겠다." "왜 신고하지 않느냐?"하며 동정과 연민으로 가득 찬 일방적인 말을 하기도 했습니다. 다행인지 불행인지 상담시간에는 이런 불편한 말을 듣기만 하면 되었습니다. 센터 내 다른 청소년 사이에서도 이런 불편함은 공유되고 있었습니다. 하지만 자신이 원하는 방식으로 말하고 싶은 만큼 말하거나 일방적인 훈계에 맞서다가는 추궁당하거나 지원받지 못할까 두려워 그렇게 못하는 게 현실입니다.

만일 낙태가 합법이라면 위험하게 계단에서 구른다거나 하는 방법으로 낙태를 시도하진 않을 것 같습니다. 그게 왜 불법인지 모르겠네요. 왜 비혼모의 임신이 비난의 대상이 되는지도 모르겠습니다. 또 임신을 했다면 정자 주인이 있을 텐데 사회는 그들보다는 여성을 훨씬 더 비난하는 것도 화가 납니다.

임신, 출산, 피임, 낙태……
우리가 겪은 이야기

—강민진

청소년의 임신, 출산, 낙태는 으레 '비행'이거나 '비극'으로 여겨진다. 청소년 미혼모의 문제는 '사회문제'라 없어져야 할 것으로 여겨지고, 학교 성교육도 청소년의 임신을 방지하기 위한 목적으로 진행되는 경우가 많다. 임신한 청소년에 대한 자퇴 권유(사실상의 퇴학 처분)가 공공연하게 일어나는 까닭은 그 존재가 다른 청소년에게 해악을 끼친다고 여겨지기 때문이다. 한편으로는 생명을 존중해야 하므로 낙태는 하지 말아야 한다는 것이 이 국가의 공식적인 입장이지만, 청소년이 임신하면 당연히 낙태해야 한다고 여기는 사회 분위기도 공존한다. 청소년이 임신을 하는 것은 중대한 실수이고 출산하면 인생이 망한다고 여기기 때문에 특히 부모 등 보호자는 낙태를 권유, 혹은 강요하기도 한다. 실제로 청소년 미혼모는 사회적 차별을 받고 복지 혜택도 거의 받지 못하기 때문에 청소년이 출산을 선택하기는 아주 어렵다. 낙태한 청소년에게도 사회는 낙인을 찍는다. 낙태한 여성에 대한 차별에 더해 청소년이 해서는 안 될 성관계를 했고 낙태까지 했다는 낙인이 덧씌워진다. 낙태한 청소년이 학교에서 따돌림당하고, 전학을 가는 일은 비일비재하다.

청소년의 임신, 출산, 낙태가 이토록 문제라고 여겨진다면 피임을 그만큼 강조해야겠지만, 국가와 학교, 어른의 얼굴을 한 사회는 청소년에게 성에 관한 한 '아무것도 하지 말라.'는 입장을 취한다. 섹스도, 연애도 하지 말고, 성에는 최대한 무관심할 것. 청소년의 임신을 예방하려면 학교 성교육시간에 실질적인 피임 교육을 해야 한다는 필요성이 계속 제기되지만, 성교육 강사가 실제 콘돔을 보여주는 성교육을 했다가는 교장과 학부모로부터 원성을 사는 것이 현실이다.

이 글은 여섯 명의 청소년기 경험을 담고 있다. 그중 다섯 명은 현재 19세 이하 청소년이고, 한 명은 현 이십대 초반으로 본인의 청소년기 경험을 증언했다. 이름은 모두 가명이다.

목적어 잃은 '하고 싶다'는 말들과 마주치는, 성민 씨 이야기

성민 씨(19세)는 현재 고등학교 3학년 남학생이다. 그는 한창 대학입시 준비로 바쁜 참이었는데, 시간을 내서 인터뷰에 나와

주었다. 그는 학교 친구들이 이야기하는 주요 화제는 '성'이라
고 했다.

학교에선 학생들끼리 주로 무슨 이야기를 하나요?

저는 남자중학교를 나왔는데, 친구들이 매일 야동 얘기를 했어
요. 야동은 주로 인터넷 포르노 사이트에서 보거나 웹하드 사이트에
서 다운받아 보거든요. 친구들끼리 사이트 주소라든지 웹하드 아이
디를 공유해서 보기도 하고, 괜찮은 야동을 보면 '품번(야동 번호)'
을 공유하기도 하더라고요. 자위 이야기도 많이 하는데요, 일상적으
로 "나 어제 했다."라든가 "어제 했냐?" 하고 말하는 식이에요. 남자
교사들도 남학생들에게 "시험기간에 자위하느라 힘 빼지 말고 공부
해라." 같은 말들을 했어요. 하지만 중학교 때는 막상 직접 성관계를
한 친구들은 주변에 없었어요. 다들 하고 싶어 했지만 할 상대가 없
기도 했고, 중학생인데 그런 걸 하기에는 너무 어리다는 인식이 있
기도 했고.

고등학교에서는 어땠어요? 중학교 때랑 비슷했나요?

고등학생이 되면 성경험의 필드가 넓어지니까, 주변에도 성관계
를 한 친구들이 생겼어요. 그래서 더 실제 경험 이야길 많이 하죠. 중
학교 땐 거의 야동 얘기나 자기 판타지 얘기를 했고. 근데 막상 성에
대해 더 이야길 많이 하는 애들은 안 해본 애들이에요. 아다(처녀, 동
정)를 나눈다거나 '했는지 안 했는지'에 관심이 많은 건 안 해본 애들

이죠. 여자친구 있는 애들은 여자친구와의 프라이버시니까 자제하기도 하고, 섹스하는 게 그렇게까지 특별한 일이라기보다는 일상적인 일이니까 군이 이야기하지 않는 거 같기도 한데, 안 해본 애들은 섹스가 미지의 영역이니까 더 신비화하는 거 같아요.

주변의 남성청소년이 성에 대해서 하는 주요 고민이 무엇인 것 같나요?

목적어 없는 '하고 싶다.'는 거, 그게 제일 큰 고민이죠. 여자친구가 없는 애들은 상대방이 없어서 못 하고, 여자친구가 있는 경우엔 내가 하고 싶은데 여자가 안 해준다고, 안 대준다고 고민하고. 남자애들끼리 여자친구 얘길 하면 진도 얘길 첫 번째로 많이 하는데 누구는 키스까지 했고, 누구는 가슴을 만졌고, 애무를 했고, '떡을 쳤다.'는 이야기를 해요. 성적인 주제로 남자애들끼리 얘기하면 여자친구랑 어디까지 해봤냐 물어보니까. 소위 '진도' 많이 나간 애들은 어떻게 잘 수 있을까 고민을 하는데, 진도의 종착지는 섹스잖아요. 청소년인데 해도 되나 하는 이야기도 하긴 하는데, 대부분 청소년이어도 자긴 할 거라고들 해요. 또 다른 고민은 성기 크기인데, 누가 성기 크다고 하면 부러워해요. 그런데 대놓고 막 크기를 경쟁하지는 않아요. 크기로 분류당하면 기분 나빠하는 것 같아요. 막상 자기들은 여자들을 가슴 크기로 분류하면서도요.

섹스한다면 어디서 할지 같은 공간에 대한 고민은 안 하나요?

그 고민도 많이 해요. 여자친구가 있고 섹스에 대한 합의가 됐어도 청소년이기 때문에 섹스할 장소가 마땅치 않으니까. 모텔을 어떻게 들어갈 수 있을까 고민을 많이 하죠. 모텔은 못 가니까 룸카페에서 하는 경우도 있고, 둘 중 한 명 집이 비면 집에서 한다더라고요. 주변에서 이야기하는 거 들어봐도 맘 놓고 섹스할 장소가 청소년에게는 없어요. 룸카페 같은 데 가는 거 같은데 비위생적이고 그런 거 하라고 만든 장소도 아니잖아요. 문이 잠기는 것도 아니고. 완전 밀폐되지 않고 칸막이 쳐진 데는 청소년도 갈 수 있지만 문이 잠기고 프라이버시가 지켜지는 게 아니니까 불안할 수밖에 없죠.

그렇군요. 성민 씨는 성경험이 있나요?

지금은 애인이 없지만, 중학교 3학년 때 여자친구가 있었어요. 저도 흔히 말하는 연애의 패턴, 즉 진도를 밟으면서 연애했지만 섹스를 하지는 않았어요. 장소가 마땅치 않은 것도 있었고, 오래 사귀긴 해서 스킨십에 거부감은 없었는데 암묵적으로 섹스는 안 한다는 합의가 있었던 거 같아요. 밀폐된 데서 패팅(애무)하는 식의 접촉은 해도 삽입섹스를 하지는 않았어요. 굳이 말하지 않아도 거기까진 아닌 거 같다는 합의 같은 게 있었거든요. 여자친구는 청소년이니까 하지 않아야 된다고 생각했던 것 같고, 나도 상대가 싫으면 안 하지 그런 생각이었으니까. 그 뒤로는 연애한 적이 없고, 아직까지 성관계를 해본 적은 없어요.

주변에 남성청소년들이 성에 대해 하는 이야기랑, 여성청소년들이 하는 이야기에 차이가 있나요?

고등학교가 남녀공학이니까 남녀 학생들이 얘기하는 걸 살펴보면, 남자애들은 좀 더 자랑스럽게 성경험 얘길 하는데 여자애들은 내가 남자라서 이야길 안 하는 건지 별로 이야기하지 않는 거 같아요. 여자끼리 있을 땐 더 이야기할 테지만. 아무래도 남자의 성 경험은 자랑스럽게 여겨지지만 여자들은 숨겨야 되고 알려지면 불이익을 당하는 게 있으니 그런 것 같아요. 그런데 남자애들은 피임이나 임신 가능성은 그렇게까지 자기 일로 생각하는 것 같지는 않아요. 야동이 어땠다느니, 섹스하고 싶다느니 그런 이야기들은 많이 해도. 하지만 남성청소년들의 성 고민에 낙태, 임신, 피임 같은 개념이 들어선 자리는 별로 없어요. 야동 배우들은 꿰고 있어도 피임 지식은 없는 거죠. 성경험이 없는 경우는 피임이 현실적인 문제가 아니기 때문에 별로 생각하지 않는 것도 있지만, 남성 입장에서는 자신이 피임을 함께 책임져야 한다고 생각하지 않는 것 같아요. 섹스를 일회성으로 생각하고, 함께 합의하고 책임져야 할 일들이 뒤따를 수 있다는 걸 별로 생각하지 않는 거죠.

섹스했는데 임신이 됐을까 불안해하는 남성청소년은 주변에 없었나요?

최근에 친구가 섹스한 이야기를 하면서 그런 얘길 한 적이 있어요. 첫 경험을 한 것에 대해 자랑스러워하면서도 상대방 여자애가 다음 날 임신테스트기 두 줄이 나왔다면서 걱정하더라고요. 사귀던 사이가 아니고 친구들 여럿이 술을 먹다가 둘이 눈이 맞아서 잤는데 다음 날 연락하니까 임신테스트기에 두 줄이 나왔다고, "아마 콘돔도 꼈을 거야." 하고 저한테 말한 걸로 봐서 별로 피임에 신경 쓴 것 같지는 않았어요. 걔는 섹스한 다음 날 바로 임신테스트기 결과가 나오진 않는다는 것도 몰랐고, 자기가 잔 여자가 임신하면 자기가 책임을 져야 한다는 것도 잘 몰랐던 거겠죠.

그랬군요. 중학교는 남학교를 다녔고 고등학교는 공학을 다니고 있다고 하셨는데, 남학교랑 남녀공학이 분위기가 다른가요?

남중에서는 여학생이 없으니까 여성을 전혀 신경 쓰지도 않고 존중하지도 않는, 남성중심적인 이야기들을 많이 해요. 다 같은 남자들인데 뭐 어때 하는 분위기 속에서 음담패설도 많이 하고요. 일베에서 얘기하는 여성혐오적인 이야기들, 김치녀니 된장녀니 하면서 여자 품평하는 얘기도 여과 없이 하는 분위기였어요. 남녀공학에서는 여학생들도 있으니까 그런 여성혐오적인 이야기를 하면 까이고 반박당할 텐데, 남학교에선 그런 브레이크가 없이 이야기하는 분위기가 있죠. 남학교 여학교로 한쪽 성별만 모여 있는 건 교육상 좋지 않은 것 같아요.

학교에서 학생들의 연애에 대해서는 분위기가 어떤가요?

다른 학교들 보면 연애하는 학생들 벌점 주고 징계하고 하던데. 제가 다니는 고등학교는 혁신학교라서 그런 일은 없어요. 대놓고 지나치게 스킨십하지 말라는 분위기는 있지만요. 전학 간 학생들이 있었는데 낙태해서 전학 갔다는 소문이 돈 적이 있어요. 학교에서 프라이버시 보호를 제대로 안한 건지, 어떻게 소문이 났는지 모르겠지만 낙태했다는 소문 도니까 학생들은 문란하다, 더럽다 하면서 욕하는 분위기였어요.

성민 씨는 남성청소년들이 성에 대해 관심이 많고 이야기도 많이 하지만, 피임이나 임신, 낙태 문제 등에 실질적인 지식이 없고 여성들을 성적 대상화, 비하하는 경향에 문제의식을 느끼고 있었다. 남성의 성욕은 자연스럽게 여기고 여성의 성욕은 없는 것으로 간주하는 문화와 교육은 남성청소년과 여성청소년의 성에 대한 태도와 인식 차이를 만들어낸다.

성민 씨 이야기를 통해서 개선되어야 할 한국사회의 성문화 문제를 짚어볼 수 있었다. 성민 씨는 남자가 야동을 보지 않으면 이상한 취급을 당하는 반면에 여학생들의 성에 대한 대화는 금기시되는 분위기가 있다고 증언했다. 여성의 성에 대한 차별은 한국사회 전반의 여성 억압으로 이어지며, 성평등한 관계를 맺기 어렵게 한다. 두 번째로 청소년들에게 양질의 실질적인 성 지식이 보급되지 않는 문제가 있다. 성민 씨는 학교 성교육 시간에 피임을 하려면 콘돔을 끼거나 사전피임약을 먹으면 된다 하고 넘어갈 뿐, 구체적인 정보는 알려주지 않았다고 말했다. 사전피임약은 3주 동안 매일 먹어야 한다는 것은 알려주지 않는 등 성교육이 겉핥기식으로 진행되고 있다는 것이다. 청소년을 무성적인 존재로 간주하고 섹스는 해선 안 된다고 가르치는 것은 청소년이 성적으로 무지한 상태에 머물게끔 방치하는 것과 다름없다. 세 번째로 청소년의 임신과 낙태에 대한 낙인 문제가 있다. 임신하거나 낙태하면 반강제적으로 자퇴, 전학을 하게 되는 상황은 청소년이 임신하거나 낙태하면 처벌받아야 한다고 여겨지기 때문에 벌어진다. 임신한 청소년, 낙태한 청소년은 처벌이 아니라 지원이 필요하다. 청소년의 임신과 낙태에 대한 학교 안팎의 낙인은 사라져야 한다.

피임을 회피하는 상대 때문에 사후피임약을 복용했던, 수영 씨 이야기

수영 씨(19세)는 사후피임약을 먹었던 경험이 있고, 피임을 피하는 상대 때문에 곤란한 적이 있다고 했다. 수영 씨가 사는 동네에서 만나 이야기를 나누었다.

사후피임약은 어쩌다가 먹게 된 거예요?

제가 사귀었던 사람들이 둘 있는데 다 여자였거든요. 그냥 뭔가 한 번쯤은 남자랑 섹스를 해보고 싶다는 생각이 들었어요. 마침 아는 남자사람이랑 같이 술 먹다가 둘 다 보고 싶은 영화가 있어서 DVD방에 갔는데 상대방이 먼저 스킨십을 시작해서 모텔로 이동했고요. 그 사람은 콘돔을 갖고 다녀서 그 콘돔으로 피임을 했는데 사정한 뒤에 내 질 속에 콘돔은 남고 그 사람 페니스만 빠진 거예요. 그래서 제 질 속 콘돔 안에 있던 정액이 쏟아졌을 수도 있겠다 싶었어요. 그래서 일단 사후피임약을 먹어야겠다고 생각했는데 나는 청소년이고 의료기록을 부모가 볼지도 모른다는 생각이 들어서 병원 가기가 꺼려졌어요. 그래서 주변에 물어보니까 청소년이 오면 부모한테 연락하겠다고 꼬장 부리는 곳들도 있긴 한데 대부분 안 그런다고, 부모라고 해도 그렇게 함부로 의료기록을 조회하긴 어렵다고 해서 다음 날 아침에 병원 가서 사후피임약 처방받았어요. 3만 원쯤 들더라고요. 비보험으로.

그 사람이랑은 이후에도 관계를 이어나갔나요?

지금은 안 만나는데, 당시에는 꽤 자주 만났어요. 일주일에 두어 번씩 한 달 넘게 만났어요. 섹스파트너 같은 관계였죠. 저는 그 사람을 섹스파트너 이상으로 생각 안 했는데 그 사람은 저한테 사귀자고 하더라고요. 그런데 저한테 사귀자고 했을 때가 자기 애인이랑 정리가 제대로 안 됐을 때였는데, 자기 애인은 불쌍해서 만나는 거고 제가 좋으니 저랑도 만나고 싶다는 식으로 말을 하는 거예요. 그래서 연애 상대로는 못 믿을 놈이구나 싶었고, 그 사람이 점점 섹스할 때 구린 남자 특유의 마초성을 보이기에, 아 이 새끼는 아니구나 싶어서 연락을 끊었어요.

어떤 식의 `구린 남자 특유의 마초성`이었나요?

그 사람이랑 섹스하면서 사후피임약 먹은 건 두 번이에요. 첫 번째는 아까 말한 그때고, 두 번째는 마지막으로 그 사람이랑 섹스했을 때였는데요. 그 날 저는 다음 날 일찍 일정이 있어서 집에 들어가야 한다고 얘기했는데 계속 섹스하고 가자고 조르는 거예요. 그래서 모텔에 같이 갔는데 그 날따라 자기가 받으려고만 하고 저한테는 아무것도 안 해주려고 했어요. 그래서 나는 지금 봉사를 하러 온 게 아닌데 하는 생각을 하다가, 얘가 갑자기 아직 콘돔을 안 낀 상태에서 삽입을 하면서 "이래도 되지? 되잖아."하는 거예요. 그때도 어이가 없었는데, 아침에 일어나서도 걔가 또 하려고 하는데 콘돔이 다 떨어졌으니까 하지 말라고 했더니 그냥 배에 비비고만 있겠다고 하더라고요. 내 배에 비비고 있으면 저는 뭐가 좋겠어요, 자기 좋은 것만 생각하는 거죠. 배에 비비게 냅뒀더니 배에 사정을 하는 게 아니라 몸을 살짝 뒤로 빼서 사정을 하는 거예요. 그래서 제 성기 쪽에 정액이 튄 거죠. 제가 왜 그랬냐고 하니까 자기가 봤는데 질에는 정액이 안 튀었대요. 참 나. 불안해서 사후피임약 제가 사서 먹었어요. 첫 번째 먹었을 때는 비용을 절반씩 댔는데 두 번째 때는 연 끊으려고 그냥 제 돈으로 사서 먹었어요.

사후피임약 먹었을 때 말고도 임신했을까봐 불안했던 적이 있었나요?

네. 그래서 처음에는 콘돔을 끼더라도 사정할 때는 질 내에 하지 말고 빼고 하자고 제가 요구했어요. 그런데 상대방이 삽입했던 페니스를 빼고 나면 발기가 풀려서 사정을 못 하더라고요. 그래서 그냥 콘돔 끼고 질 안에서 사정했고요. 저는 계속 불안했고, 제가 불안하다고 여러 번 이야기도 했는데 딱히 그 사람은 공감하는 거 같지 않았어요.

남성이랑 연애하지 않은 이유가 있나요?

아홉 살 때 좋아하는 감정을 처음 느꼈는데 상대가 같은 반 여자애였어요. 주변에서 '사랑'에 대해 이야기들을 하는데 당시 제가 가진 상식으로는 여자가 여자를 좋아한다는 건 있을 수 없는 일이었거든요. 그런 얘길 들어본 적도 없었고. 그래서 나름 고민하다가 아마나는 사실 남자인데 여자로 몸이 잘못 태어났다보다 하는 결론을 내렸어요. 나중에는 그런 사람을 '트랜스젠더'라고 부른다는 걸 알게되었고. 한동안은 내가 남자라고 생각하다가, 나중에 '레즈비언'이라는 단어를 접했는데, 그때 나는 남자가 아니라 레즈비언이구나 하는 생각이 들었어요. 그 뒤로도 내 성별이 무엇일까 고민했는데, 지금은 그냥 내가 여자면 어떻고 남자면 어떤가, 그냥 나는 나다 하는 생각으로 살고 있어요. 저는 연애할 상대로는 여자가 좋고요, 남자랑은 만날 생각이 없어요. 아까 말씀드린 그 남자랑 몇 번 만나고 나니까 나한테 남자는 안 맞는 것 같다고 결론 내렸거든요. 주변 남자들을 봐도 기본적으로 이성애자 남자 중에서는 괜찮은 사람이 드문 것 같아요. 남자랑 섹스하면 피임 때문에 불안하기도 하고요. 혹시 제가 난관 수술을 하게 된다면 피임 걱정은 없어지겠지만요.

난관 수술을 할 생각이 있으신 거예요?

제가 딱히 남자를 만날 생각이 없으니까 굳이 할 필요는 없을 것 같아요. 공짜로 수술할 수 있으면 하겠지만요. 저는 자식을 가질 생각도 전혀 없거든요. 임신과 출산 과정이 굉장히 힘겨울 것 같고, 낳은 후에 양육을 책임질 자신도 없고 돈도 없고. 만약에 제가 낳은 자식이 나한테 양질의 삶을 요구한다든가 사고 싶은 게 있다든가 시간을 내 달라거나 그런 것들을 요구했을 때 제대로 들어줄 자신이 없어요. 얽매이고 싶지도 않고요. 저 같은 사람은 자식을 안 낳는 게 나아요.

수영 씨의 사례는 피임과 임신 고민을 하는 청소년이 모두 이성애자이거나, 확고한 '여성' 성별정체성을 가진 사람들만은 아니라는 것을 보여준다. 가부장적인 남자를 만나 피임 걱정을 하느니 임신 걱정 없는 여자와 연애하는 게 낫다고 말하는 수영 씨처럼 성 고정관념과 이성애중심주의에서 자유로운 여성 청소년들이 존재한다.

하지만 비교적 성 고정관념에서 자유로운 수영 씨도 피임을 회피하는 가부장적인 남성 때문에 곤란을 겪어야 했다. 수영 씨의 사례에서 우리는 나이를 불문하고 보통의 여성(으로 간주되는 사람)이 남성과의 성관계에서 겪는 불평등―피임에 대한 책임감의 불평등, 쾌락에 대한 불평등―을 읽어낼 수 있다.

십대 때부터 성매매 일을 해온, 지은 씨 이야기

지은 씨(22세)를 만났을 때 그녀는 여행 중이었다. 국내 여행 중이라 짐을 많이 들고 다니지는 않았고 배낭을 맨 단출한 차림이었다. 그녀는 조근조근 자신이 살아온 이야기를 들려주었다.

임신한 걸 알았을 땐 언제였어요?

열아홉 살 때였어요. 그땐 조건만남 업소에서 일을 하고 있었는데, 콘돔을 안 끼려 하는 손님들이 좀 있었어요. 차라리 내가 피임약을 먹는 게 낫겠다 싶어서 피임약도 챙겨 먹긴 했는데, 사전피임약은 매일 같은 시간에 먹어야 하잖아요? 근데 규칙적으로 챙겨 먹을 생활이 아니었어요. 일을 하다 보니 이렇게 살다가 언젠가 임신을 하겠구나 싶긴 했어요. 거의 매주 임신테스트기로 테스트를 했는데, 어느 날 임신테스트기에 두 줄이 뜨더라고요.

조건만남 업소에서는 어떻게 일을 하시게 된 거예요?

십대 때 돈이 필요했는데 용돈을 주고 하고 싶다는 남자들이 있었어요. 주변에 조건만남 일을 하는 친구들도 있었고. 당시에 가입되어 있던 인터넷 커뮤니티에서 남자들이 처음에 밥 사준다는 식으로 데이트처럼 시작해서, 남자 쪽에서 용돈을 준다고 제안하고 그렇게 시작하는 분위기였어요. 처음 조건한 사람은 나이가 좀 있었는데 그 사람은 사십대였고 저는 열일곱 살이었어요. 그때는 한 번 섹스할 때

30만 원쯤 받았어요. 나중에 오피(오피스텔) 일도 했는데, 오피는 오피스텔 방을 하나 주면 거기서 아가씨가 기다리고 있다가 손님을 받는 거예요. 한 번에 15만 원에 아가씨에게 떨어지는 건 8만 원밖에 안 됐으니 조건만남 때가 많이 받은 셈이죠.

조건만남을 계속 하게 되었던 이유는 무엇인가요?

그때 다닌 학원이 오후 10시에 끝났는데 알바를 할 시간이 없었어요. 식당 알바를 한 적이 있었는데 하루에 5만 원 정도 벌었어요. 거기 사장은 젊은 여자알바한테 자취하냐 물어보고 그렇다고 하면 성희롱을 하는 사람이었어요. 돈은 쥐뿔만큼 주는 주제에. 시간은 없는데 돈은 필요하니까 조건만남 쪽 일을 하게 됐죠. 조건만남 일이 저한테는 괜찮았어요. 하루에 네 명씩 받을 때도 있고 몇 달씩 아예 안 할 때도 있었고. 일하는 게 좀 자유로워요. 힘든 점은 나는 상대방을 손님으로 보는데 손님은 나를 애인 비슷하게 생각하고 이것저것 요구하는 게 많아질 때였어요. 완전 진상 손님이면 그냥 끊어버렸지만.

조건만남을 하다가 오피로 옮긴 건가요?

조건만남도 개인 조건으로 하는 거랑 조건 사무실 통해서 하는 게 있는데, 개인 조건은 스스로 랜덤채팅을 해서 손님을 구해서 만나서 하고 개인적으로 돈 받는 거예요. 조건 사무실은 남자실장들이 여자인 척하고 랜덤채팅해서 손님 구하면 아가씨를 보내는 거죠. 저는 개인 조건을 하다가 조건 사무실에서도 일하기도 하고, 노래방 도우

미도 했고, 열아홉 살에 수능 끝나고는 오피에서 일했어요.

십대 때 업소에서 신분증 검사 같은 건 안 했어요?

안 했어요. 그런데 요즘에는 단속이 심해져서 십대는 꺼린다더라고요. 최근에는 오피랑 립카페에서 일했고요. 립카페는 구강성교 해주는 업소예요.

열아홉 살 즈음에 노래방 도우미랑 조건만남 일을 할 때 임신했던 건가요?

네. 수능 끝나고 오피 시작했는데, 임신하고 나서 누구였는지 짐작 가는 사람은 몇 명 있었는데 정확히 누가 임신시켰는지는 몰랐어요. 정기적으로 오던 손님한테 "나 임신했는데 오빠 아인 거 같아." 했더니 누구 앤지 어떻게 아느냐면서 날뛰더라고요. 임신했을 때 솔직히 크게 놀라진 않았어요. 올 게 왔구나 하는 느낌. 주변에 낙태를 했던 친구가 있어서 병원을 소개받아서 갔어요. 초기에 임신한 걸 알게 되기도 했고, 병원도 소개받아서 간 거라 일사천리로 진행됐어요. 낙태했을 때가 2주째였어요. 서울에 있는 나름 큰 병원이었어요. 낙태해주는 병원이라 하면 막 허름하고 그럴 것 같지만 막상 가보니 그렇지는 않았어요. 중절하러 왔다고 하니까 병원 소개해준 친구를 보호자로 해서 30만 원 내고 바로 시술했어요. 법적 보호자를 요구하지는 않았고, 임신시킨 남자 주민번호 알려 달라기에 그때 사귀던 남자 주민등록번호를 알려줬어요.

시술 과정은 어땠나요?

마취해서 잘 기억은 안 나는데, 약을 얼마만큼 쓸지 알아야 하니까 체중 먼저 쟀고, 수술대에 눕는데 못 움직이게 손목에 고정 줄을 채우고. 열까지 세라고 했는데 일곱인지 여섯인지까지 세고 바로 잠든 것 같아요. 보호자로 있던 친구 말로는 끝나고 제가 스스로 침대까지 갔다고 하는데 저는 그런 기억은 없고 깨어나 보니 침대였어요. 깨서 좀 있다가 그 친구네 집에 갔어요. 친구네서 질 속에 넣어놨던 거즈를 빼는데 그때 좀 아팠어요.

시술이 고통스럽지는 않았어요?

저는 임신 초기에 낙태를 한 건데, 초기에 낙태를 할수록 몸에 덜 부담이 되거든요. 6개월 이상은 시술하기 힘들다더라고요. 후유증은 없었어요. 아는 한의사 분이 산후조리해야 한다고 약 지어주고 관리해주셨고. 심정적으로도 별로 힘들지는 않았어요. 낙태한 사람들 이야기를 듣고 싶어서 책도 찾아보고 했는데 보통 낙태한 여자들이 죄책감을 많이 느끼더라고요. 어차피 제가 임신을 지속하고 출산할 수 있는 상황이 아니기 때문에 저는 딱히 죄책감은 들지 않았어요. 수술 때문에 힘들긴 했지만. 그러고 나서는 더는 임신하면 안 되겠다는 생각이 들어서 루프라고 피임장치를 자궁에 삽입하는 시술을 받았어요. 그런데 루프시술을 하고 나니까 몸이 급격히 안 좋아지더니 병원에 입원까지 했어요. 골반염, 질염, 장염, 요도염이 다 겹쳤대요. 루프를 삽입하면 그렇게 염증이 생기는 부작용이 날 수 있다고 하더라고요. 결국 루프는 제거했어요.

성매매 일을 하기 전에도 성경험을 한 적 있나요?

인생에 첫 성경험은 성폭력이었어요. 초등학교 3학년 때부터 여러 번 당했는데 가해자가 누군지 기억이 안 나요. 나중에 성폭력 상담도 받고 했는데 제가 기억을 억누르고 있는 건지, 분명히 아는 사람이고 가족 중에 한 명인 것 같은데 아직 기억이 안 나요. 손가락 삽입 같은 걸 당했어요. 처음 자발적으로 섹스한 건 열여섯 살 때였는데, 그땐 섹스가 궁금해서 인터넷에서 만난 사람이랑 했어요. 첫 번째로 했을 때는 콘돔이 있어서 썼는데, 두 번째 만났을 때는 그 사람이 콘돔을 준비 안 해왔다고 해서 제가 사러 나갔는데 청소년이라고 안 팔더라고요. 섹스할 때 콘돔을 안 끼려고 별별 이야기를 다 하는 남자도 만나봤어요. 사정할 때 빼겠다, 믿어라, 한 번 해서 임신 안 한다, 내가 전에도 해봤는데 임신 안 하더라, 나는 정관수술을 했다 등등. 남자들이 그런 태도를 보이면 처음엔 개빡쳤는데 점점 익숙해져서 무덤덤해지더라고요.

앞으로 임신이나 출산 계획은 있나요?

절대 없어요. 돈도 없고, 앞으로도 돈 없을 거고. 싸지른다고 그게 생명 존중은 아닌 것 같아요. 새로 태어날 그 낯선 사람과 어떻게 관계를 맺을 수 있을지 잘 모르겠고. 가부장적인 집안 환경에서 자라서 제가 그런 걸 답습할지도 모르지만, 책임질 자신이 없어요.

성매매 일을 계속 하면서 생계를 유지할 계획인가요?

지금은 좀 고민하고 있는데, 젊을 때 벌 수 있을 때 벌어 놔야 한다는 생각도 들어요. 이 일을 하면 일주일에 100만 원도 벌거든요. 립카페에서 최고로 많이 번 날은 하루에 25명 받아서 52만 원도 벌어봤어요. 손님 한 명당 15분 씩 해서요. 많이 벌면 한 달에 500만 원도 벌어요. 그런데 성병 검사를 자주 해야 하니까 돈이 많이 들긴 하죠. 성병은 에이즈 말고는 다 걸려본 거 같아요. 콘돔 끼면 대부분 성병을 막을 수 있는데, 안 끼겠다는 손님들이 많으니까. 콘돔 거부하는 손님 있으면 그냥 안 해도 되긴 하는데 그럼 돈을 못 받으니까 웬만하면 좋게 말해서 콘돔 끼고 하거나 그래도 안 되면 콘돔 없이 하거나 하게 되죠. 일하면서 스트레스는 많이 받아요. 폭력적인 상황에 놓일 때도 많고. 실제로 손님한테 맞은 적도 여러 번 있어요.

개인 조건만남 할 때 한 번은 손님이 스토킹을 했어요. 자꾸 연락하고 만나려 해서 거절하니까 자동차로 납치해서 어떤 시골에 끌고 갔어요. 끌려가서 뺨을 막 때리기에 내가 미안하다고, 내가 대학을 다른 지역으로 가서 이제 못 만나 그렇게 얘기한 거라면서 빌었어요. 그렇게 겨우 겨우 빠져나왔어요. 그 뒤로 집도 옮겼어요. 오피 일을 할 때는 인터넷에 홍보하는 사진 찍는다고 실장이 엎드려 보래서 엎드렸더니 뒤에서 바로 삽입당한 적도 있어요. 이런 폭력을 당해도 신고하면 내가 폭력을 당한 피해자라기보다는 성매매 여성으로만 보일 것 같아서 신고도 못하죠.

낙태와 성매매는 불법이잖아요. 이것에 대해 어떻게 생각하세요?

가증스러워요. 낙태는 1970년대만 하더라도 피임법의 하나처럼, 하나만 낳고 잘 살자는 인구조절 정책으로 정부에서 권장하기도 했는데 이제 와서 인구가 감소하니까 생명 존중이라느니 하면서 단속하는 거잖아요. 결국 여자들만 불법으로 낙태시술을 받느라 힘들어지고. 낙태는 합법화되어야 해요. 성매매 종사자 처벌도 없어져야 한다고 생각해요. 먹고살기 힘든 사람들이 성매매를 하게 되는 거잖아요. 하지만 그것과는 별개로 저는 성매매 없는 세상이 오면 좋겠어요. 성매매는 남성의 권력을 강화하게 되는 것 같아요. 일하는 건 아가씨들인데 돈은 실장이나 브로커가 더 많이 가져가요. 자기 생명을 지킬 수 있는 최소한의 안전장치도 없고. 위험한 상황에서 핸드폰이라도 있어야 신고라도 할 텐데 폐쇄된 방에서 손님이 휴대폰 뺏으면 어떡할 거예요. 다른 일을 해도 산업재해로 죽을 수 있긴 하지만, 다른 일을 하다가 죽는 거랑 성매매하다가 살해당하는 거는 다르다고 생각해요. 성매매하다가 살해되는 여자들이 워낙 많기도 하고. 목숨을 걸고 하는 이런 일은, 내가 돈만 있다면 안 하면 좋겠죠. 물론 성매매하는 사람들도 생각이 다 다르고, 나름대로 자부심을 가지고 일하는 사람들도 있어서 제가 대표로 이야기하기는 어렵지만요.

낙태시술이 불법인 상황에서 출산할 여건이 되지 않는 여성들은 음성적인 경로를 통해 비싼 비용을 지불하고 안전이 보장되지 않는 시술을 할 수밖에 없다. 경제적 약자인 청소년의 경우에 낙태해야 하는 상황은 말 그대로 위기 상황이다.

지은 씨는 여성청소년으로서 낙태와 성매매를 경험했다. 지은 씨는 주변에 의지할 사람들이 있었기 때문에 낙태시술로 인한 정신적 후유증을 크게 겪지 않았으나, 낙태에 대한 낙인이 심한 한국사회에서 보통 낙태한 여성은 죄책감이나 좌절감 등 후유증으로 고통받는 경우가 잦다. 지은 씨는 성매매를 하며 여러 위험한 상황에 직면했는데, 성매매 종사자를 처벌하는 법 때문에 경찰의 도움도 받을 수 없었다고 증언했다. 성매매 종사자를 처벌하는 제도는 표면적으로 여성의 권익을 증진하기 위한 것처럼 보일 수 있으나, 막상 성매매를 할 수밖에 없는 여성들에게는 최소한의 안전장치를 박탈하는 결과나 다름없다.

자궁 외 임신으로 낙태를 하게 된, 윤주 씨 이야기

윤주 씨(18세)는 자궁 외 임신으로 낙태한 경험이 있는 청소년이었다. 아르바이트가 끝나고 인터뷰를 하러 온 그녀는 자신의 삶과 자궁 외 임신과 낙태 경험을 이야기해주었다.

자궁 외 임신 경험이 있다고 하셨는데, 어떻게 임신하게 되셨던 건가요?

작년에 애인 사이는 아니었는데 만나던 남자가 있었어요. 그 남자랑 성관계를 하게 됐는데 콘돔도 안 끼고, 제가 콘돔 끼워줘도 벗어던지고 하는 식으로 막무가내로 한 거예요. 콘돔 안 끼고 했으니 불안해서 3주 뒤에 임신테스트기로 테스트를 해봤어요. 두 줄이 뜨더라고요.

두 줄 뜬 거 보고 처음에 어땠어요?

엄청 당황스러웠지만, 처음엔 낳아서 키우겠다는 생각을 했어요. 그 남자랑은 애인 사이도 아니고, 섹스했을 때 기억도 나빠서 그 사람과 어떻게 함께해 보겠다는 생각은 없었고요. 그런데 어쩌다 그 사람이 제가 임신한 걸 알게 된 거예요. 왜 임신한 걸 얘기 안 했느냐고 저한테 화를 냈어요. 저는 당신이 그런 식으로 섹스한 건 성폭력이라고 말했고요. 그랬더니 그 사람 친구들한테서 이상한 문자가 많이 왔어요. 섹스 동영상이 있으니 유포하겠다는 협박 문자랑 '너 누구누구 정액받이라며?' 같은 문자들이 모르는 사람들한테서 막 왔어요.

경찰에 신고는 안 했어요?

제가 가출한 상태라서 신고하면 부모한테 알려질까봐 불안하기도 했고, 경찰을 별로 신뢰하지도 않아서 하지 않았어요. 경찰이 끼어들길 원하지도 않았고요. 그냥 잊어버리고 싶었어요.

상대 남자와의 관계도 그렇고 여러 가지로 어려운 상황이었을 텐데, 그럼에도 아이를 낳아서 키우겠다는 생각은 왜 들었던 것 같아요?

가족이 있으면 좋겠다고 생각했어요. 본가에 있는 가족은 제 가족이 아니라고 생각하거든요. 진짜 제 가족이 있으면 했어요. 임신테스트를 하고 그 하루는 그런 생각을 했어요. 그런데 임신한 걸 안 그 다음 날 피가 나와서 병원에 갔더니 자궁 외 임신이라고 하더라고요.

자궁 외 임신이라는 거 알았을 땐 어땠어요?

복잡했어요. 한편으로는 제가 가족을, 자식을 갖고 싶다는 생각을 했으니까 슬프기도 했고, 한편으로는 마음이 놓였죠. 임신하고 출산하게 될 경우에 생길 일들, 내가 책임져야 할 일들을 더는 걱정하지 않아도 되니까. 나는 지금도 돈 없어서 라면 먹고 있는데, 자식을 어떻게 키우겠어요. 머리 아플 일 없게 돼서 다행이다 싶었죠. 하지만 또 나는 가족을 앞으로도 못 가지게 되는 걸까 하는 슬픈 생각도 들었고……

나중에라도 자식을 낳아야겠다는 생각은 없나요?

글쎄요, 지금은 좀. 주변에 임신한 사람들 보면 너무 힘들어 보여요. 지금은 계획 없어요.

자궁 외 임신 후 낙태시술은 어떻게 받았나요?

자궁 외 임신을 하면 낙태되게 해주는 주사를 맞아요. 자궁 외 임신은 어차피 자연유산되는 거라서. 자궁 외 임신인 경우에는 낙태가 합법이에요. 주사를 세 번 정도 맞았어요.

주사 맞는 비용은 비싸지 않았나요? 어떻게 감당했어요?

제가 내지 않았어요. 돈이 없어서, 트위터에서 알던 중년 아저씨가 내줬어요. 주사 맞고 나면 섹스 한 번 하는 조건으로요.

그랬군요. 혹시 주사 맞고 나서 몸이 힘들거나 하는 건 없었나요?

몸이 힘든 건 없었는데. 상상임신 같은 걸 겪었어요. 상상임신은 임신하고 싶은데 못한 사람한테도 나타나고, 낙태를 하고 죄책감 때문에 나타날 수도 있다고 하더라고요. 정말 임신한 것 같았어요. 그때 젖도 나오고, 냄새에도 많이 민감해지고 그래서 담배도 확 줄였어요. 포도가 많이 먹고 싶었어요.

임신하고 중절하는 과정에서 가족들의 지원은 없었나요?

그때는 제가 가출했을 때라서 가족들은 제가 임신했던 거 모르고요. 원래 아빠가 술 먹고 저를 많이 때렸고, 엄마도 저를 때렸어요. 이웃사람들이 신고해서 경찰이 온 적도 있는데 경찰은 아빠가 자식 때린 거라니까 가정 훈육이라고만 여기고 그냥 가더라고요. 맞은 곳 사진으로 찍어서 경찰한테 보여줬는데도 엄마가 제가 특수분장을 한 거라고 거짓말하는 거예요. 경찰이 두어 번 정도 왔다갔는데 아무 해결도 안 됐어요. 그래서 집을 나왔고요, 여기저기 얹혀살다가 지금은 다시 집에 돌아간 상태예요. 이제는 별로 안 때려요.

윤주 씨는 피임을 회피한 상대 때문에 자궁 외 임신을 하게 되었다. 상대방은 윤주 씨에게 성폭력을 가했지만 윤주 씨는 가출한 상태에서 혹시나 경찰이 부모에게 자신의 위치와 상황을 알릴까봐 신고하지 못했다. 경찰이 가출청소년을 범죄자처럼 붙잡아 계도하는 역할을 하고 있기 때문에 범죄에 노출된 가출청소년이 경찰을 찾기 어렵다.

윤주 씨는 낙태 주사를 맞을 돈이 없어서 잘 모르는 아저씨와 섹스를 해야 했는데, 이 사례는 가출 청소년이 어떤 경제적 상황에 놓이는지 단적으로 보여준다. 보통 청소년은 부모의 경제적 계층에 종속된다고들 하지만, 부자의 자식이든 가난한 사람의 자식이든 실제로 자신의 결정에 따라 쓸 수 있는 돈, 부모에게 의존하지 않고도 누릴 수 있는 경제력이 '0'인 경우가 많다. 부모에의 경제적 종속은 가정 내 청소년의 위치를 취약하게 만들어 가정폭력, 아동학대와 같은 상황에서도 벗어나기 어렵게 하는 요인으로 작용한다.

임신 8개월째인 여성청소년, 민아 씨 이야기

민아 씨(18세)는 인터뷰 당시 임신 8개월째였다. 그녀는 임신을 하고 난 뒤 먹는 양이 많아져 돈이 많이 들어서 힘들다고 했다. 민아 씨가 식사를 하지 않았다고 했기에, 카페에 있는 메뉴 중 배가 부를만한 음식을 고르다 머핀을 사서 함께 먹으며 인터뷰했다.

처음 임신한 건 어떻게 알게 되었어요?

임신은 입덧을 해서 알게 됐어요. 크리스마스 전에 친구들이랑 술을 먹으려 했는데, 제가 원래 술을 잘 못 먹기도 하지만 이상하게 자꾸 구역질이 나는 거예요. 뭔가 좀 이상했죠. 다음 날은 집에서 불닭을 먹는데 그걸 토했어요. 느낌이 이상하니까 남자친구한테 임신테스트기를 사달라고 해서 테스트를 했는데 너무 진하게 두 줄이 떴어요. 크리스마스에 병원에 가서 진찰을 받았죠. 그때가 임신 3주째 되던 때였어요.

콘돔이나 피임 도구를 쓰지 않았나요?

콘돔이란 게 있다는 건 알았는데, 그걸 써야 된다는 생각은 못 했어요. 남자친구도 쓰자는 이야길 한 적이 없고요. 진짜 애가 생길 줄 몰랐어요. 남자친구랑 한 번도 콘돔을 써본 적이 없어요. 임신할 수도 있다는 걸 알긴 알았는데 설마 임신이 되겠어, 하고 생각했거든요. 중학교 성교육 때 피임을 어떻게 하는지 배운 적도 없어요.

지금 남자친구가 첫 상대였나요?

아뇨, 처음 성관계를 했던 때는 제가 중학교 3학년 때였어요. 그때 남자친구는 좀 어렸어요. 중학교 1학년이었거든요. 임신한 건 이번이 처음이었고요.

임신한 거 처음 알았을 때는 어떤 느낌이 들었어요?

이제 내 인생은 여기서 끝나나, 어떻게 해야 하나 싶었죠.

낙태 생각도 하셨어요?

아뇨, 낳아서 키울 생각만 했어요. 남자친구도 바로 키우자고 했어요. 남자친구도 혼란스러웠겠지만 내색은 안 했어요.

부모님은 어떤 반응이셨어요?

부모님은 안 본 지 3년 넘었어요. 그래서 지금 어떻게 사시는지 잘 몰라요. 친언니가 제 나이 때 임신했는데 집안이 뒤집어지고 난리가 났었거든요. 만약에 부모님이 제가 임신한 거 알면 낙태하라고 할 게 뻔하니까 아이 낳고 연락하려고 계획 중이에요.

친언니는 낙태하신 거예요?

아뇨, 친언니도 낳아서 키운다고 버텼어요. 언니는 고등학교를 자퇴하고 아기 키우고 있어요. 그래서 지금 조카가 있는데 언니가 이번 달에 남편이랑 이혼했어요.

부모님이랑 안 본 지 오래되셨는데, 그러면 지금은 어떻게 돈을 벌어서 지내시는 거예요?

십대여성지원센터라고, 가출한 애들 위험한 길로 빠지지 않게 해준다는 단체가 있는데 거기서 일하면 돈을 줘요. 거기서 일하고 지금은 남자친구랑 동거하고 있어요. 원래 엄마 아빠는 별거해서 따로 사시고, 저는 조부모님 집에서 살았는데 어렸을 때부터 가출도 잠깐씩 하면서 놀러 다녔거든요. 초등학교 때 문구점 같은 데서 물건도 훔치고 그래서 경찰서에서 연락하고 그랬어요. 조부모님은 동네 창피하다고, 중학교를 기숙학교로 보냈는데 중학교 졸업하고 나니까 집에 더는 들어오지 말라고 했어요. 그래서 처음에는 가출 청소년 쉼터에서 살다가 남자친구랑 같이 살고 싶어서 보증금 모아서 셋방을 얻었어요. 보증금 500만 원인데 남자친구는 30~40만 원 정도 보태줬고요.

학교는 지금 다니고 있나요?

그냥 이만하면 충분히 배운 것 같아서 고등학교는 안 갔어요.

부모님이랑은 어릴 때부터 별로 만난 적이 없는 거예요?

아빠는 새 부인이 있으니까 신경 안 써요. 엄마랑 법적으로 이혼은 안 했는데, 새 사람이 있거든요. 제가 알기로 세 번 정도 바뀐 것 같아요. 엄마는 제가 알기로 새 남편은 없는데 언니랑 같이 살아요.

그렇군요. 남자친구도 가출하신 거예요?

남자친구는 지금 스물한 살이에요. 남자친구가 열아홉 살이었을 때 아는 오빠로 지내다가 관계가 발전한 건데 가출했다기보다는 집에서 신경을 전혀 안 써서 어릴 때부터 자연스럽게 나와 살았대요.

남자친구 부모님도 임신한 거 모르고, 아이 낳고 연락하려고요.

두 분 다 나와 살면 형편이 넉넉하지 않아 병원비가 부담될 텐데, 어떻게 해결하고 있어요?

아기 장기 같은 거 자세히 보는 정밀 초음파검사나 기형아검사를 하면 매번 십만 원 내외가 드는데, 이때까진 40~50만 원 정도 들었어요. 지금 있는 십대여성지원센터 선생님에게 말했더니 '나는 봄'이라고 청소년 지원해주는 곳을 연결해주셨어요. 국민행복카드라는 게 있다는 거 알고는 있었는데 제가 기초수급자라서 돈이 나오니까 카드를 못 만든다고 하더라고요. 근데 제가 청소년이니까 기초수급자 돈이 저한테 오는 게 아니라 전에 같이 살던 조부모님에게 돈이 가거든요. 청소년 미혼모한테 지원되는 카드를 받으면 한 120만 원 정도 쓸 수 있대요. 병원비도 병원비지만 임신하고 먹는 게 많이 늘어서 식비가 너무 많이 나가요. 아기 용품도 사고 싶은 거 많은데…….

아이 낳고 나면 돈이 많이 들 텐데, 어떻게 생활비를 마련하실 계획이세요?

둘이서 모으고 있어요. 남자친구가 오토바이 배달하고. 그런데 남자친구가 군대에 갔다 와야 하니까, 군대 가면 저 혼자서 살 수 없잖아요. 그래서 시설을 좀 알아봤는데 애란원이라는 미혼모 시설이 있더라고요. 혼인신고하기 전에 미혼모 상태일 때 애란원 가서 애 낳고, 남자친구 군대 다녀올 때까지 살려고요. 거기서 아기 기저귀 값이랑 분유 값, 제 식사비랑 살 수 있는 공간 정도는 마련해준대요. 앞으로 경제적으로 힘들겠지만 그래도 잘 키워야죠.

그렇군요. 혹시 청소년 임산부로서, 사회에서 차별이나 부당한 대우를 당한 적이 있나요?

지하철 탈 때 이상하게 쳐다보죠. 어린 애가 배가 불러 있으니까 안 좋게 보고. 지하철 탈 때는 노약자석에 앉는데 할머니 할아버지들의 따가운 시선을 받아요. 병원 가서 간호사들도 좀 이상한 눈빛으로 보고요.

앞으로 아이를 어떻게 키우고 싶다거나, 어떤 엄마가 되어야겠다 하는 생각이 있나요?

애를 낳았으면 책임을 져야 하잖아요. 남자친구랑 이혼하게 되든 어쩌든 이 애는 내가 책임지고 싶어요. 저는 아이랑 많이 놀러 다닐 거예요. 아기 데리고 놀이동산도 가고. 저는 그런 경험이 없거든요. 조부모님이랑 동네 놀러 다니거나 혼자 놀거나 한 게 다예요. 태권도 학원도 보내고 수영장도 보내고 싶고, 잘 크면 좋겠어요. 저처럼 방황하고 옆에서 잡아주는 사람 없지 않게. 저는 누군가가 저를 잡아주기를 바랐는데.

어떻게 잡아주길 바랐나요?

집에 들어오라고 했으면 했어요. 조부모님은 제가 집 근처도 못

257

오게 해요. 근처도 오지 말라고 하고 욕하고 그러니까 못 가요. 이제 갈 생각도 안 나죠. 조부모님은 원래 잘해주셨거든요, 뭐 먹고 싶다 그러면 해주고 그랬는데…….

나중에 어떤 직업을 갖고 싶다는 생각이 있어요?

제가 원래 꿈이 동물원 사육사였어요. 코끼리 키우고 하는. 그런데 애 데리고 못 하잖아요. 요즘 십대여성지원센터에서 한지공예를 배우고 있는데 그걸 배워서 강사가 되고 싶어요.

혹시 주변에 다른 임신한 친구들도 있나요?

서너 명 정도 있어요. 시설에 사는 애도 있고 남편이랑 사는 애도 있고. 제 주변 애들은 집안 사정이 어려운 편이에요. 애 낳은 친구 중에 한 명은 남편이랑 트러블이 많아요. 근데 집도 남편 소유고 경제권도 다 남편한테 있어서 싸워도 못 나오고 애 때문에 계속 같이 사는 거예요. 아기를 데리고 나와도 부모님한테는 가면 쌍욕 먹을 테니 갈 수가 없으니까.

민아 씨의 사례는 모든 청소년이 부모에게서 경제적 부양을 받으며 살아간다는 통념을 반박한다. 조부모님과 살았던 민아 씨는 집에서 쫓겨난 후 남자친구와 함께 생활을 꾸려나가고 있으며, 원래 살던 가정에서는 민아 씨를 부양하기는커녕 민아 씨 명의로 나오는 기초생활수급액을 대신 받아갔다. 청소년을 부모나 조부모에게 종속된 존재로 간주하는 현 복지체계는 민아 씨와 같은 청소년이 마땅히 받아야 할 권리를 받지 못하게 한다.

민아 씨는 콘돔을 써본 적도 없고 콘돔을 써야 한다는 것도 잘 몰랐다고 말했는데, 이는 현재 한국의 학교 성교육이 실패했음을 증언하는 말이다. 실질적인 성교육을 하면 청소년들이 성에 눈을 뜰지도 모른다는 우려로 행해지는 겉핥기식 성교육은 계획된 임신을 하고 원하는 삶을 살 청소년들의 권리를 박탈하고 있다.

임신 8개월 차 여자친구와 함께
가족을 이루려고 준비하는, 지용 씨 이야기

지용 씨(18세)는 대안학교 겸 주거공동체인 공간에서 지내고 있었다. 지용 씨가 지내는 대안학교의 선생님을 통해 인연이 닿아 인터뷰를 할 수 있었다. 목공 일을 하다 왔다는 지용 씨와 한적한 카페에 앉아서 인터뷰했다.

여자친구 분이 임신했다고 들었어요. 처음 임신한 걸 알게 된 건 언제인가요?

이제 8개월째고, 다음 달에 출산할 예정이에요. 처음엔 임신한 줄 몰랐는데 여자친구가 생리를 계속 안 하는 것 같길래 제가 먼저 우리 아이 생겼냐고 물어봤어요. 여자친구한테 임신테스트기 사다주고 테스트하니까 두 줄이 떴고, 그때 알게 됐죠. 헛웃음이 나긴 했는데 뭐, 어떻게 책임질지 걱정은 돼도 포기할 생각은 안 났어요. 그때가 사귄지 180일 정도 된 때였어요. 처음부터 지금까지 둘 다 지우자는 말은 한 번도 해본 적 없어요.

원래 임신할 계획이나 생각이 있었던 건가요?

아뇨. 임신할 수 있다는 생각을 별로 안 했어요. 콘돔을 안 썼어요. 분위기 깰까봐요. 콘돔을 안 쓰기는 했지만 (가임기) 주기를 계산해서 하긴 했어요. 주기를 잘 계산해서 하고 있다고 생각했죠.

그랬군요. 혹시 임신에 대한 주변 반응은 어땠나요?

주변 어른들은 다 지우라고……. 여자친구 부모님은 저한테는 별 말씀 안 하셨는데 여자친구한테 욕을 했다고 들었어요. 저는 원래 조부모님이랑 살았는데 할아버지가 지우라고 말해서 그런 소리 하지 말라고 했어요. 초기에는 진짜 낙태하라는 말 많이 들었는데, 몇 달 지나고 아이가 많이 커서 지울 수 없게 되니까 이제는 그런 말은 안 해요.

임신한 동안 힘든 일은 없었나요?

낙태할 생각이 없는데 낙태하라는 말을 듣는 게 힘들었고요. 초기에는 별 고민은 없었는데 출산예정일이 다가올수록 혹시나 내가 나중에 여자친구한테 잘 못해줘서 관계가 틀어진다거나 그럴까봐 걱정이 돼요. 돈 문제도 그렇고, 앞으로 아이 키우면서 굉장히 많은 일이 있을 텐데……. 내가 일해서 돈을 잘 벌 수 있을까, 서로한테 화가 나서 다른 마음을 먹게 되지는 않을까 하는 걱정이 돼요. 또 하나 걱정되는 건, 여자친구가 골반이 작아서 자연분만이 안 될 수도 있대요. 그러면 수술해야 하니까 잘 버텨줘야 하는데. 다행히 아기는 건강하대요. 아기 건강은 걱정 없어요.

여자친구와의 관계는 어떤가요?

제가 여자친구한테 의존을 많이 해요. 전에 여자친구랑 2개월 정도 같이 살았는데 같이 살 때는 제가 화도 안 나고 피곤하지도 않은 거예요. 그런데 따로 살게 되니까 여자친구가 없으면 자꾸 아무것도 하고 싶지 않고 그랬어요. 여자친구가 저에게 힘이 많이 돼요. 저로서는 믿을 사람이 여자친구밖에 없어요. 제가 전에 무면허운전 등으로 소년원에 간 적이 있어요. 욱하는 성질 때문에 주먹질도 했고. 오토바이를 좋아하고, 달리는 걸 좋아해서 오토바이 훔쳐서 타기도 하고 그랬어요. 그렇게 방황했는데 여자친구가 그걸 고칠 수 있게 해줬어요. 제가 삐뚤어질 생각을 할 때마다 생각을 바꿔줬어요.

여자친구와의 관계에서 힘든 일은 아직까지 없었나요?

요새 여자친구가 저한테 돈 많이 쓴다고 잔소리를 많이 해요. 요즘은 돈을 많이 쓰는 편이 아닌데……. 가끔 놀고 싶을 때 돈 조금 챙겨서 피시방 가서 게임하고 놀거든요. 저는 저한테는 돈을 많이 안 쓰고 여자친구 만나면 먹고 싶은 거 먹여주고 하는 데만 좀 쓰고 그래요. 여자친구 임신하고 나서는 돈 아끼려고 술도 끊었어요. 담배는 못 끊었지만. 그렇게 많이 안 쓰려고 하는데도 제가 돈을 조금 쓰면 앞으로 절약해서 같이 아이를 키울 수 있을지 불안해지나 봐요. 여자친구가 먹고 싶어 하는 것도 많고 원하는 게 많은데 못해주니까…….

돈 문제로 힘든 일이 있었나요? 병원비라든지.

아기 상태 보려고 초음파 찍었을 때 3만 5천 원 들었고요, 그 후에는 국민행복카드라고 고운맘카드랑 맘편한카드 통합된 거 있는데, 그 카드를 만들었어요. 은행 가서 등본이랑 임신확인서 내니까 만들어주더라고요. 50만 원까지 지원해주니까 그 카드로 병원비 결제했어요. 출산하고 나서 2개월까지는 그 돈을 쓸 수 있대요. 여자친구가 지금 애란원에 있거든요. 거기서 일주일에 한 번 기본 진료는 해주고요.

병원비 외에 지출은 어떻게 하고 있나요? 살 곳은 마련이 되었나요?

제가 목공 일을 해서 일당을 당일 지급받거든요. 제가 (기초생활)수급자인데 통장으로 돈을 받으니까 수급을 끊어버리더라고요. 그래서 현금으로 받아요. 어떤 때는 정말 일도 손에 안 잡히고 일하기 싫을 때가 있어요. 집 밖에도 나가기 싫고. 그래도 돈을 벌어야 되니까 마음잡고 일하죠. 그래도 움직여야 돈이 조금이라도 들어오니까. 제가 수급자니까 제 명의로 받은 집이 있어요. 그런데 그 집에는 지금 할아버지 할머니, 형이 살고 있어요. 지난번에 할아버지한테 그랬어요. 자꾸 낙태하라는 말을 하실 거면 이 집 내 집이니까 나가시라고. 제가 그 집에 다음 달부터 여자친구랑 같이 들어가서 살 건데 형은 제가 들어가면 나가기로 했고 할아버지 할머니는 올해까지만 살고 나가기로 했어요. 아기 낳으면 여자친구랑 그 집에서 살 거예요.

어릴 때부터 조부모님이랑 형이랑 같이 사신 거죠? 가족들과의 관계는 어떤가요?

할머니는 저를 많이 아껴주셨어요. 할아버지는 서로 필요한 때만 찾는 사이랄까. 형이랑은 완전히 적대관계고요. 제가 형한테 많이 맞았어요. 저랑 형이랑 이복형젠데, 저희 엄마가 형을 때렸거든요. 그래서 형이 저를 많이 때린 거 같아요. 형의 엄마는 아빠랑 이혼했고 아빠가 제 엄마랑 재혼해서 저를 낳았거든요. 엄마는 제가 어렸을 때 집을 나가셨고 제가 초등학교 2학년 때쯤 돌아가셨는데, 엄마가 돌아가신 건 중학생 때 알았어요. 제 엄마가 형을 때렸고, 형은 자기가 제 엄마한테 맞았으니까 저한테 분풀이한 거죠. 그래서 제가 집을 별로 안 좋아했어요. 사촌들은 상관없는데 어른들 눈빛이 짜증나서 친척도 안 만나고. 중학교 때부터 2~3년 동안은 거의 집에 안 들어가고 떠돌아다니면서 살았어요. 그렇게 살다가 아는 선생님이 도와주셔서 여기 대안학교에 들어와서 같이 살게 됐어요.

이 대안학교는 학생들이 함께 살고 함께 배우는 형태죠?

네, 학교 공간 자체가 주택이에요. 학생은 다섯 명 있는데 한 명은 독립했고, 한 명은 친구랑 살고, 한 명은 집으로 돌아갔어요. 그래서 지금은 저랑 다른 한 명이서 살아요. 선생님 한 분 상주하고 뭐 배울 때는 가르쳐주는 선생님들 오시고요.

아까 여자친구 분은 애란원에 살고 계시다고 하셨는데, 어떻게 지내고 계세요?

여자친구가 애란원에 있고 저도 돈 벌어야 하고 하니까 요새는 일주일에 한 번 정도밖에 못 만나는데, 애란원에서 임산부들한테 청소를 시키더라고요. 일주일에 서너 번 주말에도 청소를 시켜요. 여자친구가 계단으로 3층까지 오르내리면서 청소하고 그러느라 고생을 많이 하고 있어요. 여자친구가 적응을 잘 못하는데도 하기 싫다는 말을 잘 못해요. 아파도 아프단 말을 잘 못하고. 안 그래도 힘든데 이번에 부회장을 맡게 되어서 할 일이 더 늘었대요. 어제 여자친구한테 화를 냈어요. 힘들다고, 못 한다고 왜 말을 못하고 있느냐고. 한번은 거기 제가 가서 따진 적도 있어요. 애란원 선생님들한테 애가 이렇게 골골거리는데 얼굴만 봐도 모르냐고요. 하얗게 질려가지고 감기 걸린 애를 청소를 시켜야겠느냐고. 임신하면 약도 못 먹잖아요. 제가 막말을 좀 했어요. 당신들이 애 뱄을 때 그러면 어쩌겠느냐고, 왜 막달인 애들까지 청소를 시키냐고. 그랬더니 저한테 죄송하다고 하긴 하더라고요.

그랬군요. 여자친구 분은 앞으로 삶을 어떻게 계획하고 계세요?

저는 검정고시 치더라도 여자친구는 꼭 고등학교 졸업하게 해주려고 하고 있어요. 여자친구가 원하는 고등학교 다닐 수 있게 제가 일을 하려고요. 여자친구는 아기 낳고 돈 벌 생각도 있는 것 같은데 학교에 다니면 좋겠어요.

그러면 본인은 앞으로 어떻게 삶을 계획하고 있나요?

저는 목공 일을 열심히 하면 될 것 같아요. 목공은 일반 노동이랑 다르게 제 실력에 따라 만드는 시간이 달라지니까. 하나 만들 때마다 5만 원 받는데 지금은 아침 아홉 시부터 오후 다섯 시 정도까지 해야 하나 만들거든요. 실력이 늘면 더 빨리 할 수 있게 돼요. 지금은 생활에는 지장이 없는 정도로는 버는데 돈이 모일 정도로는 못 벌어요.

두 분은 결혼하실 계획이세요?

아기 낳고 지금 할아버지 사는 집에서 같이 살기 시작하면 혼인신고를 하려고요. 결혼식도 지원해주긴 하던데. 여건이 되면 크게는 못 해도 결혼식도 하면 좋겠어요. 여자친구랑 평생 살고 싶어요, 저는.

자식을 어떻게 키우고 싶다 하는 계획도 있나요?

저는 집이 돈이 없으니까 예쁜 옷을 못 입어봤어요. 제 딸은 다른 애들 유행대로 입게 해주고 싶고, 다른 애들한테 밀리지 않게 해주고 싶어요. 저는 여자친구랑 있을 땐 여자친구 의견에 많이 따르는 편이라, 제 의사를 별로 드러내지 않고 고개만 끄덕이고 그래요. 내 자식이기도 하지만 여자친구 아이이기도 하니까 여자친구 의사대로 키우게 되지 않을까 싶어요. 제대로 된 집 구하고 생활도 어느 정도 하게 되면 한 명 더 낳고 싶긴 한데, 지금 딸이랑 나이 차이 얼마 안 나게 낳고 싶어요. 그런데 빠른 시일 내에 돈이 많이 모이진 않을 테니까 그건 어렵겠죠.

딸 이름은 지었어요?

지나요. 제 이름이랑 여자친구 이름 중에 한 글자씩 따서 지었어요.

지용 씨 커플은 출산한 후 결혼해서 아이를 함께 양육할 의지가 있는 커플이다. 하지만 청소년 커플, 부부를 위한 사회적 지원은 매우 부족하다. 청소년의 출산에 대한 지원은 그나마도 미혼모를 중심으로 이루어지고 있어 미혼인 상태를 유지해야 시설에 입소할 수 있는 등 제한이 많다. 청소년인 경우 혼인신고도 부모의 동의를 받아야 가능하기 때문에 결혼할 의지가 있는 청소년 커플도 가족으로서 제도적 인정을 받기 어렵다. 주거 문제를 비롯하여 사회적 지원이 뒷받침되지 못하면 청소년 커플이 아이를 함께 양육하면서 관계를 유지해나가는 데 난관을 겪는다. 청소년, 청년 부부에 대한 지원 부족은 젊은 부부의 높은 이혼율, 양육 포기 등으로 이어진다.

이처럼 낙태가 불법이면서도 취약계층에 대한 양육 지원은 부족하다. 낙태를 하려고 했으나 불법이라서, 돈이 없어서 하지 못한 여성청소년들은 출산을 하게 되고, 결국 아이를 입양 보내게 되는 경우가 많다. 정부는 출산율을 높여야 한다며 여러 시도를 하고 있지만 정부가 원하는 것은 성인 부부로 이루어진 '정상 가족'의 출산율을 높이는 것이라 '정상 가족' 범주에 들지 못하는 청소년 부모, 부부에게는 사회적 지원이 닿지 않는 문제가 있다.

성민 씨는 주변 남성청소년들이 무수히 많이 성을 생각하고 대화를 함에도 피임, 임신 및 출산, 낙태는 별로 고려하지 않고 그에 대한 지식도 없는 경향이 있음을 증언했다. 민아 씨와 지용 씨는 모두 콘돔 등의 피임기구를 써본 적도, 써야 한다고 생각한 적도 없다고 말했다. 지은 씨는 콘돔 착용을 거부하는 성 구매자를 자주 만났다고 증언했고, 윤주 씨 역시 피임을 거부하면서 폭력적으로 행동하는 남성 때문에 고통을 겪었다. 수영 씨 또한 콘돔 착용을 거부하는 상대 남성 때문에 사후피임약을 먹어야 했다. 인터뷰한 모든 사례에서 (특히 남성)청소년들은 피임을 하지 않았다.

피임에 대한 성평등한 지식과 실천은 비단 청소년뿐 아니라 비청소년에게도 부족하다. 공교육을 통해 사회 모든 구성원에게 삶에 필요한 지식을 제공하는 책임을 국가가 맡고 있는 만큼, 우리는 초중고등학교 성교육시간에 양질의 실질적인 성교육을 받을 권리가 있다. 어느 초등학교의 학부모들이 학교 성교육시간에 노골적인 성 지식을 학생들에게 가르쳤다고 시위하여 논란이 된 적이 있다. 그 학부모들이 든 피켓에는 '성적 의사결정권, 성적 행복추구권을 가르치는 성교육 OUT!'이라는 문구가 있었다. 인간이라면 누구나 배워야 할 당연한 권리를 학교에서 가르쳤다고 시위하는 부모들이 여전히 존재하는 것이 현실이다. 이제껏 순결만을 강조하고, 청소년의 성적 실천을 문제 행동으로 규정하며, 실질적인 정보는 제공하지 않는 겉핥기식 성교육은 청소년, 특히 남성청소년이 피임에 무지하고 무책임하게 행동하게 만든다.

이런 한국에서도 보통의 성교육과는 다른, 실질적이고 성평등한 성교육을 제공하려는 시도들은 여럿 있었다. '아하!서울시립청소년성문화센터' 등이 대표적으로, 피임에 대한 구체적이고 실질적인 정보를 제공하고, 여성의 성과 다양한 섹슈얼리티를 긍정하는 성교육을 해왔다. 학부모들이 시위했다고 앞에서 언급한 초등학교에서도 '아하'에서 성교육을 진행한 적이 있다.

하지만 여전히 한국 학교에서 주로 시행되는 성교육은 청소년의 성행동을 '예방'하고, 청소년 임신을 '방지'하고, 성폭력에 대한 주의를 주는 정도를 목표로 행해진다. 일부에서는 학생들에게 성교육의 일환이랍시고 수십 년 전 교육 그대로 '순결 서약'을 하게 하기도 한다.

임신, 출산, 낙태한 청소년에 대한 차별도 여전히 심각하다. 2010년 국가인권위원회는 임신한 청소년을 퇴학 조치하는 것은 인권침해라고 발표했으나, 임신했거나 낙태한(그에 책임 있는) 청소년을 강제로 전학시키고 자퇴 권고를 내리는 등 공식적, 비공식적 압력은 여전히 행사되고 있다. 임신한 청소년을 차별하는 학교를 법적으로 제재하지 않고, 임신한 청소년을 배려하지 않는 교육 시스템에서 청소년 임산부가 학습권을 침해받지 않기란 불가능하다.

미국 캘리포니아 주는 임신한 청소년에 대한 교육권 보장을 전면적으로 실시하고 있다. 캘리포니아 주는 임신 중이거나 출산했거나 결혼한 학생을 어떤 식으로든 차별해서는 안 됨을 제도적으로 명시하고 있으며, 학생이 수업을 들을 동안 아이를 돌봐주는 센터를 둔 학교도 있다. 단순히 임신한 학생을 학교에서 쫓아내지 못하도록 강제하는 것뿐 아니라, 임신을 이유로 학생을 회장선거나 졸업 무도회 등 학교 활동에 참여하지 못하도록 하는 행위를 제도적으로 금지하고 있으며, 학교에서 임신을 이유로 괴롭힘이나 낙인찍기가 일어나지 않게끔 학교에 의무를 부여한다. 또한 병원에 자주 방문해야 하는 임산부의 상황을 고려하여 결석 면제도 일반 학생들과 다르게 적용하는 등 임산부에게 필요한 배려를 하고 있으며(임신에 책임이 있는 남성 청소년도 산부인과를 방문할 때 결석 처리를 받지 않는다), 임신과 출산 때문에 결석하는 경우 보충수업을 받을 권리를 부여하고 있다. 양육 관련 교육 프로그램도 제공하지만, 이 수업을 들을지 여부는 학생 본인이 결정한다. 임신이나 출산에 관한 개인 사생활 정보를 학교에서 비밀을 유지해야 함은 물론이다.[1]

캘리포니아 주의 사례는 한국의 현실과 매우 다르다. 이 차이를 단지 문화적 차이로 간주하고 넘기지 말고, 모든 청소년이 교육받을 권리를 차별 없이 보장해야 하는 공교육의 원칙에 따라 한국이 어떻게 본받고 교육 시스템으로 정착시킬지 검토해야 한다.

한국사회에는 청소년을 위한다는 어른들이 많이 있지만 막상 청소년의 현실과 당사자의 목소리는 공론장으로 들어오지 못하고 있다. 이 글에 담긴 여섯 명의 목소리가 임신, 출산, 낙태, 피임과 관련하여 어려움을 겪고 있는 청소년의 삶을 개선하는 데 작은 밑거름이 되기를 바란다.

---

1 "Breaking Down Educational Barriers for California's Pregnant & Parenting Students", American Civil Liberties Union of Northen California, 2015.

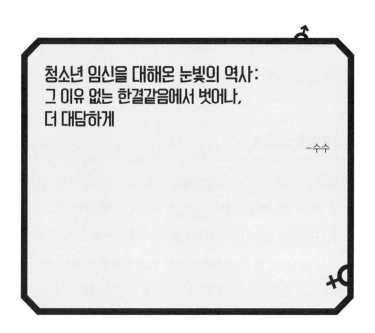

청소년 임신을 대해온 눈빛의 역사:
그 이유 없는 한결같음에서 벗어나,
더 대담하게

-수수

열여덟, 열일곱으로 보이는 한 아이가 약국에서 "임신테스트기 있어요?" 하고 물었다. 느긋해 보이려고 애쓰는 그 아이의 표정과 말씨와는 무관하게 약사는 살짝 미간을 찌푸리며 몇 초간 아이를 훑어보았다. 약사는 아이를 빤히 쳐다보다 고개를 돌려 판매대 바로 밑 보이지 않는 곳에서 초록색 긴 통을 꺼내서 약봉지에 깊숙이 넣어주었다. "아침 첫 소변으로 하세요." "네?" "아침 첫 소변으로 하세요." "아, 네. 안녕히 계세요." 봉지를 들고 지하철을 탔다. 옆자리 아저씨를 의식하지 않으려 애쓰면서 설명서를 꺼내 읽었다. '어린아이가 임테기를 사는 게 뭐 어때서?' 아이는 마음속으로 전투태세를 갖췄다. '이 아저씨가 날 까졌다고 생각하거나, 나에게 훈계를 시작하면 득달같이 달려

들어야지.' 하지만 이렇게 갖은 방어 작전을 꾀하고 있는 아이
는 자신의 모습이 어쩐지 좀 우스꽝스러웠다.

누구를 향한 눈빛인가

사람들은 저게 누구 이야기인지 궁금할 것이다. '열여덟, 일곱
으로 보인다는 얼굴을 한 사람은 실제로 십대였을까?' '임신테
스트기는 심부름용일까, 아니면 진짜 자기가 쓰려고 산 걸까?'
그렇다면 '쟤는 왜 임신테스트기가 필요했을까?' '아니, 어떻
게 섹스를 했길래?' '정말 발랑 까진, 위기의 십대라고들 하는
문란한 여고생인 걸까?' '아니면 혹시 성폭행 피해자인가?' 그
러나 내가 궁금한 건, 그리고 내가 이 글을 읽는 사람들이 궁금
해 해줬으면 하는 건 임신테스트기를 산 저 사람의 섹스 경험
이 아니라, 이야기의 주인공에게 문제의 물건을 판매한 약사와
옆자리 아저씨의 생각이다. '그는 왜 미간을 찌푸렸을까?' '몇
초간 고객의 얼굴을 빤히 쳐다봤다는 것은 아이가 괜히 그렇게
느낀 걸까, 아니면 저 약사는 정말 뭔가 다른 생각으로 그 아이
를 쳐다본 걸까?' '옆자리 아저씨는 아이가 임신테스트기를 들
고 있는 걸 봤을까? 무슨 생각을 했을까?'

　약사가 뭔가를 의도하고 주인공을 쳐다본 것이 아닐 수도 있
다. 아저씨는 임신테스트기를 들고 있는 어린아이가 옆에 앉아
있는 걸 보고 정말 아무 생각도 하지 않았을 수도 있다. 하지만

주인공은 굳이 주변 사람들이 자신을 어떻게 쳐다보았는지 길게 묘사했다. 주인공이 굳이 그렇게 묘사한 이유는 아마 이 글을 읽은 사람들이 약사와 아저씨의 눈빛이 왜 묘했는지 궁금해하지 않는다는 사실에서 비롯되었을 것이다. 누군가가 (여기선 이 글을 쓴 내가) "여러분, 약사와 아저씨의 눈빛을 궁금해 해주세요!" 하기 전까지, 사람들은 대부분 약사나 아저씨의 시선을 당연하게 여겼을 것이다. 저 어린아이는 왜 임신테스트기를 가지고 있었을까? 대체 어떤 아이길래? 임신테스기를 가진 십대의 사연을 궁금해하는, 캐물으려는 그 눈빛은 곧 약사와 아저씨의 눈빛과 같다. 아직 성숙하다는 인증을 받지 못한 청소년이 '임신'이라는 키워드와 연결되면 사람들의 눈빛은 빛난다.

잊을만하면 뉴스에 등장하는 '무서운 십대'나 '질풍노도의 청소년' 이야기에는 바람직하지 않은 성생활로 임신을 해 미혼모가 된 십대의 모습이 등장한다. 가출 청소녀들의 문란한 성생활과, 그로 인한 무책임한 출산, 그리고 낙태범죄에 관한 이야기도 심심찮게 등장한다. 청소년의 임신과 출산. 분명 자주 들은 말이다. 하지만 바람직한 학생, 가족, 시민으로서 이 말은 '정상적인 우리'와 멀리 떨어진 별세계의 이야기여야만 한다. '사람은 어떤 이유로도 차별받아선 안 된다.'는 너무도 당연한 말에 구체성을 조금 더했을 뿐인 '학생은 임신, 출산 등의 이유로 차별받지 않을 권리가 있다.'는 학생인권조례 조항이 굉장한 논란을 불러일으켰던 것 역시 마찬가지 이유 때문이다. 별

세계의 이야기여야 하는 청소년의 임신과 출산이 '정상적인' 사람들의 삶의 영역인 법조항 안으로 불쑥, 들어와 버렸기 때문이다.

문용린 전 서울교육감은 학생인권조례 '임신출산의 차별금지 조항'을 두고 이런 망언을 뱉었다. "임신을 피하라고 가르치는 것이 교육이지, 임신해도 차별받지 않는다고 가르쳐서 되겠느냐. …… 임신해도 차별받지 않는다고 가르치는 것은 교육이 아니다!"[1] 교육감까지 했다는 사람이 나서서 '특정 학생은 차별하라!'고 외치는 현실이라니. 이렇게 특정 대상을 보기 싫다며 경멸하는 태도는 임신한 청소년을 보이지 않게 만들 수는 있겠지만, 엄연히 존재하고 있는 것을 숨길 뿐이다. 그 차별의 눈빛 때문에 임신한 청소년들은 계속 숨어 지내야 하고, 결국 필요한 복지도 누리지 못한다.

눈빛은 어떻게 시대를 흘러왔는가

청소년의 성, 특히 임신과 출산을 '문제'로서 조명하기 시작한 것은 꽤나 최근의 일로 보인다. '청소년 임신' '십대 임신'이라는 키워드로 과거 신문 기사를 검색했을 때 1990년대에 들어 그 수가 압도적으로 높아진 것을 알 수 있다.

1   (http://www.ohmynews.com/NWS_Web/View/at_pg.aspx?CNTN_
     CD=A0001898559)

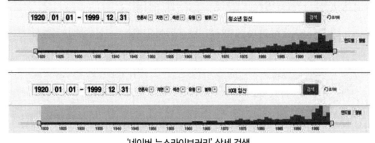

'네이버 뉴스라이브러리' 상세 검색.

이렇듯 해가 흐르면서 청소년의 임신과 출산에 대한 기사가 늘어난 까닭은 무엇 때문일까? 문용린 전 교육감을 비롯해 '꼰대질'로 우리 사회를 걱정하고 우려하는 많은 사람이 주장하듯, 과거에 비해 청소년의 성이 더 자유로워졌기 때문이다. 청소년과 임신이란 키워드로 1960년대의 기사를 검색하면, 한국이 아닌 미국과 호주 등 서구에서 십대의 임신 증가로 인해 골머리를 앓고 있다는 기사만이 검색된다. 한국 십대의 임신이 증가하고 있다는 우려의 목소리를 담은 기사는 1970년대에 들어서야 찾을 수 있다. 1973년 〈동아일보〉의 '늘어나는 십대 산모, 기독교양자회 통계'라는 기사에서는 "1972년 한 해 동안 상담에 응한 미혼모 380명 중 76명이 십대"라며 "차차 사회 문제로 등장하는 십대 산모를 줄이려면 우선 젊은이들이 자기 자각해야겠지만 그와 함께 각 가정에서는 자녀 교육에 더 깊은 관심을 가지라."는 예언성 조언을 던졌다. 기독교양자회의 예측대로 청소년의 임신과 미혼모 '문제'는 1980년도를 지나

1990년도가 되면서 더 자주 신문에 등장한다.

기독교양자회와 이 기사를 낸 〈동아일보〉는 '십대 산모는 곧 미혼모'라는 전제를 깔고 십대 임신의 문제점을 짚는다. 이런 태도는 2016년 현재도 크게 다르지 않다. 혼전 임신은 큰 문제로 여겨지는데, 십대의 임신 태반이 혼전 임신이기 때문이다. 그러나 흥미로운 점은 1970년대에 '문제'로 다뤄지는 청소년 임신은 지금 우리가 생각하는 '문제적' 청소년의 임신과 사뭇 다르다는 점이다. 1982년 〈경향신문〉은 '십대 산모 매년 증가 추세'라는 기사에서 1970년대 십대 임신에 관한 조금 더 구체적인 통계자료를 발표했다. 이 기사는 1974년부터 1978년까지 5년 동안 서울시의 네 개 종합병원에서 분만한 28,688명의 산모를 조사분석한 결과 1.3%인 385명이 십대 산모라고 발표했다. 이어 그 십대 산모의 직업은 "주한외국인의 동거인을 포함한 주부가 전체의 79.2%(305명)로 가장 많았고 이어 여사무원 4.7%, 무직 4.4%, 여공 2.3%, 학생 1.6%, 가정부 1.3%의 순"이라고 했다. 과반이 훨씬 넘는 임신한 십대 여성이 결혼한 상태였다는 것이다. 또한 십대 여성의 "영아의 출생 후 양육 문제에 대한 분석에서 원했던 임신은 74.5%"라고 했다.

십대 임신의 가장 큰 문제가 그들 대부분이 미혼모이기 때문이라는 당시의 통념은 여기서 사실이 아니었음이 드러난다. 십대 산모의 대다수가 가정을 꾸리고 있었음에도 사회는 십대의 임신 출산에 모진 편견의 시선을 보낸 것이다. 이렇듯 1982년

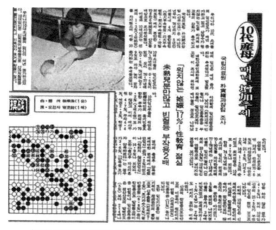

'십대 산모 매년 증가추세', 〈경향신문〉, 1982년 4월 3일.

도 〈경향신문〉 기사는 교묘하게 십대 임신이 나쁘다는 식으로 포장한다. 산모 직업에서 가장 많은 비율을 차지하는 "주한외국인의 동거인을 포함한 주부"라는 분류만 해도 그렇다. 해방 이후 미군과 연애하거나 성관계를 맺는, 더 나아가 함께 가정을 꾸리는 여성들은 '양공주'라는 이름으로 사회적 지탄을 받았다. 이 수치를 나눠서 발표했더라면 십대 산모의 출산을 문제시하는 기사의 논조를 충분히 뒷받침하지 못했을 것이다. 세간에서 비정상적이고 도적적으로 문제가 있다고 여기는 '주한외국인의 동거인' 개념을 정상 범주에 들어가는 주부와 함께 묶어서 통계 수치를 제시함으로써, 결혼을 한 십대 여성의 임신출산을 낙인찍으려 한 것은 아닌지 의심스럽다.

해당 기사의 부제는 '원치 않는 임신 17%, 성교육 절실. 미숙아 분만 많고 빈혈 등 부작용 두 배'이다. 거기다 어린 여성이 신생아를 향해 손을 뻗고 있는 사진 옆에는 "우리나라 십대소녀들의 임신이 매년 증가하고 있다. 십대 임신은 신체적 미성숙 등으로 산과적 합병증을 불러일으키거나 미숙아가 태어날 확률이 많다."는 설명글을 달았다. 사실 이 어린 여성이 신생아의 어머니인지는 확실하지도 않다. 십대 임신은 곧 사회적충격이자 공포라는 이미지 만들기의 일환인 것이다. 게다가 미숙아가 태어날 확률이 많다는 기사의 주장 역시 근거가 희박하다. 해당 기사는 "신체적 미성숙 등이 원인이 되어 산과적 합병증이나 미숙아가 정상분만보다 많은 것이 특징이었다. 즉 분만한 아기의 71.3%를 제외한 나머지 영아들의 몸무게가 3kg에 미달되었고, 전체 영아의 1.1%(4명)은 2kg에도 미치지 못하는 미숙아였다."라고 언급하는데, 2.5kg에서 4kg 사이가 정상체중아로 분류되기에 3kg에 미달한 영아들이 모두 저체중아라고 보기는 어렵다.

1970년대 기사는 십대 산모들을 미혼모와 동일시하며 그렇기에 곧 문제라고 말한다. 그 1970년대를 분석한 1980년대의 기사는 사실 1970년대의 산모 대다수가 미혼모가 아니었다는 사실을 밝혀준다. 그러나 동시에 임신한 십대가 미혼모이든 아니든, 어쨌든 문제라고 말하고 싶어한다. 사실 이는 21세기에 접어들어도 변하지 않는 시선이다.

1970~1980년대가 십대들에게 요구하는 성 윤리란 어떤 것

이었는지도 함께 살필 필요가 있다. 1982년, '십대 산모 매년 증가추세'라는 〈경향신문〉 기사가 게재된 같은 해 〈동아일보〉에서는 '오늘의 중고교생 이성교제'라는 제목으로 당시 중고교생의 73%가 연애를 해봤다는 내용을 전한다. "자기 요샌 말도 잘 안 하고 이상한 것 같아. 다른 애인 생긴 거 아냐?" "무슨 일이 있어도 나는 끝까지 자기를 좋아할 거야." 기자는 당시 청소년들의 이런 말을 싣고 "대학생들의 밀어가 아니다."라는 말을 덧붙인다. 1980년대의 이 기사는 "많은 십대가 건전한 의식 속에 학업에 열중하고 있으며 탈선은 그야말로 특별한 예외에 속한다."면서도, "건전한 교제를 위해서는 부모가 성 모럴에 솔선수범해야 하며 사회에 범람하는 문란한 성의 홍수를 철저하게 단속하는 것이 시급하다."는 한 고등학교 교감의 말을 강조한다. 인정할 수 있는 교제는 학업에 열중하는, 문란하지 않은 건전한 교제뿐이라는 것이다. 1975년도 〈경향신문〉은 성교육 칼럼을 연재했는데, 제목은 '사춘기의 순결교실'이다. 십대는 순결해야 하며, 순결이란 한 번도 섹스하지 않은 상태를 뜻한다. 십대는 성적 쾌락과는 떨어져 있어야 한다. 그러니 이 성 윤리에 따르면 학업에 종사하지 않고, 섹스해서 아이를 낳은 십대 청소년은 무조건 '문제'일 수밖에 없다. 기사들이 계속해서 십대의 임신에 대한 편견 섞인 시선을 답습하고, 그 편견을 전파하는 데에는 이러한 청소년의 순결에 대한 사회적인 강박이 담겨 있다.

'사춘기의 순결교실 8', 〈경향신문〉, 1975년 11월 27일.

　문제의 1982년도 〈경향신문〉 기사를 다시 뜯어보자. "'원했던 임신'은 74.5%였으나, '원하지 않았던 임신'은 16.9%나 되었다." "또한 '출산 후 자신이 혼자 양육하겠다.'는 경우가 3.6%, '양육을 포기하겠다.'가 0.3%, 응답을 하지 않은 경우가 4.8%나 되어 십대 임산부의 25.5%가 부정적 임신을 했던 것으로 나타났다." 25.5%가 부정적 임신을 했다고 하지만, 사실 이것은 과잉 해석이다. 출산 후 자신이 혼자 양육하겠다는 답을 '부정적 임신'이라고 단정할 수는 없기 때문이다. 양육은 꼭 아빠와 엄마, 두 사람이 같이 해야 성공적이라는 법도 없다. 마찬가지로, 응답하지 않은 4.8%를 '부정적 임신'이라고 단정 지을 수도 없다. 아이를 낳고 양육을 포기하겠다는 0.3% 수치 정도를 '부정적 임신'이라고 말할 수 있을 것이다. 그렇기에 이 기사에서는 십대 산모가 '문제'라고 말하지만, 왜 청소년의 임신이 문제인지 그 근거를 제대로 보여주지 않은 셈이다.

1982년도 〈경향신문〉에 게재된 전체 임산부 중 십대 산모가 1.3%라는 통계와 비교해보았을 때, 2000년 전체 임산부 중 십대의 비율은 8.3% 정도로 추정된다고 한다.[2] 그리고 청소년의 임신이 계속 증가하고 있는 현실은 '문제 사안'으로 받아들여진다. 청소년과 임신을 생각했을 때 흔히 불량학생과 가출 청소년들이 성에 대한 제대로 된 지식이 없는, 미혼 상태에서 원치 않는 임신을 하게 된다고 떠올리기 때문이다. 이는 1970년대부터 줄기차게 이어져온 생각이다. 1970년대 기독교양자회는 〈동아일보〉를 통해 이렇게 말했다. "정서적 불안상태에 있는 십대가 매스콤의 자극적인 프로나 서구의 성 개방 풍조를 접할 때 그들을 감싸주는 부모의 사랑이 없고 어른의 감독이 없는 순간을 틈타 일시적인 흥미를 찾는 세계에 빠져들고 급기야는 미혼모가 되거나 미혼모를 만들게 된다." 그 말에 따르면 청소년의 임신이 문제인 이유는 미성숙한 그들이 준비되지 않았기 때문이며, 그들의 임신은 한때의 불장난 같은 연애질로 덜컥 발생한 문제 상황이다. 게다가 임신하게 된 십대의 상당수는 결혼을 하지 않을 것이 분명하고, 소위 정상가족을 꾸리지 못할 것이기에 더욱 문제다.

---

2 '임상의사가 현장에서 인지하는 십대 임신현황 및 예방대책 연구', 청소년보호위원회, 2000, 10쪽.

일단 위의 이유들을 인정한다고 쳐보자. 그렇다면 저 '문제'들이 해결되면 십대의 임신도 아무 문제가 없는 걸까? 1980년대 〈경향신문〉 기사 속의 임신한 십대 여성은 과반이 이미 결혼해 가정을 꾸리고 있고, 아이를 직접 양육할 것이라고 답했다. 사회가 십대의 성이 위험하다고 외친 이유들을 모두 해결한 상태이다. 그럼에도 해당 기사는 십대의 임신은 위험하고 사회적 문제라면서, 산모와 영아의 건강에도 좋지 않다는 이유를 댄다. 그러나 다시 사실을 살펴보자. 해당 신문은 같은 기사에서 1974~1976년 전체 임신한 여성 중 70.6%가 열아홉 살이라고도 알려준다. 이십대 초반의 임신도 산모와 영아의 건강에 위험하다고 주장하지 않고서야, 열아홉 살의 임신이 문제시될 정도로 치명적인 해악이 있다고 말할 수는 없을 것이다. 또한 일반적인 성인 임산부와 같은 정도의 산전진찰을 받은 청소년 산모에서는 임신출산에 관련된 합병증이 높게 발생하지 않는다는 자료도 있다.[3] 그러니까 청소년 산모가 비청소년과 동일하게 제대로 된 안내와 진료만 받는다면, 십대의 임신과 출산엔 별다른 문제가 없을 것이다. 그렇다면 그토록 '만연'하고 '안정'되었던 십대의 임신은 왜 계속 좋지 않다는 눈빛을 받아왔을까?

확실히 낼 수 있는 결론 하나는 이러하다. 몇십 년 전부터 사

---

3 '임상의사가 현장에서 인지하는 십대 임신현황 및 예방대책 연구', 청소년보호위원회, 2000, 21쪽.

람들은 별 문제가 없는 십대의 임신조차 매우 문제시하고 있다. 십대의 임신이 딱히 실제적으로 사회적 물의나 파장을 일으키지 않고 있던 시기부터 청소년과 임신, 즉 섹스를 결부하는 것에 대한 사회의 눈빛은 한결같았던 것이다. 결혼도 해서 가정이 있는 십대들의 임신마저 문제적이라고 하는 1980년대 기사에 논리란 없다. 2016년에도 마찬가지다. 청소년은 미성숙하고, 결혼을 하지 않을 것이므로 그들의 임신이 위험하다는 건 그러니까, 자신의 차별 섞인 눈빛을 정당화하기 위한 빈약한 논리인 것이다.

오직 '어린 것들'에게만 적용되는 성의 결벽증

1990년대가 되어서는 성의 개방에 대해 찬성과 반대의 형태로, 신문기사들이 중립의 위치에서 여러 의견을 조망하려 노력한다. 1995년도에는 텔레비전 드라마 속 잦은 혼전성관계에 대한 세대별 시각차를 다루기도 하며, 24시간 콘돔무인판매기 등에 대한 찬반 논쟁을 싣기도 했다. '순결교육'이라는 차별적이고 억압적인 단어 대신 '성교육'이라는 말을 더 많이 쓰게 되었다. 이제 지면에는 학교 안에서 어떻게 실효성 있는 성교육을 할 것인지에 대한 많은 논의가 등장한다. 너무 자명하게 존재하고 있는 자유연애와 사람들의 성적 행동, 욕망을 더는 억압할 수 없다는 것을 깨달았기 때문일까? 1970~1980년대를 거슬러

1990년대로 올라가 성에 대한 기사늘의 미묘하게 바뀐 태도를 보고 있노라면 성의 개방이 믈깇에 성적보수주의의 흐름이 '이제는 어쩔 수 없다.'며 한풀 포기하는 것처럼 느껴지기도 한다.

그러나 성을 공론화하려는 1990년대의 기사를 찬찬히 훑어보면, 한 가지 공통점을 발견할 수 있다. 텔레비전 드라마 속 혼전성관계에 대한 세대별 시각차에서도, 24시간 콘돔무인판매기 논쟁에서도, 성교육 논쟁에서도 모두 '청소년'을 걸고넘어진다는 것이다. 1995년 12월, 고려대 의대의 생명수호대학생회는 콘돔 무인자판기 설치에 대해 "청소년들에게 어떤 성관계를 하든 임신이 안 되고 성병만 안 걸리면 된다는 부도덕한 사고를 심어줄 수 있다."며 반대 성명을 냈다. 드라마가 혼전성관계를 다루는 것에 반대하는 사람들은 "자꾸만 문란해져 가는 성문화와 청소년 성범죄 증가에는 방송드라마가 미치는 영향도 크므로 방송에서 '혼전관계'는 극히 자제되어야 한다."고 이야기한다. 해외의 성교육을 소개하는 기사에서는 또 이렇게 주장한다. "십대 청소년들의 '성적 불장난'을 막을 수 있는 가장 효과적인 방법은 피임법을 가르쳐주는 성교육이 아니라 절제의 중요성을 가르치는 금욕교육"이라고.

청소년이 마치 순수와 순결의 마지막 보루라도 되는 것처럼, 이만큼은 내어줄 수 있지만 결단코 청소년은 성의 세계에 발을 들이면 안 된다는 이 고집스러운 눈빛은 어디에서 시작된 것인지 그 기원은 제대로 알기 어렵다. '성'을 놓고 순수와 불결을 나누려는 태도도, 한번 성의 세계에 발을 들이면 걷잡을 수 없이 성에 탐닉하게 되리라는 어른들의 상상력도 너무나 돋보인다. 앞의 사례는 모두 1995년도의 신문기사에서 발췌한 내용이지만, 해가 흘러도 딱히 변하지 않는다. 1996년에는 '우리의 자녀는… 십대 "위기의 성" 집중조명'이라는 기획기사가 두 번에 걸쳐 실렸다. 1997년도에는 미국 클린턴 대통령이 "청소년 임신과의 전쟁"을 하겠다는 기사가 실렸다. 이것은 약 20년이 지난 지금도 크게 다르지 않다.

그래도 이제 적어도 청소년이 연애를 한다는 사실을 부정하지는 않는다. 초등학생들도 연애놀음을 한다며 비웃는 경우는 있지만, 여하간 어린 사람도 연애할 수 있는 존재로서 자리매김하는 데는 성공했다. 교과서에서도 '올바르게 하라.'는 조건을 붙이기는 하지만 이성교제를 가르친다. 그러나 청소년의 성적 행동을 바라보는 눈초리에 많은 변화가 일어난 듯하지는 않다. 과거의 '순결교육'에 대한 결의에 찬 논설문과 맥을 같이하는 '연애 금지 학칙'이나 '남녀 50cm 윤리거리' 등이 존재하는 실정이다. 사회가 인정하는 청소년의 '연애' 역시 성적 행동이 배제된 관계만을 뜻한다. 청소년과 임신, 섹스를 연상시킬 수밖에 없는 그 상황을 사회는 결벽증처럼 지워내려고 노력하고 있다.

예방과 방지를 외치는 목소리 이면엔

마치 1990년대의 기사에서 어쩔 수 없이 '성의 개방화'를 받아들이듯, 최근 십대의 임신, 출산과 미혼모에 대해 다루는 기사들도 '이미 일어난 일은 받아들이겠다.'는 논조를 보인다. 비록 청소년을 미성숙한 존재로 규정하고 보호의 대상으로만 보는 시각에서 비롯되기는 했지만 '임신과 출산으로 혼란스러울 아이들을 품어주자.'는 내용의 기사 빈도도 높아졌다. 이른바 보수언론에서도 청소년들의 임신을 방지하기 위해 올바른 피임법을 가르치는 등 제대로 된 성교육을 해야 한다는 목소리가 나온다. 하지만 찬찬히 생각해보면 알 수 있듯, 이 '받아들임'이 더는 청소년과 임신출산을 비정상적인 것으로 간주하지 않겠다는 의미는 아니다. 청소년의 임신과 출산을 말할 때는 언제나 그 예방과 방지를 위한 대책이 함께 논의될 뿐, 청소년의 임신을 지원하거나 보조하겠다는 논의는 없다. 이는 청소년과 임신, 섹스를 연상시키는 그 상황을 없애려는 막연한 노력일 뿐이다. 인간이라면 누려야 할 당연한 성적 권리를 청소년은 숨어서 몰래 찾아야 하고, 임신과 출산은 그저 비행을 저지른 개인이 져야 할 책임일 뿐이다.

성에 관한 토론회나 논쟁을 할 때마다 올바른 성교육이 필요하다는 대안만이 정답인 마냥 끝을 맺는다. 그리고 그 올바른 성교육은 의무교육 시스템 안에서, 청소년들을 대상으로 먼저 이루어져야 한다고들 말한다. 그러나 학교에서 가르치는 '올바른 성교육'에는 임신 과정 동안 몸의 변화에 어떻게 대처하면 좋을지, 출산 과정은 어떠한지, 출산하고 양육하려면 어떻게 해야 하고 어떤 도움을 받을 수 있는지에 대한 실질적인 내용은 없다. 예방과 방지만을 외치는 동안 임신과 출산을 경험한, 경험하고 있는 청소년들은 소외되고 있다. 현재의 성교육은 사실상 임신하고 출산하는 청소년을 '비정상적 존재'로 규정하고, 자연스럽고 세련되게 그들을 차별하는 셈이다.

어쩌면 그 문용린 전 교육감과 뜻을 함께 하는 사람들은 나의 말에 더 분기탱천하여 소리를 지를지도 모르겠다. "예방과 방지에 초점을 두지 말라니, 이것이야말로 청소년의 임신과 출산을 조장하려는 것이 아니냐!" 나는 그 질문에 고개를 끄덕이려고 한다. 임신한 청소년이 살기 어려운, 제대로 된 출산과 양육을 시도하기조차 힘든 상황이라는 것을 몰라서가 아니다. 청소년의 임신, 출산과 양육을 어렵게 하는 가장 큰 요소는 바로 청소년의 임신에 대한 차별적인 눈빛이기 때문이다. 처음 등장했던 이야기의 주인공이 아무 거리낌도 없이 당당하게 임신테스트기를 살 수 있고, 청소년이 산부인과에 갔을 때 임신 여부나 진료 내역을 부모에게 전화로 알리겠다는 협박을 듣지 않아도 되는, 그리고 그것이 협박이 아닐 수 있는 사회라면 청소년의 임신에는 큰 문제가 없을 것이다. 그 어떤 '묘한 눈빛'도 없는 사회에선 임신을 이유로 학업을 중단하지 않아도 되고, 사람들의 축복 속에서 더 많은 도움과 복지를 누릴 수 있을 것이다. 임신을 꼭 예방하고 방지해야만 할 이유도 사라질 것이다. 지금 청소년은 불합리한 차별적 시선 속에서 온전히 존재하지 못하고 있다. 그러니 청소년을 순수함이라는 억압된 틀 안에 가뒀던 그 한결같은 눈빛을 되돌아보고 이제 다른 시선을 보내자. 이 문턱을 넓히면 숨어 지내야 하는 청소년이 제대로 존재할 수 있게 될 것이다.

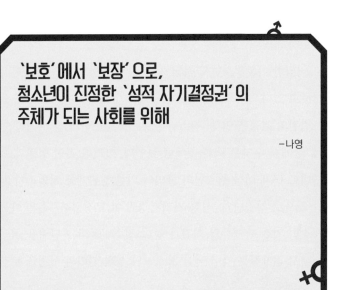

`보호'에서 `보장'으로,
청소년이 진정한 `성적 자기결정권'의
주체가 되는 사회를 위해

－나영

2014년 8월, 청소년의 성적 자기결정권에 대해서 상당한 논란을 일으킨 사건이 있었다. 어느 이십대 남성교사가 십대 여성청소년과 교제하면서 성관계도 한 사실이 밝혀져 여성청소년의 부모가 교사를 고소했으나 법원이 무혐의 처분을 내린 것이다. 법원은 이 여성이 당시 중학생이었다고는 하나, 법정에서 "선생님을 사랑했다."고 진술했고 현행법상 13세 이상의 청소년이 상호 합의하에 성관계를 맺었을 경우에는 처벌하지 않도록 규정하고 있기에 이를 처벌하면 청소년의 성적 자기결정권을 침해할 수 있다고 판결한 것이다.

반면 아동청소년 지원 단체들은 "중학생이라고 하더라도 성에 대한 판단력에서는 초등학생이나 중학생이나 크게 차이가 없으며, 성인 주도하에 성관계를 맺는 양상을 볼 때 정서적으로 취약한 아동청소년의 성적 자기 결정권이 성인에 의해 악용당하고 있다."는 의견을 밝혔다.

법원의 결정은 언뜻 '청소년 보호'와 '청소년의 성적 권리 인정' 중에서 후자를 택한 것처럼 보인다. 그러나 과연 법원의 생각대로 13세 이상 청소년의 합의에 의한 성관계를 처벌하지 않는 것으로 청소년의 '성적 자기결정권'이 보장될까? 혹은 아동청소년 지원 단체들의 의견과 같이 청소년들의 판단력을 취약하다고 전제하는 것이 과연 청소년의 성적 권리와 안전을 보장하는 길일까?

우선 '성적 자기결정권'의 정의부터 짚어보자. '성적 자기결정권'이란 통상적으로 '사회적 관행 또는 타인에 의해 강요받거나 지배받지 않으면서, 스스로 의지와 판단에 따라 자신의 성적 행동을 자율적이고 책임 있게 결정하고 선택할 권리'라고 정의된다. 따라서 어떠한 성별로 살아갈 것인지, 누구를 사랑할 것인지, 누구와 언제 어떻게 성관계를 할 것인지, 피임이나 임신, 임신중절에 대한 결정, 여러 성적 행위와 연관된 자신의 몸에 대한 결정 등이 모두 성적 자기결정권의 범위에 들어간다고 볼 수 있다. 이와 같은 정의에 따르면 모든 사람은 자신이 원하지 않는 성적 행위를 거부하고 반대할 권리를 지닌다. 또한 성소수자 차별, 임신중절을 한 여성 차별 등 사회적 관행이나 제도, 법 등이 개인의 성적 자기결정권과 부딪힐 때 개인은 공동체나 사회에 이의를 제기하고 권리를 보장해달라고 요구할 수 있다. 문화나 지역마다 다양한 상황이 있고 논쟁이 계속되고 있지만 오랜 역사에 걸쳐 논의한 결과 국제법적 인권 기준에서는 개인의 성적 자기결정권을 옹호하는 방향으로 개선되어왔다.

이런 기준에서 볼 때, 위에서 언급한 청소년의 성적 자기결정권에 대한 법원의 결정이나 아동청소년 지원 단체들의 입장은 모두 실제 청소년이 처한 현실적 조건과 권리를 충분히 고려하지 못한 듯하다. 우선 현행법에서 청소년을 어떻게 규정하고 있는지를 조금만 살펴보아도 현재 우리 사회의 청소년들에게 '성적 자기결정권'은 물론 스스로 무언가를 판단하고 결정할 권리 자체가 없다는 사실을 알 수 있다. 일례로 현행 '청소년 보호법'은 만 19세 미만의 청소년에게 술, 담배는 물론, 게임, 인터넷 콘텐츠, 영화, 잡지, 광고 등을 비롯한 일체의 미디어 콘텐츠 내용을 규제하고 있다. 피임약이나 콘돔을 자유롭게 사지도 못하며, 특정 단어가 포함되면 무조건 성인 인증을 요구하는 인터넷 환경상 제대로 된 성 지식이나 정보를 찾기도 어렵다. '성적 자기결정권'이 제대로 보장되고 스스로 이 권리를 행사하기 위해서는 관련 정보의 습득과 교육, 훈련 과정이 절실하지만 지금과 같은 환경에서는 청소년이 자신의 성적 행위나 관계, 권리에 관한 제대로 된 정보를 접하는 것조차 쉽지 않다. 게다가 부모나 교사, 주위 성인에게 정보나 도움을 요청하기도 어렵다. 그뿐만 아니라 십대 비혼 부모에 대한 사회적, 제도적 지원은 여전히 낮은 수준인데다가 낙태 역시 범죄다. 이러한 현실 때문에 2012년 11월에는 십대 여성청소년이 임신한 사실을 누구에게도 말하지 못하고 혼자 고민하다가 임신 23주 차가 되어서야 부모와 함께 인터넷을 보고 찾아간 병원에서 낙태시술 도중 사망하기도 했다. 그러나 같은 해 8월, 헌법재판소는 "여성의 자기결정권은 '사익'에 해당하므로 '태아의 생명권'이라는 '공익'에 비해 결코 중하다고 볼 수 없다."며 형법상의 낙태죄 관련 조항이 합헌이라는 결정을 내렸다. 이런 환경에서 과연 어떻게 청소년이 자신의 성적 자기결정권을 온전히 행사할 수 있을까?

남녀노소를 불문하고 모든 개인에게 성적 자기결정권이 보장되어야 함을 인권의 원칙에서 강조하는 까닭은 성적 자기결정권이 개인의 존엄을 침해하는 사회적, 개인적 폭력으로부터 안전할 권리를 보장하기 위한 기본 조건이기 때문이다. 그뿐만 아니라 성의 문제는 삶의 문제와 매우 밀접하게 연결되어 있다. 성적 자기결정권은 사회적 규정이나 언명만으로는 보장될 수 없다. 또한 개인의 사회적 조건과 위치, 상황에 따라 보호가 필요할 수도 있지만, 그때조차도 누군가가 '지켜주는 것'은 근본적인 답이 될 수가 없다. 성적 자기결정권을 스스로 온전히 행사하고 보장받으려면 무엇보다 개인이 관련된 정보를 제대로 얻고 판단력과 협상력을 키울 수 있어야 하며, 다양한 교육과 훈련을 통해 여러 상황에 직접 대응하면서 자신의 삶을 기획할 역량을 길러야 한다. 그리고 사회는 모든 개인에게 이 과정을 보장하도록 노력해야 하며, 성적 자기결정권을 침해하는 폭력과 차별, 낙인, 편견으로부터 안전한 환경을 만들어야 한다.

이제 우리도 형식적인 언명이나 제도적 규정, 보호의 차원을 넘어 청소년이 스스로 '성적 자기결정권'의 주체가 될 수 있는 사회적 조건과 과정을 마련해나가야 한다. 앞서 살펴본 것처럼 '성적 자기결정권'의 내용은 상당히 폭이 넓고 다양한 차원에서 검토해야 하지만, 이 글에서는 청소년의 임신과 출산, 임신 중절에 관한 현황과 방향을 중심으로 살펴보고, 이러한 고민을 더 오래 해왔던 해외 여러 나라의 사례를 검토해보겠다.

'몰래하기' 외에는 선택지가 없는 한국 청소년들의 현실

2013년 9월, 부산에서 한 중학생이 아파트 화장실에서 혼자 아이를 낳고, 두려움에 아이를 수차례 찌른 뒤 베란다로 던져 유기한 사건이 일어났다. 아이의 아버지는 열여덟 살 남성청소년이었다. 이 여성청소년은 임신 7개월이 가까워질 때까지도 임신 사실을 모르고 있었다고 한다. 당시 언론은 이 사건을 두고 영아 살해와 유기 사실에만 초점을 맞추어 이 학생을 비난하거나 '무너져가는 청소년 성의식'을 개탄하기 바빴다. 이 여성청소년이 피임을 할 수 있었더라면, 상대방과의 관계에서 적절한 요구를 하고 협상할 수 있고, 그래서 더 대등하고 안전한 관계를 맺을 수 있었더라면, 자신의 몸과 섹스, 임신에 대한 제대로 된 지식과 정보가 있었더라면, 임신 사실을 알았을 때 누군가와 상담할 수 있고, 자신의 미래와 태아의 미래를 고려하여 선택할 수 있었더라면, 주변의 누군가와 함께 고민하고 적절한 도움을 받을 수 있었더라면 과연 이런 최악의 상황까지 갔을까? 그러나 누구도 이러한 상황을 고려하지 않고, 그저 해당 여성청소년을 탓하기에 바빴다.

이 사건 이후 국회 여성가족위원회 인재근 의원실에서 발표한 자료에 따르면, 성경험이 있는 청소년 중 성관계를 처음 경험한 나이는 평균 15.1세(고교 1년)로, 조사 대상 가운데 7.5%는 첫 성관계를 초등학생일 때 했다고 답했다. 또한 여성가족부의 '2012년 청소년유해환경 접촉 종합실태'에 따르면 청소년 1만 5,170명 중 3.1%가 성관계를 경험했다. 질병관리본부 '2012년 전국청소년건강행태 조사'에서는 성경험이 있는 청소년 중 57.2%가 피임하지 않았다고 밝혀졌다. 그 결과 24.1%의 청소년이 원치 않는 임신을 경험했으며, 중학생은 고교생에 비해 성경험 수는 적었지만 임신 경험은 두 배에 달했다. 임신 경험이 있는 여학생 중 70~80%는 낙태해본 적이 있었다. 그러나 2012년 여성가족부의 비혼모 수용도 분석에 따르면 남학생 2,051명 중 900명(44%)이 비혼모를 '전혀 받아들일 수 없음' 의견을 표했으며, 여학생은 484명(26%)이 같은 입장이었다. 더구나 임신한 사실이 학교에 알려지면 대부분 자퇴를 권고받거나 퇴학 처분을 받게 되어 학교에서 공부를 계속할 수 없다.

이 같은 조사 결과는 청소년들이 어른들의 기대만큼 성에 대해 마냥 '순진'하지 않으며, 일찍부터 자신의 욕망과 감정을 있는 그대로 경험하고, 나름의 관계 맺기를 시도하고 있음을 알려준다. 상당수의 청소년들이 성관계를 하고 임신하여 출산하거나 낙태하고 있음에도 그들의 존재는 외부에 거의 드러나지 않는 것이다. 이런 현실이 오히려 청소년을 위험으로 몰아넣는다.

그러나 여전히 많은 학교에서는 피임 교육이 아닌 순결 교육을 하고 있다. 출산이나 낙태 장면을 적나라하게 보여줌으로써 공포를 조장하기도 한다. 청소년들은 미디어와 주변 일상에서 매일 다양한 성적 관계와 문화를 접하는데 눈 가리고 아웅하듯 일방적인 금지와 통제를 반복해서는 청소년들에게 하등 도움이 되지 않는다.

이렇게 청소년에게 임신과 출산, 낙태에 대한 부담감과 공포를 심어주면 그 책임에 대해 진지하게 고민하고 성찰하기보다는 일단 회피하게 된다. 앞서 보았던 자료에서 60%에 가까운 청소년들이 피임을 하지 않고, 임신 경험이 있는 여학생 중 70~80%가 낙태를 경험했음에도, 44%의 남성청소년들과 26%의 여성청소년들이 비혼모를 전혀 받아들일 수 없다는 결과가 이 현실을 그대로 반영하고 있다. 청소년들에게 필요한 사회적 조건과 권리가 보장되지 않는 사회에서 청소년들은 모순적으로 행동할 수밖에 없는 것이다.

십대 비혼부모들의 경우 이런 현실의 모순을 가장 생생하게 직면하고 있다. 십대 청소년 비혼모의 출산 및 양육 경험을 연구한 한 논문[1]에 따르면, 13세에서 19세 미혼모 174명을 조사한 결과 35.5%가 출산을 '혼자서 결정'한 것으로 나타났다. 임신한 많은 청소년이 고립된 상황에서 혼자 책임과 선택을 강요받는 상황에 놓여 있는 셈이다. 주목할만한 사실은 열악한 상황에도 십대 미혼모들이 임신출산 후에도 미혼부들과 관계를 유지하는 비율이 이삼십대 미혼모들에 비해 약 30% 가량으로 더 높다는 점이다. 그러나 미혼모의 부모 중 37% 이상이 임신중절을 권유하거나 입양을 권하며, 학교에서는 자퇴나 전학을 강요하는 등 압력을 행사한다. 십대 미혼모들의 낙태는 범죄라고 이야기하면서도 임신중절을 강요하거나, 임신한 학생은 무조건 학교 밖으로 내치려고만 하는 어른들의 모습에 심각한 모순과 배반감을 느낄 수밖에 없다.

이처럼 빠른 사회문화적 변화와 성적 규범 사이의 괴리, 사회적 통제나 교육 내용과 자기 현실 사이의 모순 속에서 괴로움을 비단 한국청소년들만 겪고 있지는 않다. 변화가 빨라질수록 과거의 규범과 현실 사이의 모순도 더욱 커지기에, 이런 고민을 더 일찍 시작했던 해외의 몇몇 나라에서는 청소년의 성적 자기

---

1 김혜영, 〈십대 청소년 미혼모의 출산 및 양육경험: 주체와 타자의 경계에서〉, 《한국여성학》 제26권 4호, 2010, pp.101~131.

결정권과 건강권을 보장하고 실질적으로 지원하기 위한 다양한 시도를 해왔다. 이 글에서는 대표적으로 독일과 스웨덴의 성교육 사례와 임신출산을 경험하는 십대 여성청소년을 위한 해외 여러 나라에서의 지원 사례를 살펴보고자 한다.

독일과 스웨덴:
솔직하고 실질적인 성교육, 관계에 주목하는 성교육

독일과 스웨덴의 경우 어렸을 때부터 모든 국민이 현실적이고 체계적인 성교육을 받을 수 있도록 다양한 사회적, 교육적 지원 구조를 마련하고 있다.

독일은 성교육 수업이 교과 과정에 포함되어 있고, 초등학교 때부터 남자와 여자의 신체 구조에 관해 상세히 배운다. 베를린에서는 지침에 따라 연간 6시간에서 10시간의 성교육 수업을 학교에서 의무적으로 실시하고 있으며, 고학년에게는 다양한 출신의 성교육 전담 강사가 학교에서 교육한다. 생식기를 포함한 신체의 자세한 구조와 변화는 물론 성적 지향, 파트너와의 관계, 피임, 임신, 성병, 산아제한 등 구체적인 내용을 모두 가르친다.

의사들도 학교 성교육에 참여한다. 의사들과 성교육 전문 강사들은 학생들이 모형을 놓고 직접 콘돔 등의 피임 도구를 실습해보도록 한다. 학생들은 초등학교 6학년 때부터 피임법을 배우며, 강사들은 포크와 나이프의 사용법을 이는 것처럼 모든 학생이 피임 도구의 사용법을 알아야 한다고 가르킨다. 중학생 (7~9학년)이 되면 비뇨기과, 산부인과 의사들을 강사로 초대해서 성관계에 대한 전문적인 지식을 교육하기도 한다.

독일의 성교육에서 특히 주목할 점은 생물학적인 지식이나 규범으로서만 성을 교육하는 것이 아니라 '관계'의 문제에 중점을 둔다는 점이다. 독일 청소년들은 교육을 통해 성관계를 정서적 관계이자 배려와 소통을 나누는 통합적 과정으로서 이해하게 된다. 또한 성을 자신의 삶의 문제로 받아들이고 다양한 관계에서의 소통 방법을 연습해보게 된다.[2]

독일 학생들은 이런 교육을 통해 자신의 몸과 욕구를 잘 이해하게 되고, 관계에서의 협상력과 책임감을 배우며, 다양한 위기 상황에서의 대처 능력도 키우게 된다. 특히 성을 부끄러운 것이나 숨겨야 할 것, 두려운 것으로 받아들이지 않도록 교육하기 때문에 피임 도구를 챙기거나 병원에 가는 일을 자연스럽게 여기게 되고, 스스로 건강을 챙길 수 있게 해준다는 점에서 매우 중요하다. 그리고 임신하거나 성폭력을 당했을 때 같은 위기 상황에 맞닥뜨렸을 때 혼자 고민하거나 어쩔 수 없는 선택을 강요받지 않고 부모나 교사, 성교육 전문 강사 및 상담사, 병원 등을 찾아 도움을 얻을 수 있다.

2   도기숙, 〈성적 수치심의 담론-한국 청소년과 독일 청소년의 성교육 비교를 중심으로〉, 《헤세연구》 제29집, 229~249쪽.

부모 교육이나 부모 모임도 매우 중요한 프로그램 중 하나다. 학교에서의 교육만이 아니라 가정이나 지역사회에서도 청소년들이 학교에서 자연스럽게 이해하고 행동하는 것들을 받아들이는 것이 중요하기 때문이다. 부모가 성에 대한 편향된 인식을 변화시키고, 제 역할을 할 수 있도록 학교는 부모들과 성교육 주제나 범위를 함께 정하고, 상담하거나 교육을 의뢰하기도 한다.

합법적인 낙태는 임신 12주까지 가능한데, 낙태하려면 정부 소속의 상담소를 찾아 의무적으로 상담을 받아야 한다. 상담소에서 낙태의 후유증에 관해 배우고, 출산 시 정부에서 제공하는 경제적 지원 등에 대한 자세한 설명을 듣고 3일간의 숙려 기간을 거쳐야 한다. 교육을 다 받은 이후에도 낙태시술을 원할 경우 지정된 병원을 안내받는다. 상담소의 직원들은 낙태 여부를 충분히 숙려할 수 있도록 상담하지만, 자신들은 정보를 제공할 뿐 임산부의 결정에 영향을 미쳐서는 안 된다는 점을 분명히 밝힌다. 결정은 임신한 여성의 몫인 것이다. 또한 임신 12주 이후에도 임신한 여성이 중대한 육체적 손상이나 곤경에서 벗어나려면 낙태시술을 받아야 한다고 의사가 판단한 경우에는 처벌하지 않도록 규정하고 있다.

스웨덴은 1944년부터 공립학교에서 성교육을 실시했고, 1956년부터는 7~15세에게 성교육을 의무적으로 해오고 있다. 지금은 탁아소에서부터 4~5세의 어린이들에게 남녀의 신체적

구조 차이를 가르치고, 학교에서는 신체적, 정신저, 사회적 발달에 관한 내용뿐만 아니라 건강한 삶을 위한 방식, 인간관계에서의 기술, 복지정책, 사회적 인식에 대한 비평 등을 체계적으로 교육한다. 이를 위해 교사 교육을 중시한다. 또한 콘돔도 누구나 언제든지 필요할 때 쉽게 사용하도록 하여 학생들은 무료로 배포하는 콘돔을 어디서든 구할 수 있으며, 중학교에서는 피임법을 구체적으로 배운다.

스웨덴의 성교육에서 특히 주목할 점은 성교육이 생물이나 보건 등의 특정 교과에 포함되어 있지 않고, 학제 간 융합 커리큘럼을 바탕으로 거의 모든 과목에 포함되어 있다는 점이다. 그렇기 때문에 앞에서 언급했던 성교육의 다양한 범주가 학교 교육과정에서 통합적으로 이해되고 있다.

독일과 마찬가지로 스웨덴에서도 성을 자연스러운 것으로 받아들이게 하면서, 성에 대한 자기결정권과 판단력을 키우는 데에 중점을 두므로 개인의 성별정체성이나 성적 지향, 표현으로 인해 누군가가 함부로 도덕적인 비난을 받거나 사회적 누명을 쓰지 않도록 교육하고 있다.

임신 및 출산을 경험하는 십대 청소년을 위한 사회적 지원

한편, 앞서 언급한 우리나라의 현실과 마찬가지로 임신이나 출산을 경험하는 십대 여성청소년들이 학교에서 학업을 이어가는 일은 해외 대부분 나라에서도 어려운 일이다. 많은 나라에서 학교의 이미지와 다른 학생들에게 미치는 영향, 성적 규범에 대한 통제에 미칠 영향 등을 우려하여 임신이나 출산을 한 여학생들을 학교 밖으로 밀어낸다. 그러나 근래에는 여러 나라에서 이러한 차별을 방지하기 위해 다양한 방법으로 노력하고 있다.

미국은 십대 비혼모를 위한 특별학급과 탁아시설을 운영하고 있으며, 임신 기간 중에도 학업을 지속할 수 있도록 의료서비스와 사회복지서비스를 제공한다. 영국은 16세 미만 비혼모의 교육 이수를 의무화하고, 아동보육 서비스를 통해 비혼모를 지원하고 있으며, 비혼모가 부모나 배우자와 함께 살 수 없을 때는 주택도 마련해준다. 독일의 경우에는 임신 및 출산으로 인해 학교를 다니기 어려운 경우 병결로 처리하거나 휴학으로 처리해주며, 비혼모를 위한 거주시설에서는 학교에 가 있는 동안 아동보육사가 아이를 돌봐준다.

이러한 여러 사례 가운데서도 특히 대만을 주목해볼 만하다. 대만은 2007년부터 '성평등 교육법'을 통해 교육부에서 학생 임산부를 대상으로 '출산휴가제'를 실시하고 있기 때문이다. 출산한 학생은 최장 2년의 육아휴가를 신청할 수 있고, 출산 및 육아휴가 기간은 결석으로 처리되지 않으며 성적은 휴가 후 재시험으로 대체할 수 있다. 사실 대만에서는 2005년에도 중고등학교에 임신한 학생을 위한 책상과 탁아소를 설치하려 했으나 일선 학교와 학부모의 반대로 좌절된 바 있다. 그럼에도 대만 교육부가 이와 같은 정책을 추진한 까닭은 한 해 3만 명에 가까운 비혼모가 생기고 있음에도 성에 대한 사회의 보수적 태도 때문에 학업을 중도에 포기하는 청소년이 많을 수밖에 없는 현실을 적극적으로 개선하고자 했기 때문이다. 이후 대만 정부는 학교가 반드시 임신한 학생을 도와주어야 한다고 법에 명시했으며, 이에 따라 임신한 학생이 다른 학생들과도 함께 지낼 수 있도록 교장은 담당교사를 정해 상담과 지원 체계를 의무적으로 마련하게 되었다. 또 학교에서 학생이 임신이나 출산, 낙태를 했다는 이유로 차별할 수 없도록 하고 있다.

호주에서는 '퀸즐랜드 마멜 주립 고등학교'에서 십대 비혼모들을 위한 '파워 프로그램'(POWER: Parents Overcoming Work and Education Restriction) 운영을 시작으로, 학교 시설에서 출산 전후로 수업을 듣지 못하는 비혼모가 교육을 받을 수 있도록 지원하고 있다. 특히 이 프로그램을 통해 교육을 제대로 받지 못하는 많은 호주 원주민 비혼모가 교육 지원을 받고 있으며, 시민사회와 연방정부에서도 다양한 기부금과 지원금, 교사 지원을 통해 이 프로그램을 뒷받침한다. 학교에는 보육원 시설을 갖추어 놓았고, 아이와 함께 생활할 수 있는 숙소도 마련해준다. 또한 호주 정부에서는 십대 비혼모 여성에게 개인당 1천 달러 이상의 생활비를 지원해주고 있다.

청소년의 진정한 성적 자기결정권 보장을 위해

"최근 청소년들의 성적 일탈 행동은 날이 갈수록 그 형태가 다양해지고 있으며, 시간이 갈수록 문제의 심각성 정도는 더 높아지고 있다. 특히 아동기를 거쳐 청소년기에 이르기까지의 시기는 신체적, 심리적, 사회적으로 불안정하고 다양한 변화를 경험하는 과도기적 시기이며, 독립된 존재로서 의사 결정을 하거나 행동을 할 수 있는 능력을 갖추지 못하였으므로, 청소년들은 넘쳐흐르는 성에 대한 왜곡된 표현을 접하게 되면 아무런 죄책감 없이 모방하게 되어 여러 가지 문제를 초래할 수 있다. 그 결과 청소년들의 무분별한 성 지식의 습득으로 인하여 (……) 학생 관련 충격적인 성폭력 사건이 발생되고 있으며, 십대 비혼모, 집단 성행위자, 환각 상태에서의 성행위자, 강간범 등이 늘어나고 있는 실정이다."

―부산광역시 교육청, 〈대상별 성교육: 초등학교 교사용 지도서〉, 2010.

"아동기를 거쳐 청소년기에 이르기까지는 신체적 심리적 사회적으로 불안정하고 다양한 변화를 경험하는 과도기이므로, 독립된 존재로서 의사 결정을 하거나 행동을 할 수 있는 능력을 갖추지 못한 상태이다. 그러므로 이 시기에 성에 대한 왜곡된 표현을 접하게 되면 죄책감 없이 모방하게 되어 여러 가지 문제를 초래할 수 있다. 그 결과 청소년들의 무분별한 성 지식의 습득으로 인하여 초래되는 성 범죄의 비중은 점점 더 커져 밀양, 익산, 서울 용산, 경기도 등에서 학생이 관련된 충격적인 성폭력 사건이 발생하였다."

—나주교육지원청, 〈청소년 성교육 교사용 지도서(중·고교)〉, 2011.

두 인용문에서 드러나는 것처럼 우리나라에서는 여전히 교육 당국조차도 청소년을 '독립된 존재로서 의사 결정을 하거나 능력을 갖추지 못한 존재' '판단력이 없어서 뭐든지 죄책감도 없이 모방하는 존재'이자 이로 인해 성범죄까지 저지를 수도 있는 위험하고 불안한 대상으로 규정한다. 따라서 성교육의 목표와 내용도 청소년들의 성적 자기결정권을 존중하고, 성에 대한 현실적인 접근으로 개인의 몸과 감정, 욕망을 살피는 내용, 스스로 성에 대한 비판적 인식과 판단력을 키움으로써 다양한 사회적 관계와 연애 관계에서의 주체적 힘을 가지도록 하기보다는 생물학적 지식이나 규범, 사회적 통념들을 일방적으로 제시하고 '문제 청소년'을 예방하겠다는 데 초점을 맞추고 있다. 이처럼 청소년을 '문제 대상' 또는 '보호 대상'으로만 전제하는 이상, 우리나라의 성교육은 아무런 현실적 영향력을 가지지 못한 채 청소년들에게 교육과 규범, 현실과 자아 사이에서 더욱 큰 괴리감만 느끼게 만들 뿐이다.

임신 또는 출산한 학생에 대한 배려와 권리 보장도 거의 전무한 상황이다. 경기도와 서울시 등 몇몇 지자체의 학생인권조례에서 '임신 또는 출산을 이유로 차별받지 않을 권리'가 명시되었고, 국가인권위원회에서는 임신했다는 이유로 학생에게 자퇴를 종용한 학교 측의 조처에 대해 차별 행위라는 결정을 내린 바 있지만 아직까지 실질적으로 임신 또는 출산을 한 학생들의 권리를 보장해주는 사회적, 제도적 장치는 마련되지 않았다.

이런 현실에서는 청소년들에게 '성적 자기결정권'이란 아무런 현실적 영향력이 없는 공허한 개념으로 남아 있을 수밖에 없다. 비청소년(성인)들 역시 이러한 현실을 잘 알기에 청소년들을 대상화하거나 청소년의 취약한 지위를 이용하기 쉽다. 앞에서 짚어본 해외 사례들을 참고로 청소년의 '성적 자기결정권'을 보장하고 임신 또는 출산을 한 청소년들을 제대로 지원하는 몇 가지 방향을 제시해보고자 한다.

첫째, 보호와 통제를 넘어 청소년 스스로 성적 자기결정권을 행사할 수 있는 주체가 될 수 있도록 사회적 관점과 지원 방향을 바꾸어야 한다. 언제까지 청소년은 판단력이 미숙하다거나 비청소년과의 대등한 관계가 보장되기 어렵다는 이유로 '보호' 아니면 '통제'의 대상이 되어야만 하는 것일까? '보호'는 언제나 '통제'를 동반한다는 점에서 결코 성공할 수 없다. 보호를 받아야 하는 대상은 항상 '대상'의 위치에만 놓이므로 주체적으로 판단하고 스스로 대응할 수 있는 힘을 기르지 못하며, 이를 보장하는 사회적 관계나 제도 구축도 더디게 만들기 때문이다. 그래서 '보호'를 명분으로 오히려 '통제'의 대상이 되는 청소년은 결국 주체적 힘도, 권리도 가지지 못한 채 다시 '미성숙한 '문제아' 또는 '피해자'가 되어버리는 악순환이 이어진다. 또한 청소년의 모든 성적 행동과 관계가 비밀일 수밖에 없는 현실은 청소년이 관계에서 주체적 힘을 가지지 못하고, 계속해서 취약한 위치에 놓이게 만든다. 불평등한 관계나 폭력적인 상황을 참게 만들고, 신변이나 건강이 위험에 처할 때조차 누구에게도 말할 수 없게 만드는 것이다. 나이가 조금이라도 더 많거나 더 많은 경험과 정보력, 권력을 지닌 이들은 청소년들의 이러한 조건을 더욱 쉽게 이용할 수 있다. 따라서 청소년이 '보호의 대상'이나 '피해자'의 위치에만 놓이지 않고 온전히 성적 자기결정권을 행사하려면, 제대로 된 사회적, 제도적 보장 속에서 청소년 스스로 주체적 판단력과 힘을 기르도록 관점과 지원 방향을 바꾸어야 한다.

둘째, 성교육은 일상생활의 구체적인 상황과 맥락을 중심으로 구성하고 비판적 인식과 주체적 문제 해결을 모색하는 방향으로 진행되어야 한다. 규범과 지식 전달에 중점을 둔 성교육은 실제 생활에서 경험하는 여러 상황에 닥쳤을 때 주체적 판단력과 대응력을 키우는 데 별다른 도움이 되지 못한다. 현재의 규범에만 익숙해지면 상대방이 원치 않는 성관계를 요구하거나 피임을 거부할 때 등 자신의 의사를 전달하고 상대방과의 협상이 필요한 상황에서 주체적으로 의사를 표현하기 어려울 수밖에 없기 때문이다. 평소에 위기 상황에서의 대응 훈련을 반복적으로 해보고 몸에 익혀두지 않으면 아무리 정보와 지식을 많이 알아도 실제 상황에서 대응하기가 어렵듯 성교육도 마찬가지다. 따라서 성교육은 무엇보다 다양한 상황에 주체적으로 대응할 수 있고, 학교나 가정 또는 미디어 등에서 접하게 되는 사회적 규범이나 편견, 낙인, 차별적 인식 등에 대해서도 비판적 안목을 기르도록 설계되어야 한다. 성적 정보나 지식 교육만이 아니라 상대방과의 관계 맺기나 협상하기, 주변 사람들과 상의하기, 토론하기, 도움이 될 수 있는 상담기관과 단체 등을 알아보기 등 여러 대안을 제시하고, 역할극 등을 통해 실제 상황에서 주체적으로 판단하고 행동할 수 있는 역량을 키우도록 해야 한다.

셋째, 성에 대한 부정적 인식과 수치심보다는 몸에 대한 이해와 자존감을 키우고, 성을 자연스러운 삶의 일부이자 사회적인 것으로 이해할 수 있도록 해야 한다. 성을 비밀스럽거나 나쁜 것, 두려운 것으로 만들어버리는 교육은 청소년들로 하여금 자신의 감정과 욕망을 부정적으로 여기게 하고, 이를 제대로 바라보거나 성찰할 수 없게 함으로써 온전한 자아정체성과 자존감을 형성하는 것을 방해한다. 또한 자아정체성과 자존감이 약할수록 불안정한 관계에 의존하게 되고, 자신이 원하는 것이 무엇인지 정확히 알고 이야기할 수 없기 때문에 상대방과의 관계에서의 협상력도 떨어진다. 성은 단지 개인 간의 성행위에만 관련된 것이 아니라 사회적인 것이며 또한 우리의 삶과 관계, 정서, 표현, 문화에 총체적으로 연결되어 있는 것임을 이해하고 자연스럽게 받아들이게 하는 교육이 필요하다.

앞서 살펴보았던 독일과 스웨덴의 사례를 비롯해, 오래전부터 성교육을 현실적으로 구성하기 위해 고민해온 여러 나라에서는 이성 간 사랑뿐 아니라 동성 간 사랑이나 다양한 성적 지향과 성별정체성, 섹슈얼리티에 관해서도 폭넓게 다룬다. 또한 자위, 성적 욕구나 신체적 감각, 다양한 체위와 안전한 섹스를 위한 방법까지도 교육 내용에 포함된다. 즉 '청소년은 판단력이 없다.'고 전제하는 대신, 연령과 학습과정에 따라 청소년들이 현실에서 접할 수 있는 모든 상황과 정보를 숨김없이 제시하고 또래 친구와 교사, 부모, 미디어 등을 통해 직접 다양한 견해를 탐색하는 과정에서 스스로 판단력과 실질적인 대응 능력을 갖추도록 하는 것이다.

넷째, 학교, 가정, 지역사회가 함께 변화를 만들어가야 한다. 무엇보다 이러한 교육이 단지 학교에서의 교육으로만 끝나지 않고 지역사회와 가정에서의 변화, 의료적, 사회적 지원 등과 연계되도록 함으로써 청소년의 주체적 위치와 성적 자기결정권이 보장되는 사회적 구조를 만들어가야 한다. 이를 위해서는 청소년만이 아니라 비청소년을 대상으로 한 성교육 역시 중요하게 고려되어야 한다. 앞서 언급했던 성교육의 방향이 똑같이 비청소년 교육에도 적용되어야 하는 것이다. 지금까지는 비청소년을 대상으로 하는 성교육 역시도 규범과 지식 전달 수준을 넘어서지 못했다. 비청소년들이 성을 여전히 수치스럽고 비밀스러운 일로 인식하며, 사회구조나 관계, 일상에 연결시키지 못하고 성행위나 임신 및 출산과 연관되었다고만 생각한다면 변화를 이루어내기 어렵다. 학교나 지역사회에서 정기적으로 부모 성교육을 실시하고, 청소년 성교육과정에서의 과제 등을 통해 부모와 지역사회가 함께 고민하고 청소년이 주체적으로 판단하는 수준에서 개입해야 한다. 학교와 지역사회의 성교육 프로그램을 함께 구성하는 시도, 성과 관련한 사회적, 의료적 지원 체계를 구축해야 한다. 이 과정에서 비청소년과 청소년 모두의 주체적 권리가 보장될 수 있게 인식의 변화와 지원 방향을 공동으로 모색해야 한다.

다섯째, 임신 또는 출산을 한 청소년들에게 학습권을 보장하고 충분한 지원 체계를 마련해야 한다. 앞서 살펴본 여러 나라의 사례와 같이 임신 또는 출산을 한 청소년이 원할 경우 학업을 지속할 수 있도록 보장해야 하며, 이를 위한 사회적, 의료적 지원 체계를 마련해야 한다. 최근 십대 부모에 대한 지원책은 조금씩이나마 변화를 보이고 있지만 여전히 임신과 출산에 대한 책임은 여성청소년에게 거의 전적으로 전가되고 있다. 학교에서는 어떻게든 해당 학생을 낙인찍고 학교 밖으로 밀어내기에만 바쁘다. 그러나 청소년의 임신, 출산 역시도 개인만이 아니라 사회가 함께 지원하고 책임져야 하는 과정이라는 점을 인식하고 이에 대한 충분한 지원책을 마련하도록 노력해야 한다. 그래야 청소년들도 자신들의 성적 권리와 임신, 출산에 대해 더욱 책임감 있는 태도를 지니게 된다.

최소한의 수준에서는 성교육, 피임, 임신 또는 임신중절, 출산, 양육 등에 관한 학교-가정-지역사회의료기관-지방자치단체 간의 교육과 지원 체계가 통합적으로 이루어져야 하며, 정부와 지방자치단체, 교육 당국은 임신 또는 출산을 한 청소년들이 학교와 가정, 지역사회 밖으로 밀려나지 않게 하고 필요한 의료 서비스와 사회복지 서비스, 학습 지원을 제공하는 제도적 기반을 마련해야 한다. 더 나아가 미국이나 호주, 영국, 독일 등의 사례에서처럼 학교에 특별학급이나 보육시설을 마련하거나 아동 보육사를 지원하는 방안, 필요한 경우 아이와 함께 생활할 수 있는 숙소나 생활비 지원도 적극적으로 고려해야 한다.

마지막으로, 안전하게 임신중절을 할 권리를 보장해야 한다. 이는 평등한 관계와 당사자의 의사 존중, 필요한 양질의 정보에 제대로 접근할 권리를 전제로 한다. 안전한 성관계와 피임, 임신, 출산, 양육에 대한 사회적 지원만큼 중요한 일이다. 특히 사회적 위치와 관계가 불평등할수록 임신과 출산에 대한 책임을 여성들만 떠안기 쉽고, 때로는 원치 않는 폭력적 관계를 이어나가게 될 수도 있기 때문에, 필요할 때 안전하게 임신중절을 할 수 있는 권리는 성적 자기결정권에서 핵심적인 권리이다. 그러나 안타깝게도 우리나라는 아직 법적으로 임신중절에 대한 책임을 여성들이 전적으로 감당하게 되어 있다. 앞서 언급했듯, 정보의 취득에서부터 평등하고 안전한 관계나 피임에 이르기까지 권리 기반이 거의 전무하다시피 한 십대 청소년들에게 임신중절은 더욱 심각한 결과를 가져오기도 한다. 누구에게도 말하지 못하고 혼자 고민하다가 결국 잘못된 정보를 찾아 자가 낙태를 시도하거나, 안전하지 못한 시술로 건강과 생명에 큰 위험을 초래하는 것이다.

안전한 임신중절을 사회적으로 보장한다는 것은 단지 태아의 생명 대신 여성의 권리를 선택한다거나 임신중절이 아무렇지도 않은 사회를 만드는 일이 아니다. 오히려 사회가 그 책임을 함께 고민하고 나누는 일이다. 독일, 프랑스, 스웨덴 등 임신중절이 합법화되어 있고, 필요한 경우 이에 대한 상담과 의료적 지원, 보험 지원까지 가능하도록 보장하는 나라들의 경우 낙태율이 다른 나라보다 낮다. 임신중절을 합법화하면서 어떤 사회적 조건이 보장되어야 임신중절률을 줄여나갈 수 있는지 사회가 함께 고민하고 책임을 나누었기 때문에 여성들의 건강과 안전, 평등한 관계를 향상시키고, 이와 동시에 출산 시 제대로 아이를 키울 수 있는 실질적인 지원 또한 더욱 탄탄하게 만들 수 있었던 것이다. 아직은 이에 대한 논의가 턱없이 부족한 상황이지만 우리나라에서도 이와 같은 변화가 하루 빨리 진행되기를 바란다.

금기 대신 권리의 보장을

이 글을 쓰는 동안 계속해서 나를 따라다닌 기억이 하나 있다. 수능이 끝나고 대학에 가기 전까지의 몇 개월, 나는 사랑한다는 감정이 무엇인지도 잘 알지 못한 채 나보다 여섯 살이 많은 한 남자를 만났다. 그때까지 내가 알고 있는 성에 대한 정보라고는 학교에서 배운 몇 가지의 생물학적 지식과 책이나 영화에서만 보았던 호기심을 자극하는 몇몇 장면이 전부였다. 나이도 많고 경험도 많은 그는 순식간에 어리버리한 나와의 관계를 주도했다. 그가 나를 만질 때 나는 그 느낌과 감정이 무엇을 의미하는지 몰라 혼란스러웠다. 어떻게 반응해야 하는지, 그에게 무엇을 말해야 하는지조차 갈피를 잡지 못한 채 그렇게 그와 첫 섹스를 치렀다. '하면 안 되는 일'이 벌어졌다는 생각에 휩싸여 피임 같은 건 떠올리지도 못했다. 오히려 나는 영화에서 봤을 때는 상상조차 하지 못했던 통증을 느끼며 어이없게도 "처음엔 많이 아플 수 있지만 사랑한다면 참을 수도 있다."는 가정의학백과의 문구를 떠올렸다. 그리고 그렇게 '견딘' 그와의 두 번의 섹스가 내 생에서 처음이자 마지막인 남자와의 섹스였다.

이 글에서 내가 쓴 성적 자기결정권에 관련된 모든 것을 더 일찍 알고 판단할 수 있었다면 어땠을까? 내가 누구를 어떻게 사랑해야 하는지, 나의 감정에 대해 편견 없이, 충분히 고민하고 판단했다면, 그래서 남자에 대해 내가 느끼는 혼란의 감정이 사랑이 아니고 내 것이 아님을 알아차렸다면 어땠을까? 그가 내 몸을 만지고 성관계를 하게 되었을 때, 내가 금기의 선을 넘었다는 혼란에 휩싸이는 대신 그 상황을 제대로 판단하고 그에게 내 생각과 요구를 제대로 이야기했다면 얼마나 좋았을까? 피임은 생각조차 하지 못하고 성관계를 하게 된 이후 혹시 임신을 하지는 않았을지 마냥 혼자 걱정하는 대신 누군가에게 맘 편히 상담이라도 할 수 있었다면 얼마나 위안이 되었을까? 다행히 임신은 하지 않았고 그와는 오래지 않아 헤어졌지만 그 경험은 오래도록 나에게 숙제처럼 남았다.

이는 비단 청소년만의 문제가 아니다. 성적 관계에서의 불평등과 혼란, 사회적 정보와 지원의 부재는 성적 권리의 보장보다 성에 대한 금기와 규범이 우선인 사회를 살아가는 우리 모두의 이야기이다. 남성보다 여성에게, 비청소년보다 아동청소년에게 더욱 강한 금기와 규율이 작동하고 그로 인해 나이가 조금이라도 더 많은 비청소년, 남성일수록 더 많은 정보와 경험, 권력을 지니게 되는 사회는 성적 불평등을 지속시킨다. 아동청소년이 스스로 주체가 될 수 있도록 지원하고 보장하는 대신, 그들을 미숙한 존재로만 바라보고 금기만을 강조하는 사회는 전반적으로 성에 대한 성숙한 태도를 갖추기 어렵다. 비청소년도 똑같은 아동청소년기를 거치며 학교와 사회에서 요구하는 통제와 규범에 따라서만 살아왔기에 성숙한 자기 판단과 비판적 인식, 관계 성찰을 할 기회가 별로 없었기 때문이다. 성은 우리의 삶과 사회 구조에 속속들이 박혀 있는 실질적인 문제이다. 진정으로 청소년의 성적 자기결정권을 보장하고, 모두에게 자연스러우며 평등한 사회를 만들고자 한다면, 이제 청소년들에 대한 보호와 통제의 관점을 넘어 청소년의 자율성과 자기결정권을 제대로 보장하기 위한 노력을 시작하자.

부록

청소년을 위한 진짜 피임법,
그리고 임신출산에 관한 알짜배기 정보

1. 피임 방법에는 어떤 것이 있나요?

우선 현재까지 발명된 피임법 중 어떤 방법도 완벽하지는 않습니다. 심지어 불임수술마저도 100%의 피임률을 보장하지는 못합니다. 사람마다 건강 상태와 생활 패턴 등이 다르므로 자신에게 맞는 피임법을 찾는 것이 무엇보다 중요합니다. 주변의 조언이나 떠도는 이야기만으로 섣불리 피임법을 결정하는 것은 좋지 않습니다. 자신에게 맞는 피임법을 가장 정확하게 파악하려면 산부인과에 문의하면 됩니다. 모든 피임법에는 장단점이 있고, 위험이 뒤따릅니다. 상황에 따라 본인에게 적합한 피임 방법을 찾아 실천하기 바랍니다.

혼전순결을 강요하는 사회 분위기 때문에 '산부인과는 결혼하지 않은 여성은 가면 안 되는 곳'이라는 생각이 많이 퍼져 있습니다. 그러나 이는 편견입니다. 우리는 아프면 병원에 갑니다. 또 당장 아픈 곳이 없더라도 나의 몸 상태를 점검해보기 위해서나 건강이 염려될 때 진료나 상담을 받으러 갑니다. 산부인과도 마찬가지입니다. 산부인과는 임신한 여성만 이용하는 곳이 아니라 건강을 진단하고 조언을 얻는 곳입니다. 이에 거부감이나 부담을 느낄 이유는 전혀 없습니다. 여성은 순결해야 한다는 사회적 통념과 산부인과 이용에 대한 편견을 넘어 필요하다면 언제든 산부인과에 방문하는 것이 자연스러운 풍경이 되어야 합니다. 평소에도 정기적으로 검진받기 위해 산부인과에 가는 것이 좋으며, 몸에 이상이 생긴 것 같다면[1] 꼭 제때 산부인과에 방문하여 진료받기 바랍니다.

1) 보편적인 경우

① 콘돔

콘돔은 피임이나 성병 예방의 목적으로 섹스할 때 남자의 음경에 씌워 사용하는 고무주머니입니다. 콘돔은 사용방법이 간단하고 구하기 쉬우며 인체에 부작용도 거의 없기 때문에 가장 대표적인 피임용품으로 꼽힙니다. 또 제대로 사용하기만 한다면 피임률이 99%가량으로 매우 안전한 피임법이므로 피임할 때 기본적으로 사용하는 것이 좋습니다.

---

1 불규칙한 생리, 생리 없음, 생리혈의 증가 또는 감소, 배란통(배란기~월경 시작 2주 전에 복통을 느끼는 현상), 생리통, 생리 전 증후군(생리 시작 전에 나타나는 감정과 행동의 변화. 신체적인 고통을 호소하는 경우도 있음.) 등으로 일상생활에 곤란을 겪을 경우 산부인과에 가보는 것이 좋습니다.

● **콘돔의 몇몇 단점과 사용 시 주의사항**

콘돔 자체에 하자가 있다면 정액이 새어나올 수 있고, 콘돔을 잘못 사용하여 섹스 도중 콘돔이 찢어지거나 벗겨져 피임에 실패할 수도 있습니다. 또한 콘돔에 발려 있는 윤활제나 고무, 라텍스에 알레르기가 있으면 콘돔을 사용하기 어렵습니다. 또 콘돔이 모든 성병을 차단해주는 것은 아닙니다. 콘돔 착용법 등을 자세히 알아보고 싶다면 동성애자에이즈예방센터(iSHAP) 홈페이지의 콘돔 시뮬레이션[2]을 참조하세요.

● **콘돔의 종류**

콘돔에는 다양한 종류가 있어 취향에 따라 선택할 수 있는 폭이 넓습니다. 콘돔은 편의점, 약국 또는 자판기 등에서 원하는 느낌과 향, 윤활제의 정도 등을 고려해 구입하면 됩니다.

보통은 일반적인 콘돔을 사용해도 무방하지만, 성기가 유난히 크거나 작은 사람은 크기에 맞는 콘돔을 고르는 것이 좋습니다. 성기 크기에 비해서 너무 큰 콘돔을 사용하면 중간에 빠질 수도 있고 애액이나 정액이 밖으로 흘러나올 수도 있습니다. 너무 큰 콘돔은 성감을 떨어뜨리는 원인이 되기도 합니다. 반대로 너무 작은 콘돔을 사용하면 콘돔이 찢어질 수 있고 도중에 발기가 풀리는 원인이 되기도 합니다. 다양한 크기의 콘돔을 판매하는 인터넷 쇼핑몰 등에서 자신 혹은 파트너의 사이즈에 맞는 콘돔을 구매하세요.

---

2 동성애자에이즈예방센터(iSHAP) 홈페이지 → 예방실 → 콘돔과 젤 → 콘돔 시뮬레이션 참조. http://www.ishap.org/?c=2/16/45

• 콘돔을 거부하는 사람에게 대처하는 방법

콘돔을 끼면 발기가 안 된다, 내 성기는 커서 콘돔에 안 들어간다, 나는 정액량이 많아서 콘돔이 터질 거다, 콘돔은 몸에 안 좋다는 등의 말도 안 되는 이야기를 하며 콘돔 없이 그냥 섹스를 하자고 조르고 강요하는 남성들이 있습니다. 그들의 말은 사실일까요?

콘돔에는 기본 규격이 정해져 있습니다. 길이는 17cm 이상이어야 하고, 콘돔 위 10cm 간격의 임의의 점 두 개를 50cm로 잡아 늘여 5분 뒤에도 이상이 없어야 합니다. 이 강도는 30~40L의 물을 지탱할 수 있는 장력(줄이 늘어나는 힘)에 해당합니다. 콘돔의 품질기준검사에서 완제품 1,000개 중 임의로 선택하여 두 개 이상의 핀홀(얇은 제품에 생기는 미세한 구멍)이 발견되어서는 안 됩니다. 콘돔은 최대 80cm까지 늘어나며, 물을 부으면 2L가 들어갑니다. 이렇듯 콘돔은 아주 철저하고 까다로운 심사 과정을 거쳐 시중에 유통됩니다. 또한 콘돔은 윤활제, 고무, 라텍스 알레르기가 있지 않은 이상 몸에 아무런 해를 끼치지 않습니다. 피임 회피를 위해 콘돔을 모욕하지 맙시다.

콘돔을 끼우면 발기가 안 된다는 핑계는 여성이 원치 않는 임신을 하는 것보다 남성의 성적 쾌락이 중요하다는 이상한 논리입니다. 임신이 자신의 몸이 아닌 상대 여성의 몸에서 이루어진다는 이유로 그에 대한 책임을 가볍게 보는 남성이라면 관계를 갖지 않는 것이 가장 현명하지 않을까요? 만일 콘돔 사용 시 발기가 되지 않는다면 콘돔에 익숙해지는 연습과 동시에 초박형 콘돔(매우 얇은 콘돔) 등을 사용하여 피임과 쾌락이라는 두 마리 토끼를 잡기 위해 노력하는 것이 좋겠습니다.

콘돔을 사용할 때 자주 하는 열 가지 실수

– 부끄럽지 않아요[*]

콘돔을 사용한다는 것은 콘돔을 쓸 때 생기는 약간의 불편함을 감수하고서라도 나와 나의 파트너를 기꺼이 지키겠다는 의지 표명이죠. 그러나 그런 '대의'를 품고 콘돔을 쓰더라도 자칫 잘못 사용하면 무용지물이 될 수 있습니다. 그러니 여러분이 사랑과 건강을 위해 콘돔을 사용한다면, 사람들이 자주 하는 다음의 열 가지 실수만큼은 꼭 피하세요!

1. 눈에 보이는 파손을 확인하지 않는 일

콘돔을 사용하는 사람 중 약 75%가 콘돔을 사용할 때 눈에 보이는 구멍이나 흠을 전혀 확인하지 않습니다. 이나 손톱으로 포장을 뜯는 과정에서 콘돔이 찢겼을지도 모르는데도 말이죠. 일단 눈으로 보이는 파손 여부를 먼저 확인하는 것이 좋습니다.

2. 유통기한을 확인하지 않는 일

콘돔 사용자 중 61%는 아마 이 글을 통해서 콘돔에도 유통기한이 있다는 사실을 깨달았을 겁니다. 콘돔의 유통기한은 그 타입에 따라 조금씩

---

[*] '부끄럽지 않아요'는 대한민국에 밝고 건강한 성문화를 정착시키기 위해 만들어진 소셜벤처기업으로 성폭력, 미혼모, 낙태, 영아유기 등 우리나라의 폐쇄적인 성문화로 인해 발생하는 여러 사회문제를 해결하고자 합니다. 홈페이지: http://notshy.kr/

다르지만 보통 3~5년으로, 콘돔 상자에 적혀 있습니다. 유통기한이 지난 제품의 경우 라텍스 소재 자체가 파손될 수도 있고, 제품이 건조해져서 사용 중에 파손될 수도 있습니다.

남성들은 콘돔을 지갑 속에 넣어두기도 하는데요, 뒷주머니에 넣어둔 지갑은 체온으로 인해 따뜻하고 습한 상태인 경우가 많아 콘돔의 실제 유통기한보다 더 빨리 제품이 소모되어 사용이 불가능해지니 따로 콘돔 보관함이나 휴대용 케이스를 마련하는 것도 좋은 방법입니다.

3. 사전에 콘돔 사용 여부를 논의하지 않는 것

삽입 직전에 콘돔을 들이미는 것이 성관계 때 분위기를 깼다는 응답률이 무려 61%가 된다는 사실, 아시나요? 예상치 못한 콘돔 사용 제안에 상대의 성적 흥분이 확 식어버리는 경우도 빈번하죠. 파트너와 미리 콘돔 사용에 관해 진솔하게 대화하면 이 문제는 원만하게 해결할 수 있습니다.

4. 콘돔을 너무 늦게 착용하는 것

콘돔을 착용하지 않은 상태로 삽입했다가 사정할 즈음에만 콘돔을 착용하는 것은 위험합니다. 사정 전에도 미량의 정자가 배출되기 때문입니다. 삽입 전에 콘돔을 착용하는 것이 임신과 성병을 막는 가장 확실한 방법입니다.

5. 정액받이의 공기를 빼지 않는 일

콘돔을 착용하기 전, 반드시 정액받이(콘돔 끝의 볼록한 부분)을 살짝 잡아 비틀어 내부에 있는 공기를 빼줘야 합니다. 정액받이에 공기가 있는 상태에서 사정을 하면 콘돔이 터져버릴 수도 있기 때문입니다. 초박형 콘돔을 선호한다면 더욱 더 정액받이를 잊으면 안 됩니다!

6. 콘돔을 거꾸로 착용하는 것

콘돔에도 방향이 있습니다. 약 30%의 사람들이 안팎이 뒤바뀐 상태로 착용한다고 합니다. '뭐 그리 큰 차이 있겠어?' 하고 생각하는 사람도 있겠지만, 콘돔을 거꾸로 착용하면 윤활제 때문에 콘돔이 섹스 중에 빠질 확률이 높아집니다. 거꾸로 끼웠다는 사실을 인지하면 일단 바로 새것으로 갈아 끼우는 것이 좋습니다.

7. 유분 윤활제를 사용하는 것

콘돔이 파손되는 이유는 제품 자체의 문제보다 사용자의 오용으로 인한 경우가 대부분입니다. 앞의 1, 2, 5, 6번 문제를 포함해서 유분 성분의 윤활제(일반 로션, 베이비 오일, 바세린 등)를 쓰면 콘돔이 파손될 위험이 높아집니다. 이런 윤활제는 라텍스 소재와는 상극이라 콘돔이 터질 수 있기 때문입니다. 윤활제를 쓴다면 더 순한 수분 계열이나 실리콘 윤활제를 사용할 것을 추천합니다.

8. 사이즈에 무신경한 것

섹스 도중 콘돔이 스르륵 빠져버린다면? 콘돔 탈락을 경험한 사람 중 13%는 "그냥 콘돔이 잘 맞지 않았어요."라고 대답을 합니다. 나에게 맞는 콘돔을 사기 위해서는 다양한 스타일과 사이즈의 콘돔을 구매하여 한 번씩 사용해보는 것이 제일 좋습니다. 그렇게 하는 것이 어렵다면 페니스 사이즈를 측정한 후 인터넷 쇼핑몰에 기재되어 있는 각 제품별 치수를 확인해보는 것도 하나의 방법입니다.

9. 콘돔을 너무 빨리 빼내는 것

때론 발기했던 페니스가 콘돔으로 인해 수축하는 까닭에 콘돔을 빗어던져 버리는 분들도 있죠. 이는 전혀 좋은 방법이 아닙니다. 이런 분들에게는 부담을 내려놓으라는 말을 꼭 전하고 싶습니다. 섹스하는 중에 발기는 됐다가 안 될 수 있고, 그건 굉장히 자연스러운 일입니다. 게다가 사정은 사실 발기 없이도 가능하기 때문에 발기가 되지 않는다고 해서 임신과 성병의 위험이 사라지는 것은 전혀 아닙니다.

10. 콘돔을 쓰지 않는다는 가장 큰 실수

콘돔과 관련한 가장 큰 실수는 사실 아예 콘돔을 사용하지 않는 것이겠죠? 콘돔을 사용할 때 고려할 것도 많고 복잡할 수도 있습니다. 그렇지만 콘돔은 "아 됐어." 하고 치울 것이 아닙니다. 섹스를 앞두고 콘돔 때문에 흥분이 뚝 끊길때, 심호흡을 한 번 하고 몸과 마음을 다지세요. 한 번의 무모한 쾌락을 위해 당신의 즐거운 성생활을 통째로 날려버릴 수는 없잖아요?

② 경구피임약[3](먹는 피임약)

경구피임약은 먹는 피임약을 말하며, 호르몬을 조절하여 배란(난자의 배출)을 억제하는 원리로 개발되었습니다. 피임률은 99% 이상으로 매우 우수합니다. 가까운 약국에서 의사의 처방전 없이 평균 6,000~9,000원 선에 구매할 수 있으며 구매에 나이 제한이 없어 흔히 사용하는 피임법입니다. 피임 목적 외에도 불규칙한 생리주기를 조절하거나 생리 예정일을 미루고 싶을 때 사용되기도 합니다. 피임 이외의 용도로 사용하는 경우 의사와 상담한 후 자신의 몸에 맞는 방식을 찾는 것이 좋습니다.

• 복용법

경구피임약 한 세트에는 총 21개의 약이 들어 있으며, 그 약을 21일간 하나씩 일정한 시간에 복용합니다. 21개의 약을 모두 먹으면 7일간 약을 먹지 않습니다. 이것이 하나의 피임주기가 됩니다. 이후에도 계속 피임하고 싶다면 새 피임약으로 이 과정을 반복합니다. 피임약은 생리 첫날부터 복용을 시작합니다. 혹 생리를 시작한 지 4일 이후부터 첫 피임약을 먹기 시작했을 경우에는 피임약에 더하여 콘돔 등의 다른 피임법을 함께 사용하는 것이 안전합니다. 가장 좋은 것은 생리를 시작한 지 1~2일 내에 복용을 시작하는 것이고, 생리를 시작한 지 5일이 지난 때부터 복용을 시작하면 피임 효과가 아예 없을 수 있으므로 다른 피임법을 병행하거나 다음 달부터 복용을 시작해야 합니다.

---

3 경구피임약의 '경구(經口)'는 '입을 지나서'라는 뜻입니다.

21개의 약을 모두 복용하고 7일간 약을 먹지 않는 기간(휴약기)에는 자연히 생리가 나오게 됩니다. 휴약기 첫날에 바로 생리를 시작하지 않더라도 마지막 약을 복용하고 2~4일 뒤에는 생리가 시작됩니다. 또 7일간 휴약기를 가지고 나서 생리를 계속 하더라도 계속 피임하려는 경우 마지막으로 약을 먹은 지 8일째 되는 날부터 다시 새로운 약을 복용하기 시작하면 됩니다.

주의할 점은 매일 일정한 시간에 복용해야 한다는 점입니다. 만약 피임약을 깜빡 잊고 복용하지 않은 경우 구매한 약에 들어 있는 설명서를 참조하여 알맞은 조치를 취해야 합니다. 약의 종류에 따라 각각 대처방법이 다르기 때문에 여기에서 따로 서술하지는 않겠습니다.

● 부작용

경구피임약의 부작용으로는 메스꺼움, 두통, 가슴통, 부정출혈, 호르몬 조절에 따른 기분 변화 등이 있습니다. 부작용이 있더라도 약을 지속적으로 복용하다 보면 자연스럽게 사라지는 경우도 많습니다. 하지만 오랜 기간 증상이 지속되면 병원에 들러 의사의 진단을 받고 자신의 몸에 맞는 다른 피임약을 찾아야 합니다. 또한 혈관질환 등의 병이 있는 경우에는 복용을 피하거나 의사와의 상담을 통해 약을 복용해야 합니다.

2) 긴급한 경우

① 사후피임약[4](응급피임약)

사후피임약은 성관계 중 콘돔이 찢어졌거나 피임을 하지 못한 채 관계를 가졌을 때 등 원치 않는 임신의 가능성이 있는 응급상황에 한해서 사용되는 피임법입니다. 사후피임약의 피임 원리는 신체에 강하고 많은 양의 호르몬을 투입해 난소의 벽을 두껍게 만들어 수정란이 자궁에 착상하는 것을 방지하는 것입니다. 이는 몸에 억지로 생리적 작용을 일으키는 것이니 결코 보편적인 피임법으로 남용되어서는 안 됩니다.

• 사후피임약을 구하는 방법

사후피임약은 약국에서 그냥 구입할 수 없으며 반드시 의사의 처방전이 필요합니다.[5] 원치 않는 임신 가능성이 있는 경우 최대한 빨리 산부인과를 찾아가 사후피임약을 처방받아야 합니다. 병원에 가면 성관계 당시의 상황을 기억하여 정액이 얼마나 어떻게 묻었는지 말하고 처방받습니다. 사후피임약은 대개 보험 처리가 되지 않으나 최근 법령이 개정되면서 일부 보험 처리가 되는 약품도 생겼습니다.

• 사후피임약의 복용법과 효과

사후피임약은 성관계 후 72시간(3일) 이내에 복용해야 하며, 최대한 빨리 복용해야 피임 효과를 높일 수 있습니다. 사후피임약이 임

---

4 사후피임약의 '사후(事後)'는 '일이 끝난 뒤'라는 뜻입니다. 즉 성관계 후에 복용하는 피임약을 말합니다.
5 의사의 처방전이 있어야 구매할 수 있는 약품을 '전문의약품'이라고 합니다. 처방전 없이 구매할 수 있는 약품은 '일반의약품'으로 분류됩니다.

신을 100% 막아주는 것은 아니며 사후피임약에도 종류가 많으니 어떤 약인지 이름을 알아두어야 나중에 검진할 때 도움이 됩니다.

사후피임약의 복용 시기에 따른 피임 효과

성관계 후 24시간 이내 : 95%

성관계 후 48시간 이내 : 75%

성관계 후 72시간 이내 : 58%

성관계 후 72시간 이후 : 효과 없음

* 12시간 이내에 복용하는 것이 가장 효과가 좋습니다.

● 사후피임약 복용 시 주의사항

사후피임약은 호르몬을 인위로 조작하는 약이기 때문에 다른 약에 비해 부작용이 많습니다. 부작용으로는 불규칙한 출혈, 메스꺼움, 구토, 두통, 현기증, 아랫배 통증, 생리주기의 변화 등이 있습니다. 부작용 증상이 심하거나 약 복용 후 2~3주 이내에 생리가 다시 시작되지 않는다면 산부인과에 방문해야 합니다. 약 복용 후 3시간 이내에 구토 증상이 있어 사후피임약을 토한 경우 얼른 다시 약을 복용해야 합니다. 약을 뱉었다면 먹지 않은 것과 마찬가지입니다.

사후피임약을 복용한 이후 일상적인 피임을 위해 경구피임약을 복용하고자 한다면 다음 월경 시작일부터 약을 먹기 시작하면 됩니다. 사후피임약을 반복적으로 사용하면 내성이 생겨 피임 효과가 감소합니다.

• 피임약을 사는데 왜 의사의 처방이 필요할까?

현재 우리나라에서 사후피임약은 전문의약품으로 분류되어 있기 때문에 약을 구하려면 무조건 병원에 먼저 가서 의사의 처방을 받아야 합니다. 반면 일반 경구피임약은 처방전 없이도 약국에서 쉽게 구할 수 있지요. 2012년 6월에 식품의약품안전청은 사후피임약을 의사의 처방전이 필요 없는 일반의약품으로, 사전피임약(일반 경구피임약)을 처방전이 필요한 전문의약품으로 분류하자고 제안했습니다.

사후피임약을 일반의약품으로 분류하자는 제안은 원치 않는 임신을 더욱 간단한 절차로 막을 수 있어 낙태를 줄일 수 있다는 판단에서 나왔습니다. "사후피임약이 필요하다는데 안 내어주는 의사가 어디에 있느냐, 병원 가서 의사의 진단을 받는 건 생략해도 되는 절차일 뿐이다."라며 이 제안을 환영하는 이도 많았지만, 생명 경시 풍조와 사후피임약의 남용을 우려하는 종교계 등의 반대에 부딪혔습니다.

한편 사전피임약을 전문의약품으로 분류하자는 주장의 근거는 사전피임약이 꾸준히 복용하는 약이기 때문에 의사와의 상담을 거쳐 복용하는 것이 안전하다는 점입니다. 하지만 이는 여성이 피임약을 구하는 것을 더욱 복잡하고 어렵게 만들어 여성의 성적 자기결정권을 빼앗을 수 있다는 비판을 받았습니다. 병원을 통해야 한다면 의료 서비스에 특히 접근하기 어려운 저소득층, 청소년, 비수도권 지역의 여성 등은 더욱 피임약을 구하기 어려워지겠지요. 또 부작용이 우려된다면 단순히 병원 진료 절차를 추가할 것이 아니라 적극적인 교육과 홍보를 통해 피임약의 복용법과 부작용 등을 알려 여성이 자신의 몸에 맞는 선택을 할 수 있도록 해야 한다고 여성단체들에서 반박했습니다.

결국 이 논란은 오랜 논쟁 끝에 사후피임약은 전문의약품, 사전피임약은 일반의약품이라는 기존 분류를 유지하는 것으로 결론이 났습니다. 하지만 여성이 자신의 몸에서 일어나는 임신출산 등의 과정을 자유롭게 결정하기 위해서는 다양한 피임법을 알리고, 피임 수단에 쉽게 접근할 수 있도록 하는 등의 제도적 뒷받침이 분명 필요합니다.

사전피임약은 단순히 피임에만 사용되는 것이 아니라 생리 불규칙, 생리 과다 등의 치료제로도 흔히 이용됩니다. 또한 사후피임약은 접근성과 신속성이 무엇보다도 중요한 약입니다. 사전피임약과 사후피임약을 모두 처방전 없이도 구매할 수 있는 일반의약품으로 분류하여 피임이 필요한 상황에서 더욱 적극적으로 사용할 수 있다면 원치 않는 임신으로 고통받는 사람들이 지금보다는 훨씬 줄어들지 않을까요?

● **사후피임약에 대한 잘못된 생각**

사후피임약을 먹을 거라면 미리 피임할 필요는 없다? (X)

: 사후피임약은 부작용이 많으며, 구하려면 병원에 가야 하고, 시간에 따라 피임률도 감소하는 피임법입니다. 말 그대로 '응급약'이지요. 사후피임약을 사용할 수 있다고 해서 성관계 이전이나 당시에 피임을 하지 않는 것은 경솔하고 무책임한 행동입니다.

어제 사후피임약을 먹었다면 오늘 피임을 하지 않아도 괜찮다? (X)

: 사후피임약이 성관계 후 3일 이내에 복용해야 하는 약이라고 해서

복용 후 3일간 피임 효과가 지속되리라 생각하는 것은 오해입니다. 사후피임약은 성관계 당시를 기준으로 피임 효과가 시간이 지남에 따라 약효가 계속 떨어지는 약이며, 피임을 담보하지 않습니다. 사후피임약을 먹었다고 해서 그 이후의 피임에 소홀해서는 안 됩니다.

사후피임약이 임신을 막아주니까 임신 초기라면 유산되는 효과도 있지 않을까? (X)
: 피임약은 말 그대로 피임을 하는 약일 뿐, 임신이 된 이후라면 임신 진행에 영향을 주지 못합니다. 게다가 피임약도 약이기 때문에 태아의 형성에 악영향을 줄 위험이 있습니다. 따라서 임신 중에 피임약을 먹어서는 안 되며, 만일 먹었다면 산부인과에 방문하여 의사와 상담하는 것이 좋습니다.

3) 기타

다음으로 소개하는 피임법은 청소년이 일상적으로 이용하기는 어려운 피임법입니다. 지속기간이 긴 대신 구하기 어렵거나, 비용이 비싸거나 혹은 부작용의 위험이 큰 경우가 많기 때문입니다. 상황에 따라 다음 피임법도 고려할 수는 있겠지만 여기서는 다양한 피임법을 소개하는 데 의의를 두겠습니다.

① 페미돔

페미돔은 질 내에 삽입하는 주머니로, 양쪽 끝에 고리가 달려 있습니다. 여성의 질 내부를 감싸 정자의 이동을 차단하는 보호막의 기능을 함으로써 피임이 됩니다. 성병이나 골반염 예방 효과가 있고, 콘돔과 같이 일회용이며 유통기한을 지켜야 합니다. 피임 실패율은 0.2% 정도로 콘돔보다 안전하지만 착용이 어려워서 잘못 사용하는 경우가 많아 실제 피임률은 79~95% 정도입니다. 페미돔은 콘돔과 함께 사용할 수 없으며, 우리나라에서는 구하기 까다롭기 때문에 사용하는 사람이 별로 없습니다.

② 루프 (자궁 내 장치)

자궁 내 피임법인 루프는 5년간 피임 효과가 있으며 제거 후에는 가임 능력(임신할 수 있는 능력)이 회복됩니다.

구리 루프는 자궁에 무균성 염증을 유발하여 수정란이 착상되는 것을 막는 원리의 피임기구입니다. 10만 원 정도의 비용으로 간단히 삽입 시술을 받을 수 있지만, 골반염을 일으키기도 하며 자궁에 무리가 갈 수 있습니다.

미레나는 루프와 경구피임약의 장점을 결합한 피임법으로, 매일 일정량의 황체호르몬을 자궁 내막에 분비하여 정자의 운동과 수정란의 착상을 교란하는 기구입니다. 구리 루프와 동일하게 자궁 내에 삽입하지만, 호르몬을 이용한다는 차이가 있습니다. 주로 나타나는 부작용은 부정출혈이며, 호르몬의 영향으로 여드름이 나거나 체중 증가, 탈모, 부종, 우울증 등의 부작용이 발생하기도 하므로 자신의 몸에 맞는지 의사와 충분히 상의한 후 사용 여부를 결정하는 것이 좋습니다.

③ 임플라논

자궁 외 피임법인 임플라논은 길이 4cm, 두께 2mm 크기의 막대를 주로 팔(이두박근, 삼두박근)의 피부 밑에 이식하는 피임기구로, 황체호르몬을 방출하여 배란을 억제하여 피임합니다. 피임 지속기간은 3년으로, 제거 후 가임 능력이 곧바로 회복됩니다. 미레나와 마찬가지로 호르몬을 이용한 피임법이기 때문에 호르몬에 의한 부작용을 고려하여 의사와의 충분한 상의를 통해 결정해야 합니다.

④ 피임주사

피임 주사(사야나 주사)는 3개월에 한 번씩 맞아 피임하는 방식으로, 1회에 6~9만 원 정도의 비용이 듭니다. 골다공증의 위험이 있어 최대 2년까지만 접종이 가능하며, 주사 성분이 몸에 오래 남아 사람에 따라 가임 능력을 회복하기까지 1년 이상이 걸리기도 합니다.

⑤ 불임수술

임신할 수 없도록 막는 수술입니다. 피임과 다른 점은 일회적이지 않고 영구적이라는 것입니다. 여성에게는 난자가 배출되어 나오는 통로인 난관을 묶거나 절개하는 방법(난관수술)이, 남성에게는 정자가 이동하는 통로인 정관을 묶거나 절개하는 방법(정관수술)이 주로 쓰입니다. 두 성별 모두 수술 후 임신할 마음이 생겼을 때는 복원수술을 받을 수 있습니다. 그러나 복원 이후의 임신률은 이전보다 낮아질 수 있으며, 복원에 실패하는 경우도 있습니다. 따라서 이 피임법은 대개 임신 계획이 없을 때 사용됩니다. 또한 난관수술보다 정관수술이 훨씬 간단하며 부작용도 적기 때문에 여성보다는 남성이 수술을 받는 것이 선호됩니다.

4) 올바르지 못한 피임법

다음은 흔히 사용되지만 다른 피임법과 함께 사용하지 않는다가는 원치 않는 임신을 하게 될 확률이 매우 높은, 사실상 피임 효과가 없다고 여겨야 할 '불량 피임법' 모음입니다. 이 방법들로만 피임을 하고 '설마 괜찮겠지?' 하고 방심하거나 상대방에게 안전할 거라고 속삭이지 마세요.

① 질외사정

질외사정이란 사정 직전에 남성의 성기를 질에서 빼내어 질 밖에서 사정하는 것을 말합니다. 하지만 성관계 도중 '적당한' 타이밍을 계산하여 성기를 빼기란 쉽지 않은 법입니다. 그뿐만 아니라 성관계할 때의 분위기, 느낌 등을 이유로 질외사정을 하기로 해놓고 하지 않는 경우도 많기에 '질외사정을 하겠다.'는 다짐 정도로 여성은 결코 임신 공포에서 벗어날 수 없습니다. 이런 식으로 가장 악용되거나 남용되기 때문에 남성이 얼마나 피임의 중요성과 성관계에 대한 책임을 느끼고 있는지를 가늠하는 잣대가 되기도 합니다. 주변에 콘돔을 거부하고 질외사정을 고집하는 남성이 있다면 "너 그거 안전한 피임법 아닌 거 알지?" 같은 말로 무식함을 지적해줍시다. 질외사정은 콘돔 혹은 경구피임약을 통한 피임을 기본적으로 하는 동시에 피임률을 더욱 높이기 위해 취할 수 있는 추가적인 방법일 뿐입니다.

② 배란일 전후로 성관계 피하기

배란일을 알아내는 방법에는 자궁경부점액 관찰법, 기초체온측정법, 월경주기법 등이 있습니다. 보통 이 중에서 월경주기법을 사용하는

데, 이는 여성의 월경주기가 정확한 경우에만 피임에 성공할 수 있습니다. 하지만 모든 여성은 저마다의 월경주기를 가지고 있고, 정확한 주기를 가진 여성일지라도 주기가 조금씩 바뀔 수 있으므로 이에만 의존하는 것은 매우 위험합니다. 성인만화에 종종 등장하는 "오늘은 괜찮은 날이야, 안에다 싸줘."라는 대사는 작가가 철저하게 해당 캐릭터의 월경주기를 일정한 것으로 정해놓았기에(?) 가능한 시나리오입니다. 실제로 이런 말을 했다가는 원치 않는 임신을 할 확률이 높습니다. 월경주기법 또한 질외사정과 마찬가지로 기본적인 피임법 사용과 동시에 고려할 수 있는 보조 수단에 지나지 않는다는 점을 기억하세요.

2. 청소년도 콘돔을 살 수 있나요?

주요 포털사이트에 콘돔을 검색하면 '청소년에게 적합하지 않은 검색 결과' '연령 확인이 된 사용자만 이용할 수 있는 정보' '부적절한 정보'라는 식의 문구가 뜨면서 19금 딱지와 마주하게 됩니다. 이런 현실은 청소년이 피임에 필요한 지식을 습득하는 것을 가로막고, 청소년은 콘돔을 살 수 없다고 착각하게 합니다. 하지만 콘돔은 몇몇 특수한 종류를 제외하고는 구매하는 데 연령 제한이 있는 물품이 아닙니다.[6]

콘돔이 성인용품이라는 잘못된 인식은 청소년이 콘돔에 관한 지식을

---

6 청소년의 콘돔 사용은 여성가족부고시 제2013-51호 「청소년유해물건(성기구) 및 청소년 출입·고용금지업소 결정고시」에 의거하여 요철식 특수 콘돔, 약물주입 콘돔, 도깨비 콘돔 등의 특정한 콘돔의 사용에 대해서만 제재가 있습니다.

찾거나 직접 구매할 때 심리적 부담감과 압박감, 죄의식을 유발하여 피임 실천을 방해하기도 합니다. 실제로 청소년이 편의점에서 콘돔을 사려고 하면 사람들이 부정적인 눈초리로 바라보거나 신분증을 요구하며 판매를 거부하는 일도 벌어집니다. 하지만 다시 말하건대 콘돔을 사는 데 연령 제한은 없습니다. 또한 콘돔 사용법을 정확히 알고 콘돔을 쉽게 구할 수 있어야 청소년이 안전하게 성관계를 맺을 수 있습니다. 날로 빨라지는 최초 성경험 시기, 증가하는 청소년 임신율과 미혼모나 미혼부 그리고 낙태가 '문제'라고 그저 혀만 찰 것이 아니라 피임법을 자세히 교육하는 것이 중요하지 않을까요? 콘돔을 구매하는 청소년에게서 따가운 시선을 거두지 않는다면 청소년은 성관계가 아니라 피임을 포기하게 될 것입니다. 나이에 관계없이 기본적인 피임법을 알고 사용할 수 있다면 원치 않는 임신 때문에 생기는 문제는 줄어들 것입니다. 점검해야 할 것은 청소년이라는 존재 자체가 아니라 청소년을 바라보는 사회적인 시선입니다.

• 콘돔은 어디에서 살 수 있나요?

기본적으로 청소년도 약국과 편의점 등에서 콘돔을 구매할 수 있습니다. 주위의 시선이 부담된다면 지하철 역 등에 마련되어 있는 콘돔 자판기를 이용하는 것도 하나의 방법입니다.

콘돔을 무료로 지원해주는 단체들도 있습니다.[7] 소셜벤처기업 '부끄럽지 않아요'를 통해 청소년을 위한 콘돔을 무료로 받을 수 있습니

---

7 부끄럽지 않아요 홈페이지 http://notshy.kr의 french-letter 참조. 문의 전화: 070-4038-6472, 문의 메일: smh6472@evecondoms.com

다. 또 아이샵(iSHAP)에 신청해도 무료로 콘돔을 받을 수 있으며,[8] 보건소에 비치되어 있는 경우도 있으니 참조하세요.

3. 산부인과에서 사후피임약을 처방받았는데 혹시 부모님이 제 의료기록을 보고 사후피임약을 처방받은 걸 알아낼 수 있나요?

병원에서 진료를 받으면 보험/비보험(일반), 현금이나 카드 결제 방식에 상관없이 모든 경우에 진료기록이 남고, 그 기록은 의료법상 병원이 10년간 의무적으로 보관하게 되어 있습니다. 따라서 이 진료기록 자체를 삭제하는 것은 불가능합니다. 하지만 진료기록은 의료법 19조 비밀누설금지 원칙에 따라 당사자의 동의 없이 부모에게 공개되지 않습니다.

어떤 진료를 받고 어떤 약을 샀는지까지는 알 수 없지만, 문제는 국세청의 연말정산을 통해 산부인과와 약국 방문 사실 정도는 부모가 알게 될 수 있다는 점입니다. 이것을 막기 위한 가장 안전한 방법은 비보험 처리를 하고 국세청 연말정산에 자료 전송을 하지 말라고 병원에 요청한 뒤 현금으로 결제하는 것입니다. 보험 처리를 할 경우 의료보험공단에 기록이 넘어갑니다. 이때 의료보험 기록을 통해 산부인과 방문 사실이 드러나기 때문에 방문 사실을 알리고 싶지 않다면 보험이 적용

---

8 서울 아이샵에 전화하여 연락처, 주소, 이름을 알려주면 콘돔과 윤활젤로 구성된 개인 패키지를 받아볼 수 있습니다. 배송료는 본인 부담입니다. 문의 전화: 02-792-0083, 홈페이지: http://www.ishap.org/

되지 않아 비싸더라도 비보험 처리를 해야 합니다. 비보험 처리를 하면 기록은 병원에만 남고 의료보험공단에 넘어가지는 않습니다.

하지만 비보험으로 하더라도 국세청 연말정산에는 기록이 넘어갈 수 있기 때문에 병원에 "국세청 연말정산에 자료 전송하지 말아주세요." 하고 요청하는 것이 안전합니다. 이는 법적으로 보장된 권리입니다. 만일 얘기하는 것을 잊었다면 병원에 연락하여 요청하거나 국세청 홈택스 홈페이지(www.hometax.go.kr)에 접속, 자신의 공인인증서로 로그인하여 의료기록을 직접 삭제할 수도 있습니다.

카드로 결제하는 경우 연말정산에도 기록이 남지만 카드 사용내역을 통해서도 산부인과 방문과 약 구매 사실이 드러날 수 있습니다. 설령 부모의 카드가 아닌 자신의 카드로 결제하더라도 부모가 고지서나 결제 내역을 확인할 수 있으므로 현금을 사용하는 것이 안전합니다. 이때 현금영수증을 신청하면 카드와 마찬가지로 연말정산에 기록이 남기 때문에 신청하지 말아야 합니다.

일부 산부인과의 경우 청소년은 당연히 부모에게 산부인과 진료 사실을 알리고 싶지 않을 것이라고 생각하고 당사자에게 묻지 않은 채 비보험 처리를 하기도 합니다. 하지만 청소년의 의사를 물어보는 것은 기본적으로 밟아야 할 정당한 절차입니다. 또한 청소년의 산부인과 이용을 이상한 것으로 바라보고 낙인찍는 사회적 시선은 청소년이 필요한 진료를 제때, 안전하게, 합리적인 가격에 받지 못하게 하는 가장 큰 장애물입니다. 더 근본적으로는 기록을 숨기고 지우는 것이 아니라 이러한 사회적 시선에 문제를 제기해야 합니다. 기록을 숨기고자 하는 청소년의 의사를 존중하고 보호하는 동시에 청소년이 떳떳하고 자연스럽게 산부인과를 이용하는 사회를 만들고자 노력해야 합니다.

4. 산부인과에서 성경험 여부를 물을 때
뭐라고 답해야 하나요? 성경험 여부는 왜 물어보는 거죠?
손가락을 이용한 자위나 섹스도 성경험인가요?

산부인과에서 진료할 때 의사가 성경험 여부를 묻는 것은 그에 따라 진료 방법과 정확도가 달라질 수 있기 때문입니다. 따라서 의사에게 정확한 정보를 전달하는 것이 자신의 몸에 가장 맞는 진단을 받고 적절한 치료를 받는 길입니다. 하지만 문제는 산부인과 이용 여성에게 왜 이런 질문을 하는지에 대해 충분히 설명하지 않는 경우가 많고, 의사의 질문에 사회적인 편견이 담긴 경우가 있다는 점, 그리고 이러한 편견에 기반하여 의사가 불필요한 정보까지 요구하기도 한다는 점입니다.

● 혼인 여부, 물어볼 필요가 있을까?

2015년 5월 의료인이 임산부를 진료하는 경우 환자의 혼인 여부에 관한 사항을 묻거나 진료기록부 등에 기록하는 것을 금지하는 내용의 의료법 개정안이 국회에 발의되었습니다. 미혼 임산부에 대한 사회적 편견이나 차별을 방지하고 미혼 임산부의 인권을 보호하기 위함이었습니다만, 아쉽게도 법안은 통과되지 않았습니다. 그러나 미혼 임산부뿐 아니라 여성의 성적 실천에 대한 편견을 방지하는 이 법안은 지금이라도 마련되어야 합니다.

우리 사회에는 '미혼여성은 성경험 없거나 적음, 기혼여성은 성경험 있거나 많음'과 같은 공식이 세워져 있습니다. 이에 따라 결혼 여부를 물음으로써 환자의 성경험 유무를 파악하려는 의사가 있습니다. 하지만 이는 혼전순결을 강조하는 사회적 편견에서 비롯하여 불필요한 정보를 요구하는 것입니다. 미혼여성이라고 모두 성경험이 없는 것도 적은 것도 아닐 테고, 기혼여성이라고 모두 성생활을 활발히 하는 것도 아니기 때문입니다.

● 무엇이 성경험인가?

흔히 '성경험'이란 여성과 남성으로 구성된 이성애자 간의 삽입섹스[9]만을 이야기하는 경우가 많습니다. 하지만 성경험의 의미가 여성의 질에 남성의 페니스를 넣는 삽입섹스에 국한될 경우 여성 스스로 손가락이나 도구를 이용하여 자위하는 것과 다양한 성소수자의 섹스 등은 성적 실천의 영역에서 배제됩니다. 이러한 배제는 여성의 자위를 부도덕하고 위험한 행위로 여기게 만들며, 성소수자를 없는 존재인 것처럼 취급하게 합니다. 삽입섹스 이외의 성경험이 '부자연스러운' 것으로 인식되지 않기 위해서는 성경험의 정의가 더욱 포괄적으로 바뀌어야 합니다. 만약 산부인과에서 의사가 성경험을 묻는다면 "그 구체적인 정의가 무엇이냐, 자위 경험도 성경험이냐?"라는 식으로 반문하여 정확한 진단을 받도록 합시다.

● 순결, 처녀막중심적인 병원

산부인과에서 성경험 여부를 묻는 이유는 자궁을 검사하는 방법을 선택하기 위한 것일 가능성이 가장 큽니다. 자궁 검사 외에도 피임이나 임신 상담을 할 때 성경험이 있는 여성과 그렇지 않은 여성에

---

9 여성의 질에 남성의 페니스를 넣는 성행위.

게 강조할 내용이 다를 수 있기 때문이기도 하고요.

자궁의 상태를 살피려면 반드시 초음파검사(복부/질/항문)를 해야 합니다. 이 중 가장 정확도가 높은 질초음파검사는 질경이라는 기구를 질 내부에 삽입해서 실시합니다. 환자의 성경험이 있으면 질초음파검사를, 없으면 항문이나 복부초음파검사를 실시하는 것이 일반적입니다. (예외적으로 정확한 검사가 필요한 경우 질초음파검사를 권유하기도 합니다.)

문제는 이 검사 방식을 선택하는 이유가 처녀막을 보존해야 한다는 사회적 통념 때문이라는 것입니다. 물론 처녀막 또한 여성의 신체의 일부이므로 기본적으로 타인의 신체를 함부로 손상해서는 안 된다는 원칙을 염두에 둔 판단일 수 있습니다. 그러나 이런 행태는 의도와 관계없이 처녀막에 대한 오해 및 여성은 순결해야 한다는 통념을 강화합니다. 처녀막이 순결의 상징이 아니라 단지 신체의 일부로 여겨진다면 정확한 진단을 위해 질초음파검사를 선호하지 않을까요? 정확도가 높은 검사를 받는 것이 여성의 몸과 건강에 가장 좋을 테니 말입니다. 하지만 여성의 순결과 처녀막을 가장 중심에 놓고 사고하다 보니 성경험 여부가 중요해지고, 정확도가 높은 질초음파검사를 '굳이' 피하기도 합니다.

처녀막은 오랫동안 순결의 상징으로 여겨져온, 가장 많이 오해받는 여성의 신체 부위입니다. 처녀막은 자궁 내막의 일종으로 질을 막거나 부분적으로 덮고 있고, 여성 외성기의 일부를 이룹니다. 처녀막에는 다양한 모양이 있으며 사람마다 있기도 **없기도** 합니다. 흔히 처음 섹스할 때 처녀라면 피가 나온다는 이야기가 있지만, 처녀막은 결코 순결을 담보하지 않습니다. 그래서 처녀막이라는 용어 대신 '질막'이라는 용어를 사용하자는 의견도 있습니다. 처녀막은 운동을 하거나 탐폰 사용으로 인해, 혹은 골반 검사를 하다가 손상될 수도 있고, 자전거를 타거나 스트레칭을 하다가도 손상되도 합니다. 섹스를 통해 처녀막이 찢어져 피를 흘리는 여성은 43% 정도이며, 처녀막이 없거나 단지 늘어나기에 피가 나지 않는 경우도 많습니다. 처녀막에 대한 통념 때문에 처녀막복원수술이 개발되기도 했으나, 이 수술은 처녀막에 대한 편견을 기반으로 하며 그것을 강화할 뿐입니다. 중대한 건강상의 문제가 아닌 이상 순결을 가장하기 위해 처녀막을 복원하거나 유지할 필요는 전혀 없습니다.

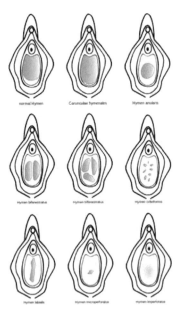

다양한 처녀막의 형태(이미지 출처: 위키백과 '처녀막')

하지만 '처녀막'을 포털사이트에 검색하면 질성형수술이나 처녀막 복원수술을 하는 병원들이 가장 상단에 나오는 것이 현실입니다. 의사들은 처녀막에 관한 정확한 정보를 안내해야 하고, 우리 모두는 여성의 순결을 중요하게 여기는 태도에서 벗어나야 합니다. 이런 노력을 하지 않는다면 여성은 정확하지 못한 정보와 사회적인 편견 속에서 더욱 산부인과 방문을 꺼리게 될 것입니다. 산부인과는 의료진중심이 아닌 이용자 여성중심의 진료, 다양한 여성의 몸에 대해 편견 없이 진료할 의무가 있습니다. 사회적 통념을 근거로 불필요한 정보까지 묻거나 외려 중요한 정보를 간과하는 현재의 행태는 바뀌어야 합니다.

5. 임신한 것 같은데 어떻게 하면 좋을까요?
부모님한테 들키면 안 되는데, 부모님한테도 알려지나요?

임신이 염려된다면 먼저 약국이나 편의점 등에서 임신테스트기를 구매하여 임신 여부를 간단히 확인해보세요. 임신테스트기는 콘돔, 피임약 등과 마찬가지로 구매하는 데 나이 제한이 없으므로 임신이 되었을까 염려된다면 성관계 후 10~14일이 지난 뒤 임신테스트기를 구매해 임신 여부를 확인해보아야 합니다. 아침 첫 소변으로 검사하는 것이 가장 정확합니다. 임신테스트기 결과가 한 줄(임신 아님/음성)이 나왔어도 계속 생리가 없다면 7~10일 간격으로 다시 테스트해봐야 합니다.

꼭 임신이 아니더라도 몸 상태에 대한 진단을 받고 싶은데 병원에 가기 어려운 경우에는 서울시립청소녀건강센터 '나는 봄'(http://imbom.or.kr/)에서 예약 후 산부인과 및 치과 진료, 건강검진, 예방접종 등을 할 수 있습니다. 예약제이고 센터가 쉬는 기간도 있기 때문에 임신 여부를 급히 확인하는 경우에는 적절하지 않겠지만,[10] 탈가정 등의 이유로 병원을 이용하기 어려운 경우 도움을 받을 수 있습니다.

우리 사회에서 청소년의 권리는 비청소년이 좌지우지할 수 있다고 여겨지기 십상입니다. 청소년 홀로 자립하기에는 턱없이 경제력이 부족하고, 사회제도 등을 이용할 때조차 '보호자 동의서'를 제출하라는 요구를 받기도 합니다. 그래서 부모 등 '보호자'가 없거나 그(들)로부터 벗어나게 되면 기본적인 사회 서비스나 시설조차 이용하기 어려워집니다. 이런 상황을 바꾸려면 청소년이라는 이유만으로 홀로 살아가는 데 어려움을 겪지 않도록 청소년의 정당한 권리를 주장하고 나이를 기반으로 한 차별에 맞서야 합니다. 그와 동시에 청소년이 지금 당장 필요한 지원을 받지 못하는 것을 막기 위한 '나는 봄' 같은 사회적 안전망은 더욱 많아져야 합니다.

● **임신 사실을 확인했을 때는?**

임신이 된 걸 알았다면 최대한 빨리 산부인과에 가야 합니다. 보호자 없이 청소년 홀로 진료를 받는 일은 드물지 않으며, 병원에서도 청소년에게 보호자와 함께 오라고 요구하지 않습니다. 또한 의료법 제19

---

10 임신 여부를 일찍 확인해야 하는 이유는 원치 않는 임신이어서 피치 못하게 낙태(임신중절)수술을 해야 하는 경우가 있기 때문입니다. 낙태수술은 임신 기간이 길어지면 길어질수록 위험도가 높아지고 비용 또한 늘어납니다.

조 비밀누설금지 원칙에 따라 의료계 종사자가 진료 사실과 진료기록을 환자 본인 외의 인물에게 알리는 것은 불법입니다. 이를 어길 경우 민·형사소송을 통해 손해배상청구와 처벌이 가능합니다. 청소년도 마찬가지입니다. 당사자 동의 없이 임신 사실을 부모 등에게 알리는 것은 엄연한 위법행위입니다. 따라서 병원에 가는 것만으로 부모에게 임신 사실이 알려질까 걱정하지 않아도 됩니다.

● 출산을 고려하는 경우

출산하고자 하는 경우 보건복지부의 청소년 산모 임신출산의료비 지원[11]과 임신출산진료비 지원[12]을 동시에 받을 수 있습니다. 만 14세 미만의 아동이 청소년 산모 임신출산의료비 지원을 받기 위해서는 법

11 청소년 산모 임신출산의료비 지원: 만 18세 이하 청소년 산모의 임신출산 의료비를 지원하는 제도. 임신부가 산부인과 병원 및 의원에서 임신 및 출산과 관련하여 진료받은 급여 또는 비급여 의료비(초음파검사 등) 중 본인 부담 의료비를 지원받을 수 있습니다. 지원 금액은 임신 1회당 120만 원 범위 이내로, '국민행복카드'를 발급하여 사용합니다. 청소년 임신부 본인 또는 그 가족, 미혼모자시설 또는 미혼모부자 지원기관 담당자가 신청할 수 있으며, 임산부 본인이 신청을 하기 어려운 경우 가족 또는 기관 담당자가 대리 신청할 수도 있습니다.
제출 서류 및 자세한 안내: 보건복지부 사회서비스 바우처 http://www.socialservice.or.kr/, 전화: 02-6360-6247(사회보장정보원 바우처본부 청소년 산모 업무 담당자)

12 임신출산진료비 지원제도: 임신과 출산에 관련된 진료비를 일부 지원하는 제도로 출산비용, 출산 전후 산모의 건강관리와 관련된 진료를 포함하여 임신출산 관련 진료비용을 지원합니다. 국민행복카드 발급을 통해 임신 1회당 50만 원(다태아의 경우 70만 원)을 지원받을 수 있으며, 청소년 산모의 경우 청소년 산모 임신출산의료비 지원제도와 이 제도를 동시에 이용할 수 있습니다.
제출 서류 및 자세한 안내: 보건복지부 사회서비스 바우처 http://www.socialservice.or.kr/

정대리인의 동의서가 필요하지만, 만 14세 이상이라면 청소년 산모 본인이 보호자의 동의 없이 스스로 필요한 서류를 준비하여 지원 신청을 할 수 있습니다.

지원 신청은 먼저 요양기관(산부인과 등)에서 임신확인 정보를 입력하고 임신확인서를 발급받은 뒤, 보건복지부 사회서비스 바우처 홈페이지에서 온라인 지원 신청을 하고 우편으로 필요한 서류를 제출하는 순으로 진행됩니다. 필요한 서류를 제출한 뒤 연락이 오면 홈페이지에 안내된 카드사에 연락하여 '국민행복카드'를 발급받을 수 있습니다.[13]

임신출산의료비 지원제도뿐 아니라 청소년 미혼모나 미혼부 당사자가 보호자 없이 홀로 일련의 과정을 겪어야 하는 경우 미혼모자시설에 입소하거나 한부모가족, 미혼모 및 미혼부 가족지원센터에서 필요한 도움을 받을 수 있습니다.

권역별 미혼모부자 거점기관(전국 17개소)

시도	기관명	전화번호
서울	서울특별시 한부모가족지원센터	02-861-3020
서울	나너우리한가족센터	02-363-4750
부산	부산미혼모부자지원센터	051-253-5235
대구	대구서구건강가정지원센터	053-355-8042
인천	인천서구건강가정지원센터	032-569-1546
광주	광주동구건강가정지원센터	062-234-6053

13 지원 신청 절차 등에 대한 문의는 보건복지부 콜센터: 국번없이 129, 보건복지부 사회서비스 콜센터: 1566-0133 등에서 할 수 있습니다.

대전	대전시건강가정지원센터	042-932-9993
울산	물푸레복지재단	052-903-920
경기	안산시건강가정지원센터	031-501-0033
강원	원주시건강가정지원센터	070-4398-4419
충북	청주새생명지원센터	070-7725-6905
충남	천안시건강가정지원센터	070-7733-8318
전북	전주시건강가정지원센터	063-231-0386
전남	여수시건강가정지원센터	061-659-4171
경북	칠곡군건강가정지원센터	070-4333-5976
경남	경남한부모가족지원센터	070-4334-5336
제주	제주시건강가정지원센터	064-722-9004

● **임신중절(낙태)을 고려하는 경우**

한국에서는 모자보건법 제14조에 따른 다섯 가지 경우[14]에만 합법적

---

14 모자보건법 제14조 (인공임신중절수술의 허용한계)

1. 의사는 다음 각 호의 어느 하나에 해당되는 경우에만 본인과 배우자(사실상의 혼인관계에 있는 사람을 포함한다. 이하 같다.)의 동의를 받아 인공임신중절수술을 할 수 있다.

① 본인이나 배우자가 대통령령으로 정하는 우생학적(優生學的) 또는 유전학적 정신장애나 신체질환이 있는 경우

② 본인이나 배우자가 대통령령으로 정하는 전염성 질환이 있는 경우

③ 강간 또는 준강간(準强姦)에 의하여 임신된 경우

④ 법률상 혼인할 수 없는 혈족 또는 인척 간에 임신된 경우

⑤ 임신의 지속이 보건의학적 이유로 모체의 건강을 심각하게 해치고 있거나 해칠 우려가 있는 경우

으로 낙태할 수 있습니다. 이 외의 모든 낙태는 불법이기 때문에 지원 정책이 없으며, 낙태하기를 원하는 경우 비싼 비용을 치르고도 안전이 보장되지 않는 시술을 감내해야 합니다. 이런 현실이 여성의 주체적으로 성적 권리를 실천하는 것을 어렵게 만든다는 측면에서 여성단체와 인권단체 등은 오랜 시간에 걸쳐 낙태의 합법화를 주장해왔습니다.

사회 통념상 청소년의 임신은 치명적인 실수, 문제와 위기로 여겨지기 십상입니다. 하지만 문제 삼아야 할 것은 청소년의 임신 사실 자체가 아니라 그것을 부정적으로 바라보며 임신한 청소년이 안전하고 건강하게 살아갈 수 있도록 적절하고 충분한 지원을 하지 않는 사회 아닐까요? 흔히 청소년이 임신을 하면 흔히 아이를 키우며 살아가기 힘들기 때문에 미래에 대한 별 계획도 없이 충동적으로 '저질렀다.'고 지탄받습니다. 하지만 능력이 없으므로 임신출산을 하면 안 된다고 막을 것이 아니라 청소년도 충분히 아이를 키울 수 있도록 지원하면 어떨까요? 청소년의 임신은 치명적인 실수나 문제, 위기가 아니라 (비청소년의 그것과 마찬가지로) 주체적인 사랑과 선택으로 인식될 것입니다. 청소년의 임신이 정말 그 자체로 문제인지, 사회적 인식과 안전망의 불충분에 의해 문제로 만들어지는 것인지 돌아보아야 합니다. 청소년의 사랑과 섹스, 임신, 출산이 충동적이고 치기 어린 것으로 폄하되지 않고 주체적인 성적 권리 실천으로서 존중되는 사회라면 그 일련의 과정은 결코 위태롭지 않을 것입니다.

2. 제1항의 경우에 배우자의 사망·실종·행방불명, 그밖에 부득이한 사유로 동의를 받을 수 없으면 본인의 동의만으로 그 수술을 할 수 있다.

3. 제1항의 경우 본인이나 배우자가 심신장애로 의사 표시를 할 수 없을 때는 그 친권자나 후견인의 동의로, 친권자나 후견인이 없을 때는 부양의무자의 동의로 각각 그 동의를 갈음할 수 있다.

6. 임신하고 학교에 계속 다닐 수 있을까요?

청소년의 섹스와 임신은 여성청소년과 남성청소년이 함께 겪는 과정이지만, 사회적 낙인과 차별은 여성청소년에게 특히 강하게 작용합니다. 미혼모라는 단어는 일반적이지만 미혼부라는 단어가 그만큼 잘 쓰이지는 않는다는 점, 임신으로 인해 여성청소년이 남성청소년에 비해 훨씬 더 많이 학업을 중단하게 된다는 점 등을 보면 알 수 있지요.

많은 여성청소년이 임신한 기간에도, 출산 후에도 학교에 계속 다닐 수 있는지 의문을 품고 있습니다. 실제로 학교에서 전학이나 자퇴를 강요하는 일도 비일비재합니다. 하지만 이는 엄연한 차별입니다. 교육기본법[15]에는 모든 국민의 학습권은 보장되어야 하며 성별, 종교, 신념, 사회적 신분, 경제적 지위 또는 신체적 조건 등을 이유로 교육에 있어서 차별을 받아서는 안 된다고 규정되어 있습니다. 청소년 산모가 학교에 계속 다니는 것은 기본적인 권리입니다.

국가인권위원회의 '청소년 미혼모 교육권 실태조사'(2008)에 따르면, 설문에 응한 63명의 청소년 미혼모 중 71.4%는 임신 당시 이미 학업을 중단한 상태였고, 임신 사실을 학교에 알린 여섯 명은 모두 휴학이나 자퇴를 권유받은 것으로 나타났습니다. 이들 중 87.6%가 '사회적 인식 때문에' 혹은 '더 나은 미래를 위해' 학업을 지속하

---

15 교육기본법

　　제3조 학습권: 모든 국민은 평생에 걸쳐 학습하고, 능력과 적성에 따라 교육받을 권리를 가진다.

　　제4조 교육의 기회균등: 모든 국민은 성별, 종교, 신념, 사회적 신분, 경제적 지위 또는 신체적 조건 등을 이유로 교육에 있어서 차별을 받지 아니한다.

기를 원한다고 했고, 학업 지속이 어려운 이유로는 경제적 어려움(16.7%), 자녀 양육(15.0%), 복학 및 전학의 어려움(15.0%) 등을 꼽았습니다.[16] 국가인권위원회는 이런 연구와 청소년 당사자의 진정성[17] 등을 바탕으로 청소년 미혼모의 학습권 보장을 위한 지원 방안 마련 권고를 내렸습니다.

● 학교에서 전학이나 자퇴를 강요한다면?

국가인권위원회에서 이미 몇 년 전에 권고를 내렸지만, 권고에는 강제력이 없습니다. 지속적인 사회의 요구에도 권고에 따르는 제도적 보완이 이루어지지 않아 임신한 청소년의 학습권은 충분히 보장되고 있지 못한 것이 현실입니다. 다음 방안은 학교가 임신한 청소년의 학습권 보장을 외면하는 경우 청소년 당사자가 취할 수 있

16 '청소년 미혼모 학습권 보장 법령 정비를'(국가인권위원회 권고)에서 발췌. http://www.humanrights.go.kr/04_sub/body02.jsp?SEQ_ID=598040&flag=VIEW

17 국가인권위원회는 학교가 임신한 학생에게 자퇴를 강요한 사례에서 이러한 자퇴 강요가 '국가인권위원회법'에 규정된 차별행위라고 판단했습니다. 국가인권위원회는 따라서 '해당 학교장에게는 당사자 학생을 재입학시켜 학업을 계속할 수 있도록 할 것' '해당 교육청 교육감에게는 피진정인(해당 학교 교장)에 대한 경고 조치와 재학 중 임신한 학생이 학업을 계속할 수 있는 방안을 마련하여 시행할 것'을 권고하였습니다(국가인권위원회 2009.7.6.자09진차535 결정). 이러한 권고 후 해당 학교는 피해자의 학적을 회복하여 학업을 계속할 수 있도록 하였고, 관련 교육청은 피진정인을 경고조치하고 타 시도교육청과 공동으로 임신한 학생의 학업 지속 방안을 마련하도록 노력하되 우선은 관내 교장회의, 생활지도 관련 교사회의 등에서 임신한 여학생의 학습권이 보장되도록 지도하겠다는 입장을 밝히며 위원회 권고를 수용하였습니다. 당시 피해자인 학생은 출산 후 학교를 졸업하여 대학에 진학하였습니다. 〈청소년을 위한 법 사용설명서: 살리는 법 죽이는 법 버티는 법〉, 청소년활동기상청 활기, 115쪽.

는 최소한의 조치입니다. 이런 문제의식을 알리고 시민단체와 정부기관 등의 지원을 적극적으로 이끌어내야 합니다.

★ 학생인권조례가 제정된 지역의 경우 학생인권옹호관(서울, 경기, 전북) 혹은 민주인권교육센터 내 전담팀(광주)에 연락하여 도움을 받을 수 있습니다.

서울학생인권교육센터(학생인권옹호관)

온라인: http://studentrights.sen.go.kr/ (신고상담안내 참조)

전화 상담 문의

1권역: 02-3999-081 [동부(동대문구, 중랑구), 성동(광진구, 성동구), 강동(강동구, 송파구) 소재 학교]

2권역: 02-3999-083 [서부(마포구, 서대문구, 은평구), 강서(강서구, 양천구) 소재 학교]

3권역: 02-3999-084 [남부(구로구, 금천구, 영등포구), 강남(강남구, 서초구), 동작(관악구, 동작구) 소재 학교]

4권역: 02-3999-082 [중부(용산구, 종로구, 중구), 북부(노원구, 도봉구), 성북(강북구, 성북구) 소재 학교]

경기도 학생인권옹호관

1권역 옹호관실: 031-780-2694 (성남, 수원, 용인, 양평, 이천, 여주, 안성, 평택, 광주하남)

2권역 옹호관실: 031-412-4648 (안산, 시흥, 김포, 부천, 광명, 화성오산, 군포의왕, 안양과천)

3권역 옹호관실: 031-820-0192 (의정부, 고양, 파주, 연천, 포천, 가평, 구리남양주, 동두천양주)

전북학생인권교육센터: 063-239-3752~3
광주민주인권교육센터: 062-712-6825

★★ 교육청에 민원을 넣어 해당 학교를 고발할 수 있습니다. 각 시도교육청 홈페이지의 '교육신문고'에서 온라인 민원 신청이 가능합니다.

★★★ 국가인권위원회에 진정을 넣을 수 있습니다. 국가인권위원회 홈페이지(http://www.humanrights.go.kr/)의 '상담, 진정, 민원' 페이지에서 온라인 진정, 전화상담 등이 가능합니다.

● 다니던 학교를 계속 다니는 것이 부담스럽다면?

임신한 청소년이 다니던 학교를 무리 없이 계속 다니는 것이 당사자의 권리가 가장 잘 지켜지는 모습이겠지만, 실제로는 청소년 임신을 바라보는 사회적 시선 등의 영향으로 임신한 청소년에게는 자신의 일에 관해 다 아는 학교를 계속 다니는 것이 부담스럽게 느껴질 수 있습니다. 이 시선을 바꾸는 것도 중요하지만, 동시에 청소년이 지금 당장 부담을 피할 수 있는 제도도 필요합니다. 그런 제도로서 존재하는 것이 바로 학생 미혼모 대안위탁교육기관입니다. 대안위탁교육기관이란 기존에 다니던 학교에서 학업을 지속하기 어려운 청소년을 위해 정부(각 지역별 교육청)에서 지정하고 지원하는 교육시설이며, 현황은 다음 표와 같습니다.

학생 미혼모 대안교육 위탁교육 기관 지정 운영 현황　　　자료: 교육과학기술부 학교문화과

시도	설립주체	기관명	주소	특기사항
서울	민간	한국장로복지재단 (애란원-나래대안학교)	서울시 서대문구 대신동	중고 통합중1~고3
서울	민간	시립망우청소년수련관 (틔움터학교)	서울시 중랑구 망우본동	중1~고3
부산	민간	마리아모성원	부산시 서구 암남동	–
부산	민간	사랑샘	부산시 남구 대연1동	–
대구	민간	대한사회복지회 대구혜림원	대구시 수성구 범어2동 128-1	3개월 이내 (출석 인정)
인천	민간	바다의 별학교	인천 중구 경동 231-20	–
울산	민간	울산시민 중고등학교	울산광역시 중구 만구2동 26-17번지	정규교육과정 외 과정은 중고등학생 무학년제로 운영
경기	민간	고운학교	경기 수원 팔달구 우민동	중고통합과정
경기	민간	동방누리학교	경기 평택시 소사동	중고통합과정
강원	민간	마리아의 집	춘천시 석사동 194	–
충북	민간	자모원	청원군 오창읍 성산리 421	–
충남	공공	충남건강가정지원센터	충남 천안시 동남구 문화동 109-2 영덕빌딩 1층	초중고
전남	사회복지 법인	성모의집	전남 목포시 동명동 450번지	중고
경북	민간	혜림원	수성구 범어2동 128-1	위탁기관 지정 중에 있음. 대구시에 위치
경남	민간	로뎀의집 (미혼모지원)	경남 창원시 마산회 원구 석전1동 48-3번지	중고통합과정

학교가 청소년이 연애와 교제를 바라보는 인식 또한 바뀌어야 합니다. 2014년 한국여성정책연구원이 서울, 부산, 광주, 전북, 경북 다섯 개 지역 고등학교를 조사한 자료에 따르면 '이성교제 시 퇴학'이라는 교칙을 가진 학교가 28%나 된다고 합니다. 청소년의 교제를 제한하는 학교 교칙과 인식부터 바뀌지 않으면 임신한 청소년이 문제이고 위기라는 낙인은 사라지지 않을 것입니다.

7. 임신했는데 남자에게 병원비와
이후 양육비를 받아낼 수 있나요?
아이에 대한 양육권 및 친권은 누가 갖게 되나요?

• 남성에게 임신의 책임을 묻기 어렵게 하는 것들

임신은 여성의 몸에서 일어나는 변화이지만, 남성 없이 임신은 불가능합니다. 자신의 몸에 변화가 없다고 해서 남성이 임신 책임에서 벗어나거나 임신 중의 과정을 도외시해서는 안 됩니다. 하지만 실상은 여성이 홀로 임신출산의 책임과 부담을 짊어지는 경우가 많습니다. 남성의 임신출산에 대한 책임과 부담을 여성의 그것보다 가볍다고 보는 사회적 시선에 더해 남성의 책임을 강제할 수 있는 법이나 제도가 미비하기 때문에 쉽게 책임을 회피할 수 있는 것입니다.

이 문제는 현재 우리나라에서 낙태가 불법인 상황과도 긴밀하게 연관되어 있는데, 보통 계획하지 않은 임신이었을 때 남성이 책임을 회피하기 때문입니다. 그때 낙태를 결정하게 되면 수술비와 이후 건강 회복을 위해 드는 몸조리 비용 등이 발생하는데, 여성과 남성이 책임을 평등하게 지지 않으면 대개 임신 여성이 그 비용을 모두 부담하는 불상사가 발생합니다. 하지만 문제는 우리나라에서 낙태가 불법이라는 것입니다. 즉 "낙태를 했는데 상대 남성이 책임을 안 져요!"라고 하면 "너 불법으로 낙태했니?"라는 질문이 돌아온다는 것입니다. 또한 상대 남성이 낙태 비용을 부담했을 경우 '낙태방조죄(낙태하는 것을 알고도 내버려두거나 도운 죄)'라는 죄목으로 처벌되는 기이한 일마저 벌어지기도 합니다. 따라서 법원을 통해 남성에게 낙태 비용을 청구하기는 낙태가 불법인 이상 어려운 셈이지요. 낙태하기로 결정할 경우 비용 부담과 관련하여 상대방과 충분한 대화를 통해 합의를 이끌어내는 것이 지금으로서는 가장 현실적인 대책입니다. 이는 낙태하지 않고 출산하기로 결정했을 경우에도 비슷합니다. 서로 사랑해서 임신한 것에 대한 책임은 여성과 남성이 공동으로 진다고 보아 임신에 대한 손해배상청구가 되지 않을 수도 있기 때문입니다.

낙태가 불법으로 규정되면서 여성은 원치 않는 임신에 대해 떳떳하게 상대 남성에게 책임을 부과하기 어려우며, 낙태에 대한 죄의식을 갖고 자신의 몸에서 일어나는 현상을 자유롭게 자신의 의지로 선택하기 어려워졌습니다. 이런데도 과연 '낙태죄'가 타당한지 되돌아봐야 합니다.

● 친권과 양육권, 그리고 양육비

앞서 설명했듯 병원비, 수술비, 조리비 등의 비용 부담을 회피하는 상대 남성에게 돈을 강제로 받아내는 일은 어렵습니다. 하지만 출산을 하고 아이를 키우는 과정에서 발생하는 양육비를 청구할 수는 있습니다. 그러려면 먼저 친권과 양육권이 무엇이며 누가 갖는지를 알아야 합니다.

친권은 부모가 미성년인 자식에 대하여 가지는 신분상 혹은 재산상의 여러 권리와 의무의 총칭입니다.[18] 친권은 친권자나 자식이 사망하거나 자식이 성년(민법상 만 19세)이 되면 자연스럽게 사라집니다. 또 분가 · 혼인 · 이혼 · 입양 · 파양[19] · 인지[20] 또는 인지 취소[21] 등의 경우 친권자가 바뀌고 원래 친권자가 가졌던 친권이 사라지기도 합니다.

양육권은 부부가 이혼할 경우, 미성년자 자녀를 양육할 권리를 말합니다. 양육권이 없는 사람은 양육권을 가진 사람(자녀를 키우는 사람)에게 매달 양육비를 주어야 합니다. 양육비 청구는 양육권을 가진 사람의 권리입니다. 만약 양육비를 주지 않는다면 가정법원에 양육

---

18 친권은 역사적으로 가부장(아버지)의 절대적인 권력을 하나의 제도로 만들면서 발달하게 되었고, 오늘날에는 부모의 권리라기보다는 미성년자를 양육하기 위하여 부모에게 주어진 직분이라는 의미로 변화했습니다. 하지만 권리든 직분이든 친권이 청소년이 부모에 종속된 존재라는 관점을 기반으로 한다는 것은 마찬가지입니다. 청소년운동은 이에 대한 문제의식을 밝혀왔습니다. 청소년 또한 비청소년과 마찬가지로 한 명의 인간이며 나이가 어리다는 이유만으로 권리를 제한하는 것은 편견에 기반을 둔 차별이라고 생각하기 때문입니다.
그래서 청소년운동가들은 친권자(친권을 행사하는 사람, 흔히 부모를 의미합니다.)의 마음대로 청소년의 권리를 침해하거나 좌지우지해서는 안 되며, 친권자 없이도 청소년이 자신의 정당한 권리를 누릴 수 있어야 한다고 주장합니다. 하지만 이 질문에서는 친권과 양육권을 누가 갖느냐 하는 문제가 임신출산 당사자인 청소년에게 중요한 문제이기 때문에 그에 초점을 맞추도록 합니다.

19 입양 관계에 있다가 인연을 끊는 것.

20 결혼하지 않은 관계에서 출생한 자녀에 대하여 친아버지나 친어머니가 자기 자식임을 확인하는 일.

21 인지가 사기 혹은 강박(고의적인 위협) 또는 중대한 착오로 인하여 이루어진 때 이를 취소하는 것.

비 이행확보 지원을 요청할 수 있습니다. 양육권을 갖지 못한 사람은 양육비를 줄 의무가 있으며 면접교섭권(자녀를 만나거나 전화 또는 편지를 할 수 있는 권리)을 가집니다.

임신출산 후 상대와 함께 살지 않게 되었을 때는 친권과 양육권을 확실히 정리해야 합니다. 친권과 양육권은 기본적으로 어머니에게 유리합니다. 왜냐하면 아이가 어머니의 몸에서 나온 것은 확실한 사실이기에 아버지와는 달리 혈육이라는 사실을 자연스럽게 알 수 있고, 여성이 실질적으로 아이를 양육하고 있는 경우가 많기 때문입니다. 하지만 친권과 양육권은 아이의 나이와 의사, 부모의 경제력, 양육 의지 및 계획 등을 모두 고려하여 결정되므로 무조건 누구에게 있다고 말할 수는 없습니다. 이에 관해서는 한부모가족 무료법률구조 지원을 통해 더 실질적이고 정확한 도움을 받을 수 있습니다.[22] 아이를 키우지 않던 상대가 갑자기 친권과 양육권자가 되겠다고 들이닥치거나 양육권이 없는 상대로부터 양육비가 제대로 지급되지 않는 등의 난감한 상황이 발생하면 당황하지 말고 이러한 제도를 활용하여 적절하게 대처하기 바랍니다.

---

22 관련 문의

대한법률구조공단 홈페이지 http://www.klac.or.kr/

법률구조법인 한국가정법률상담소 사이버상담실 http://lawhome.or.kr/,
문의전화: 1644-7077

여성가족부 청소년가족정책실 가족지원과 문의전화: 02-2075-8718

5부

성폭력

선언

남성

열세 살 때 성폭력을 당했어요. 그 전까지는 성폭력은 방송에서나 보던 일이였고, 늘 남자가 가해자이고 여자가 피해자로 나와서 나에겐 일어나지 않을 일이라 생각했죠. 그런데 전 남자인데도 같은 교회를 다니던 사람에게 성폭력을 당했어요. 반강제적으로 그 사람이 제 성기를 애무하고 빨았어요. 그러고는 자신의 성기를 꺼내 어서 해달라고 했어요. 그 사람은 학교 일진이라는 소문이 있어서 거부하지 못했어요. 하라는 대로 할 수밖에 없었어요. 그 사람은 좋아했지만 저는 정말 힘들었어요. 다리가 떨릴 정도로요. 그 반강제적인 관계가 끝난 뒤 그 사람이 돌아가고 경찰에 신고했어요. 굉장히 슬펐고 기분도 더러웠죠. 그런데 경찰은 그건 성희롱이라며 가볍게 여겼어요. '1388 청소년전화'에도 전화해보았는데, 가해자가 남자라고 했더니 "친구, 그건 우정의 표시예요."라고 말하더군요. 우정의 표시요? 웃기는 소리죠. 이 행위가 남자와 여자 사이에서 일어났어도 우정의 표시라고 했을까요? 남자도 성폭행을 당한다는 사실을 사람들이 알아줬으면 좋겠어요.

여성

유치원을 다니던 시절, 어떤 사람과 놀이를 했다. 특히 병원놀이를 많이 했다. 나는 거의 대부분 환자였고 상대방은 의사였다. 주사 맞을 때는 팬티를 내려야 한다며 옷을 벗기고 내 보지에 주사를 놓있다. 나는 아무 의심 없이 엉덩이를 깠던 것 같다. 그게 거이 초등학생 때까지 이어졌다. 나중에 나이를 먹고 나서야 이게 '잘못된 일'이었다는 것을, '성폭력'이었다는 것을 알았다.

여성

중학교 때 도서관에서 치한을 만났다. 인터넷 열람실에서 디브이디를 보고 있었는데 어떤 아저씨가 나를 더듬었다. 당황해서 우물쭈물한 사이 내 머리채를 잡고 자기 자지를 빨게 했다. 그리고 돈을 줬다. 순식간에 벌어진 일에 나는 어찌할 줄 모르고 그냥 멍청히 있었다.

남성

친구에게 제가 게이라고 커밍아웃했는데, 그 사실은 삽시간에 학교 전체로 퍼졌습니다. 남중, 남고를 다닌 저에게는 정말 지옥 같았던 시간이었지요. 학생들은 지나가면서 제 엉덩이를 쳤고, 모욕적인 말을 했습니다. 제가 쳐다보기라도 하면 '내가 마음에 드냐.'는 식의 성희롱적인 모욕도 했어요.

여성

어릴 때 척추측만증이 심해서 한의원에 갔다. 남자의사가 보호자는 밖에 나가라고 하면서 엄마를 진료실 밖으로 내보냈고, 나 홀로 의사와 마주 앉아 진료를 받았다. 옷을 올려보라며 자세가 안 좋으면 나중에 가슴이 짝짝이로 자라서 안 예쁘다며 속옷 안으로 손을 넣었다. 그 상황에 너무 정신이 없어서 숨이 막혔다. 등허리를 훑어 만지더니 상태가 안 좋다며 자주 보자는데 정말 무서웠다. 나와서 엄마한테 바로 말하지도 못하고 계속 병원에 다녔다. 치료할 때마다 간호사들은 잠깐 왔다 나갔고, 그 의사랑 단둘이서 남겨진 채로 자세 교정 같은 걸 했는데 기분이 정말 나빴다. 지금도 나는 산부인과를 비롯해서 병원에 갈 때는 여자의사를 찾는다. 청진기를 가슴에 대보거나 침을 놓다가 또 그런 짓을 할까봐 남자의사를 꺼리게 되었다.

여성

세상엔 청소년을 보호하려는 어른들도 많지만 청소년의 성을 착취하려는 어른들도 아주 많다. 세상은 청소년을 성으로부터 안전하게 보호하고 있다고 생각하는 것 같지만 너무 허술하다. 나를 때리는 부모와 폭력적인 학교에 지쳐 집을 나와 이리저리 굴러다닐 때 성매매까지 하게 되었다. 너무 쉬웠다. 청소년은 밤에 찜질방에도 못 가게 하는 제도 때문에 밤중에는 길거리를 헤매야 했다. 그렇게 아등바등하다 보면 사람들이 다가와 물었다. "너는 얼마냐?" 소위 자신이 도덕적이라고 말하는 사회운동을 한다는 사람조차도 성 구매를 꺼리지 않았다. 어떤 환경운동가는 스폰서가 되어주겠다며 돈을 쥐어주고 녹색, 어린이 보호, 환경 같은 글귀기 쓰여 있는 사무실에 나를 불러 박아대곤 했다.

여성

친척들과 여행을 갔다. 내가 사촌 중 나이가 제일 많았다. 아래로는 두 살 아래의 남동생과 여섯 살 차이 나는 여동생, 그리고 막내 남동생이 있었다. 평소에도 넷이서 잘 어울려 놀았던 우리는 숙소도 따로 배정받았다. 넷이서 신나게 놀다 같은 방에서 잠들었는데, 모두 잠들자 두 살 아래 사촌 남동생이 내 몸을 만졌다. 당황스럽는데 무서웠다. 나는 화장실이 가고 싶어서 깬 것처럼 벌떡 일어나 어른들 숙소 쪽 화장실로 뛰어 들어갔다. 사촌동생은 화장실 앞까지 따라와 내가 나오기를 기다렸다. 난 아무렇지 않은 척 다시 밖으로 나와 걔 데리고 방으로 들어갔다. 동생은 초조한지 다시 자지 않았고, 걔가 잠들지 않으니 나 또한 잘 수 없었다. 결국 둘이서 새벽까지 서로 눈치만 보았다. 나는 걔 뺨을 때리고 뛰쳐나왔다.

아침에 엄마와 먼저 집으로 오며 그 이야기를 했다. 엄마가 고모에게 연락했다. 고모는 정말 미안하다며, 애가 아직 어려서 평소에도 잠결에 옆 사람 몸을 더듬는 버릇이 있다면서 그 일이 사고였음을 강조했다. 사촌동생은 그 이후로 연락이 없었다. 너무 화가 났다. 잠결에 그런 행동을 하는 애가 화장실까지 날 따라와서 자기가 한 짓을 들키지 않았는지 눈치를 본다고? 고모는 자기가 잘 타이르겠다며 계속해서 사과했지만, 내가 어떻게 상황을 처리하고 싶은지는 묻질 않았다.

여성

저는 초등학교 3학년 때 동급생 남자에게 성추행당했습니다. 제 바지에 손을 넣고 팬티 속으로 제 음부를 만지고 냄새를 맡았습니다. 너무 무서웠습니다. 당시 부모님은 저를 자주 때려서, 조신하지 못했다며 또 때릴까봐 얘기하지 못했습니다. 선생에게서도 부모에게서도 신뢰받지 못하고 존중받지 못하는 아이. 얻어맞아 생긴 피멍자국을 달고 사는 아이. 그게 저였어요. 그렇게 괴로워하다 가해자와 같은 중학교에 배정받았고, 두렵기도 하고 사과도 받고 싶은 마음에 힘들게 가해자에게 심정을 말했으나 돌아온 건 욕뿐이었습니다. "야! 내가 널 성추행했다고? 웃기고 있네. 너 같은 병신 걸 내가 왜 만지냐? 만져달라고 해도 안 만져. 미칠 거면 곱게 미쳐라." 전 너무 두려워 밥도 제대로 먹지 못하다 멀리 시골로 이사를 갔습니다. 피해자인 내가 전학을 가야 했던 것이 무엇보다 원통합니다. 실제로 학교폭력 피해자가 전학 가는 일이 많다고 하네요. 전 처벌을 바란 게 아니라 사과를 바랐을 뿐인데 말이죠.

여성

초등학교 시절, 저의 어머니는 돌아가셨고 저는 새어머니와 아빠, 다섯 살 차이 나는 친오빠와 함께 살았습니다. 저는 5년간 친오빠에게 성폭력을 당했습니다. 오빠는 지에게 뭔가를 주면서 "이거 줄 테니 아무에게도 말하지 마라." 하는 식으로 말했습니다. 제가 너무 어리다보니 삽입이 안 되는 상태였지만, 그래도 강제로 하더군요. 2차 성징을 겪고 '성폭력'이란 개념을 배웠습니다. 처음엔 몰랐지만 그게 성폭력인 걸 안 뒤부턴 제 몸이 참 더러워진 것 같은 느낌이 들었습니다. 그래서 오빠가 강제로 하려 할 때마다 거부했습니다. 제가 거부하니 잠들었을 때 몰래 건드리더군요. 하루는 잠을 자고 있는데 누가 건드리기에 보니 역시나 오빠더라고요. 하지 말라고 사람들한테 다 말하겠다고 하니 그제야 안하더군요.

중학교에 진학했을 때였습니다. 가족들이 힘들던 시기였습니다. 새어머니도 집을 나가셨고 전 정말 심하게 삐뚤어졌습니다. 그걸 더는 지켜볼 수 없었는지 고모가 동거인으로 절 호적에 넣었고, 고모네 집에서 살게 되었습니다.

고모부는 술을 드시면 난폭해졌습니다. 부부 싸움을 많이 하셨고, 그 광경을 자주 지켜보아야 했습니다. 어느 날 저는 노래를 틀어 싸움 소리를 가리며 잠을 청했습니다. 갑자기 고모부가 방에 들어와 제 뒤에 눕더니 제 몸을 더듬더군요. 저는 하지 말라고 뿌리치며 나와 고모를 찾았습니다. 그런데 고모가 안 보였습니다. 겨울이라 밖에 나오니 추워서 하는 수 없이 다시 방으로 들어갔죠. 고모부는 제게 미안하다며 안 건드리겠다고 하셨습니다. 제가 알겠다고 하자마자 갑자기, 억지로 키스를 하

364

더군요. 그리고 중요 부위를 만졌습니다. 놀라서 뿌리치고 나왔죠. 고모를 겨우 찾았습니다. 무슨 일이 일어났는지 말했는데도 고모는 저에게 방에 들어가라고 했습니다. 고모부는 아직도 제 방에서 나가지 않았습니다. 마지못해 이불로 몸을 돌돌 감싸고 잠을 자려는데 또 이불을 벗기려고 하더라고요. 결국 전 울면서 나와 고모를 찾았습니다. 제발 제 방에 들어와 달라고 말하며 처음으로 고모 앞에서 서럽게 울었습니다. 그제야 고모가 심각한 일임을 눈치 채고 방에 들어오시더군요.

다음 날 학교에 갔는데 기분이 너무 끔찍했습니다. 담임선생님께 가서 상담을 받고 진술서를 썼습니다. 아빠도 이 사태를 알게 되었고, 고모에게 "내 딸 데려가지 말라."고 했습니다. 그런데 다음 날 고모는 저에게 "집을 태워버리기 전에 이 집으로 오라."며 협박을 하더군요. 무서운 마음에 고모 집으로 가려는데 저더러 "고모부 차를 타고 오라."는 겁니다. 저는 울면서 아빠한테 전화를 걸었죠. 고모는 저에게 정말 못할 소리를 다 했습니다. "못된 년, 나쁜 년, 니가 형제의 연을 끊었다." "고모랑 고모부 선에서 끝낼 수 있었던 일인데 아빠한테 알려 일을 벌이냐."는 소리를 들었습니다.

지금 고모와 저는 연락을 거의 안 합니다. 가끔 고모가 놀러오란 말을 하지만 그 일이 다시 떠오를까 봐 최대한 안 가고 있습니다.

생각보다 많은 친구가 성폭력을 겪었나. 모두 대낮에 벌어진 일이었다. 한 친구는 모래내시장 근처를 지나 집에 가다가 모르는 아저씨에게 잡혀 끌려갔다고 했다. 그 애는 살아남기 위해 필사적으로 도망쳐 떡볶이 포장마차에 숨어들어 주인에게 살려달라고 빌었던 덕에 무사할 수 있었다. 또 다른 친구는 중학교 때 연상의 남자친구가 노래방에서 강제로 키스하고 만졌다고 했다. 그것도 모자라 지하철에서도 그 남자는 억지로 키스하고 친구 손목을 제압한 채로 몸을 더듬었다는데 누구 하나 도와주지 않았다고 했다. 학원 친구는 등굣길에 택시를 탔다가 택시 아저씨에게 납치돼서 잠깐 신호에 멈춘 틈을 타 차도에서 뛰어내린 일도 있었다. 내가 중학생 때 체육선생님은 유독 여학생들한테만 명찰 핑계를 대며 자로 젖꼭지를 만져댔고, 고등학생 때 체육선생님은 친구의 교복 치마 위로 자기 성기를 문질러댔다. 우리는 자신이 겪은 끔찍한 이야기를 공유했지만 어른들에게는 말하지 않았다. 고추가 내 안에 들어온 만큼의 큰일이 아니라면 어른들은 크게 신경 쓰지 않을 테니까. 우리의 가치는 처녀성에 달려 있다. 포장이 벗겨지지 않은 물건, 사위에게 곱게 싸서 건네주어야 할 선물. 처녀성에 흠집만 가지 않으면 좋은 남자에게 시집보낼 수 있다는 엄마의 신념이 추행당한 것보다 더 싫었다. 나는 엄마 보란 듯이 스스로 '흠집'내고 싶었다. 그래서 여러 남자와 만났고, 섹스를 좋아하는 척했지만 사실 그 섹스들은 고통스럽기만 했다. 내 의사와 상관없이 내 육체는 범해졌다. 그 복수가 누구를 향한 것이었는지는 명확하지 않았다. 만신창이가 되고 자해를 하고 안정제에 의지하는 나날이 이어졌다. 몸이 고깃덩이처럼 느껴졌다. 내 자신이 역겹고 끔찍했다. 데이트성폭력 상담을 받은 후에야 그 모든 일을 뒤로 하고 이제야 나는 예전 모습을 되찾았다. 과거로 돌아갈 수 있다면 다시는 남자를 겪고 싶지 않다.

여성

저는 제대로 된 성교육을 받아본 적이 없는 것 같아요. 성폭력은 범죄임에도 사람들은 항상 피해자가 알아서 예방하는 것이 우선인 듯 생각하죠. 노출이 많은 옷차림을 하고 밤늦게 돌아다니면 쉽게 표적이 된다면서 저를 단속시켜요. 정작 단속해야 할 건 사람들의 인식과 위험한 환경이 아닌가요? 부모님은 남동생들과 저를 다르게 대하세요. 동생들은 남자니까 친구들 집에 가서 놀고 자도 괜찮지만 여자인 저는 꿈도 못 꾸는 일이죠. 세상에 믿을만한 남자는 아빠와 동생들뿐이라고 얘기하는데, 정말 그러면 왜 친족 성폭력이 일어나나요. 길거리는 위험하고 집 안은 안전한가요? 아버지가 딸을 강간하고 오빠가 동생을 성추행하는 일이 실제로 일어나는데 안심할 수 있을까요? 매일 집을 나설 때마다 거울 앞에 나를 보며 '안 야한가?' 하며 검열하게 하는 사회, 밤늦게 길을 걸을 때 뒤를 힐끔힐끔 보며

'따라오냐?' 하며 겁을 먹게 하는 사회, 성폭력인지 아닌지 눈치 보며 고민하게 하는 사회, 성폭력을 당해도 낭낭히 도움을 요청할 수 없고 피해자가 원인을 제공했는지 따지는 사회. 겉으로는 "네 잘못 아니야."라고 해도 막상 사람들은 나의 짧은 치마가, 늦은 귀가시간이, 나의 행동이, 저항의 세기가 어땠는지를 따지며 성폭력을 당할만했는지 판단하겠죠. 성폭력 예방교육은 '나를 위해서' 밤늦게 돌아다니지 말고 야하게 입지 말라고 하지만, 이런 '예방' 수칙들이 막상 내가 피해를 당한다면 수칙을 준수하지 않은 내 책임과 내 탓으로, 내가 감내해야 할 자책감으로 돌아올 것을 나는 알고 있어요.

청소년 성폭력 피해자, 나의 이야기

-강민진

성폭력, 많은 사람이 살면서 한 번 이상 경험하지만 여전히 그 단어는 우리 삶과는 멀리 떨어진 무시무시한 것으로 느껴진다. 뉴스에 나오는 강간 사건, 혹은 강간 후 살해 사건에 공분하면서도 사람들은 자신이 겪었던 크고 작은 성폭력에 대해 이야기하지 않는다.

성폭력이란 무엇인가? 언어나 비언어적 표현으로 성적 수치심을 주는 성희롱, 원하지 않는 신체접촉을 가하는 성추행, 그리고 강간을 모두 성폭력이라고 한다. 그렇지만 구체적인 상황에서 이것이 성폭력인지, 아니면 무엇에 해당하는지 판단하는 일은 쉽지 않을 때가 많다. 수많은 성폭력 피해자가 성폭력을 당한 후 이것을 성폭력이라고 부를 수 있는지를 고민한다. 고민하게 되는 이유는 다음과 같은 것들이 있다. 1) 정신없는 새에 일은 벌어졌고 내가 정말 동의하지 않았던 건지, 저부는 했던 건지 혼란스러워서. 2) 성폭력이라는 무거운 단어를 갖다붙이기엔 가벼운 일인 것 같아서. 3) 내가 겪은 것이 성폭력이고 자신이 성폭력 피해자라는 것, 혹은 그 사람이 가해자라는 것을 인정하는 것이 힘들어서. 4) 남들이 내가 겪은 것을 성폭력이라고 생각할 것 같지 않아서. 그저 예민한 사람으로 몰릴까봐.

이런 검열을 거쳐 성폭력임을 스스로 인정하고 나면 두 번째 질문에 부딪힌다. 이게 정말 성폭력이라면 어떻게 대처할 것인가? 이것에 답하기도 쉽지 않다. 보통 선택지는 크게 세 가지로 나뉜다. 그냥 참고 넘어가든가, 신고를 하고 경찰의 힘을 빌려 제도적 처벌 절차를 밟든가, 제도적 처벌이 아닌 다른 방식의 처벌을 주든가. 이 중 성폭력을 경험한 사람이 경찰서에 신고하는 경우는 3.3%라고 한다.[1]

꼭 경찰에 신고하고 제도적 처벌 절차를 밟아야만 성폭력 사건이 해결되는 것은 아닐 테다. 법적으로 가해자가 처벌되는 것보다는 피해자가 주변 사람에게 지지받고 예전과 같은 삶을 유지하는 것이 더 중요할 수도 있다. 하지만 자신이 겪은 부당

---

1 여성가족부 '2013년 성폭력 실태조사'에 따르면 성폭력 피해자 중 3.3%는 경찰서에, 0.7%는 해바라기 및 원스톱센터에, 0.3%는 '1366 여성긴급전화'에 도움을 요청한다고 한다.

한 일을 성폭력이라고 인지하고, 제도적으로 처벌하기까지의 과정이 당사자에게 너무나 힘든 현실은 분명 부정의하다. 피해자가 피해자로 나서기 힘든 까닭은 성폭력 피해자는 무언가 유별난 사람이며, 사건으로 인해 엄청난 우울감에 빠져서 제대로 살아가지 못할 테고, 어쩌면 피해자가 성폭력이 일어나는 데에 빌미를 제공했을지도 모른다고 전 사회적으로 의심받고 낙인찍히기 때문이다. 이런 행태는 사라져야 한다.

성폭력 피해자의 고통을 가중시키는 요인에는 사회인식의 문제뿐 아니라 제도 문제도 있다. 공권력으로 처벌하려면 복잡한 절차를 거쳐야 한다. 진술과 진상조사, 재판 과정도 피해자에게는 큰 부담이다. 청소년 성폭력 피해자로서 내가 경찰에 신고하지 못했던 가장 큰 이유는 부모님에게 알려질까봐서였다. 미성년자는 어떤 법적 계약도 투표도 할 수 없는 사회에서 신고와 재판이라는 큰일을 혼자서는 못하게 되어 있는 줄 알았다. 청소년이 '판단할 수 있는' 존재라고 믿지 않고, 온갖 것에 부모 동의를 요구하는 사회다 보니 그게 당연하다고 생각했다.

실제로 원스톱센터에서 내가 겪은 성폭행 사건을 진술할 때 부모에게 알리라는 말을 들었다. '되도록 알리면 좋겠다.' 투가 아니라 '알려야 한다.'는 투였다. 내가 법적으로 미성년자가 부모 동의 없이 성폭력 신고를 할 수 없는지 묻자 원스톱센터 직원은 대답을 회피했다. 후에 내가 담당변호사에게 법적으로 신고할 때 무엇이 필요한지 물었을 때 변호사는 부모 동의가 필요 없다고 답변했고, 실제로 내 사건은 부모 허락 없이도 재판과 가해자 구속 절차까지 길 흘러갔다. 법적으로 반드시 필요한 요건이 아닌데도 부모에게 알리라고 요구하는 것에 내가 분노한 것은 두 가지 이유에서였다. 하나는 부모에게 알려질까봐 신고하지 못했던, 과거의 나와 같은 성폭력 피해 청소년이 얼마나 많을까 하는 생각이 들어서였다. 두 번째는 보통 청소년 담당기관에서 부모들이 항의하면 져야 할 책임을 두려워하여 청소년 당사자가 반대하는데도 부모에게 사건을 알리기 때문이었다. 만약 정부나 경찰이 '청소년 여러분, 당사자가 원하지 않으면 부모에게 알리지 않으니 걱정하지 말고 신고해도 됩니다.'라고 홍보하면 청소년 성폭력 피해 신고율이 얼마나 올라갈까?

다음은 내가 열다섯 살 때부터 열아홉 살까지 겪은 성폭력들의 기록이다. 나는 성폭력임을 인정받지 못할까 걱정되기도 하고 사람들이 또 내가 빌미를 제공했다고 생각할까봐, 내가 '성폭력 피해자'라는 것이 꺼림칙하고 어색해 이 일들을 다 말하지 못했다. 겨우 용기내어 경찰에 신고했을 때는 경찰의 미온적 대처에 상처받았다.

1. 열여섯 살 때 다니던 학원에서 어느 남자강사가 나에게 말했다. "너 오늘 야하게 입었네." 순간 그곳에 있는 모든 사람의 시선이 나에게 쏠리는 것 같았다. 얼굴이 붉어지고 속에서 무

언가가 치밀어 오르는 것을 느끼며 그 자리에서 빠져나왔다. 함께 학원을 다니던 친구에게 그런 일이 있었다고, 성희롱당한 것 같다고 이야기했다. 그 친구는 내가 야하게 입어서 그런 거라며, 그건 성희롱이 아니라고 했다. 그러면서 '너 가슴이 크구나.' 같은 말을 해야 성희롱이라고 했다. 그때는 이 일을 이야기해봤자 그러게 왜 옷을 그렇게 입었냐는 반응만 돌아올 것 같아서 다른 사람에게는 말하지 않았다.

2. 나는 열다섯 살 때부터 음주를 했다. 그냥 어쩌다 한두 번 마신 게 아니고 술이 좋아서 마셨다. 하지만 그 나이에 술을 구하려면 엄청난 발품과 기술이 필요했다. 소주 한 병을 구하려고 걸어서 30분이 걸리는 '뚫리는' 가게에 가야 하고, 신분증을 내라고 할까봐 조마조마해야 하는 게 참 고역이었다. 혼자 술을 사거나 술집에 가면 신분증을 보여달라며 제지당하지만, 어른과 함께 가면 웬만해선 의심을 사지 않았다. 하지만 당시 내 주변에 나와 함께 술을 마실 어른은 나에게 무언가 성적인 것을 원하는 어른뿐이었다.

어느 날 혼자 쇼핑을 하다가 골목에서 어떤 남자 어른에게 붙들렸다. 나에게 술을 한잔 사겠다고 했다. 잠깐 갈등했지만 술을 한잔 마시면 하루가 즐겁게 마무리될 것 같았다. 무슨 일 있으랴 싶었다. 술만 얻어 마시고 집에 가야겠다고 생각했다. 내가 술을 사려면 또 기약 없이 삼만 리를 해야 할 텐데 이 기회를 놓치지 말아야겠다고 생각했다.

숲에 무엇을 단 걸까? 정신을 차려보니 아주 낡은 모텔 객실 안이었다. 그 남자는 팬티를 벗고 있었다. 나는 화장실에 다녀오겠다고 하고 화장실에서 심호흡을 한 뒤, 객실 문을 열고 있는 힘껏 소리를 질렀다. 그 남자는 내 목을 졸랐다. 얼마나 시간이 지났을까. 모텔 주인과 옆 객실에 있던 아저씨가 달려왔다. "경찰 부릅시다." 옆 객실 아저씨가 말했는데, 모텔 주인은 일이 커진다며 꺼려했다. 그 사이 그 남자는 도망갔고, 옆 객실 아저씨는 내게 밥을 사주었다. 구해주어 고맙다고 했더니, 그 사람은 나에게 학교는 제대로 다니고 있냐며 술 먹지 말고 똑바로 살라고 말했다.

3. 어느 날 밤 집에 돌아오는 길이었다. 가로등도 별로 없는 어두운 거리였다. 휴대폰으로 통화하며 걸어가는데 주택가 앞에 줄지어 주차된 자동차 사이에서 누군가 튀어나오더니 나를 안고 몸을 더듬었다. 정신없이 비명을 질렀지만 아무도 나와 보지 않았고 창밖으로 고개를 내밀지도 않았다. 누군지 모를 그 사람은 그러다 도망을 쳤다. 경찰에 전화를 했다. 경찰은 내게 인상착의를 물어보았다. 너무 어두웠고 순식간이라 그 사람이 패딩을 입었고 모자를 쓴 것 외에는 보지 못했다고 답하자, 어쩔 수 없다는 듯 그 지역 순찰을 강화하겠다는 대답만 하고 돌아갔다.

4. 제도적 처벌 절차를 제대로 밟았던 사건은 가장 최근의 일이다. 나는 비정기적으로 사진모델 아르바이트를 했다. 인맥이나 경력이 없는 사람이 아르바이트 자리를 구하는 방법은 사진모델 아르바이트 사이트에 프로필을 올려두고, 연락이 오기를 기다리는 것이었다. 연락한 사람 중 유난히 높은 시급을 제안한 사람이 있었다. 지금 쇼핑몰 오픈을 준비 중이라고 했다.

사장이라던 그 사람은 직원들과 논의를 하려면 사진이 필요하다며 짧은 치마와 비키니를 입게 하고 내 사진을 찍어갔다. 모델도 연기를 할 줄 알아야 한다며, 온갖 회유를 통해 성적인 접촉을 하려 했다. 그 사람은 참 말을 잘했다. 그때는 왜 그렇게 바보처럼 속았을까? 쇼핑몰을 오픈 중이란 것부터 모든 것이 사기였음을 의심하게 된 때는 그 사람이 투자금이라는 명목으로 나에게 돈을 요구했을 때부터였다. 내가 겪었던 모든 성폭력의 가해자는 처벌받지 않았지만, 이번에는 그렇게 놔둘 수 없었다.

이것이 법적으로 성폭력으로 인정받을 수 있을지 고민하며 두 달 정도가 지났다. 시에서 운영하는 법률상담 서비스를 받았고, '위계(속임)를 이용한 성폭력'에 해당한다는 답을 들었다. 집 근처 경찰서에 찾아갔다. 경찰서에 들어가 성폭력 신고를 하겠다고 말을 하려는데 목소리가 나오지 않았다. "뭐라고요? 뭐라고요?" 경찰이 재차 물었고 나는 겨우 답했다. 여자경찰이 나를 작은 방으로 데려갔다.

경찰서에서는 간단한 신술만 하고 원스톱지원센터라는 곳으로 갔다. 성폭력 신고가 들어왔을 때 진술을 받고 상담 및 의료지원을 함께 하는 센터라고 했다. 영화에서나 보던, 한쪽에서만 안이 보이는 창이 달린 방에 들어가 사건에 관해 자세히 진술했다. 카톡과 문자 내용도 넘겼다. 나는 만 18세 이하이기 때문에 흔히 아청법이라고 부르는 '아동청소년의 성보호에 관한 법률'에 근거해 가해자를 처벌할 수 있고, 정부에서 지원하는 변호사를 법률조력인으로 붙여준다고 했다. 그런데 내가 미성년자이기 때문에 부모에게 알려야 한다고 했다. 나는 알리고 싶지 않다고 말했다. 법률조력인에게 법적으로 미성년자가 성폭력 신고를 하려면 부모의 동의가 필요한지 물었더니 그렇지 않다고 했다. 나는 부모에게 정말 알리고 싶지 않아서 법률조력인에게 내 의사가 그렇다는 것을 센터에 대신 이야기해달라고 했다.

며칠 후 법률조력인과 함께 다시 센터를 방문해 최종 진술을 했다. 담당자는 내 진술을 비디오로 찍어 갔고, 성폭력 사건의 경우 최대한 재판에 피해자가 참여하지 않아도 되도록 처리하겠다고 했다.

그 후에는 형사들과 사건이 일어났던 장소들에 방문하는 절차가 이어졌다. 남자형사들이었는데, 그중 한 명이 내게 "왜 그렇게 속아 넘어갔어요?"라고 묻고는 내가 대답하지 못하자 "아 맞다, 열아홉 살이었지?" 하고 혼잣말을 했다. 너무 멍청하게 속아 넘어간 거라서, 내가 이렇게 어린 나이가 아니었으면 피해 사실을 지어낸 것 아니냐는 의심을 받았을지도 모르겠다고 생각했다. 어리다는 이유로 판단력이 부족할 것이라 여겨지는 것에 감사해야 할지 화를 내야 할지 알 수 없었다.

내가 해야 하는 모든 절차를 끝낸 후, 그 사건을 되도록 생각하지 않으려 애썼다. 재판에는 내가 참석하지 않고 진행되었다. 검찰청에 전화해서 재판 결과를 물어보니 피고가 구속되었는데 재심 신청을 했다고 했다. "그럼 지금 그 사람이 감옥 밖에 있는 건가요?" "아니죠. 감옥에 있죠." 그 이야길 듣고 한참 울었다. 나는 처음으로 나에게 성폭력을 가해한 사람을 감옥에 보낸 것이다.

인터넷 검색을 하다가 이 사건이 뉴스기사로 올라온 것을 보았다. 기사 속 '피해자 ○○양(18세)'로 지칭된 내가 낯설었다. 기사에 따르면 그 사람이 쇼핑몰을 준비한다는 것은 사기였고, 나 외에도 피해자가 여럿 있었다. 피해자는 모두 십대였다.

2013년, 성폭력 친고죄[2] 조항이 폐지되었다. 피해자가 가해자와의 합의를 통해 소를 취소할 경우 처벌할 수 없다는 내용의 조항이었다. 청소년을 대상으로 자행된 성폭력을 다룬 공지영의 소설 《도가니》에는 미성년 피해자의 부모 측과 가해자가 합의하는 바람에 가해자의 처벌이 제대로 이루어지지 않은 장면이 나온다. 친고죄는 현재 폐지되었지만, 이 사회가 성폭력

---

2 범죄의 피해자가 고소해야 공소를 제기할 수 있도록 하는 것.

피해자 당사자의 의견을 중요하게 여기는지, 특히 피해자가 아동이나 청소년인 경우 당사자의 주체성이 보장되는지 여전히 의문이다.

현행법상 13세 미만의 아동을 상대로 성관계를 할 경우 상대 아동과 합의를 했든 안 했든 모든 성관계를 강간으로 간주하는 의제강간이 적용된다.[3] 13세 미만인 사람은 성관계를 자발적으로 할 능력이 없다고 보면서, 그렇기에 13세 미만을 상대로 한 성관계는 회유나 협박, 위력을 사용한 강제적인 행위일 수밖에 없다고 전제하는 것이다. 이러한 현행법은 한편으로는 어른의 요구를 거절하기 어려운 아동의 상황을 고려하여 보호하고자 하는 취지라고 평가할 수 있겠으나, 13세 미만의 사람을 일괄적으로 무(無)성적인 존재로 보는 오류를 담고 있기도 하다. 실제로 많은 사람이 어린이 시절부터 자위나 성적 상상을 한다. '요새는 초등학생들도 섹스를 한다.'는 개탄 어린 말이 세간에 도는 것을 보아도, 비록 일부일지라도 어린이의 성행위가 없는 일은 아니라는 사실을 짐작할 수 있다. 게다가 특정 나이를 기준으로 성행위 동의 능력의 유무를 판가름했을 때, 동의 능력의 유무가 정말 한 살 차이로 결정되는지, 왜 그 기준은 이를테면 12세도 14세도 아닌 꼭 13세여야 하는지 누구도 명확한 답변을 내놓을 수 없다는 문제도 있다. 꼭 특정한 나이를 기

---

3 성폭력범죄처벌 특례법 13세 미만 강간의제 적용의 경우, 성기 삽입과 신체의 일부(손가락) 혹은 도구를 사용한 삽입을 포괄한다.

준으로 성관계 동의 능력을 측정해야 할까? 성폭력, 특히 아동 청소년 대상 성폭력에 대한 판단은 피해자와 가해자의 관계 및 사회적 위치, 상황적 맥락 등을 종합적으로 검토하여 내리도록 체계를 세밀하게 구축하는 편이 낫지 않을까?

그런데 최근에는 이 성관계 동의가능 기준연령을 상향해서, 이를테면 13세보다 더 높은 기준으로 15세나 16세 미만과의 성관계도 의제강간을 적용하자는 논의가 벌어지고 있다. 권력 관계에서 약자인 어린이, 청소년이 성폭력 피해를 겪을 가능성을 염두에 두고 보호하자는 취지는 좋으나, 이 역시 특정 나이 미만의 청소년을 성적인 주체로 인정하지 않고 자발적 성관계가 불가능한, 혹은 자발적으로 성관계를 해서는 안 될 존재로 보는 관점을 전제로 한다는 점에서 비판할만하다. 다음은 성관계 동의가능 기준연령을 상향하자는 한 신문칼럼과 한 의원이 국정감사에서 주장한 내용이다.

"유독 성행위에서만 만 13세에 자유를 주는 것이 과연 그들을 위한 일인가. 게다가 법리대로라면 중학생은 누구나 내키는 대로 성행위를 할 수 있다. 앞으로 '법을 지켜가며' 성적 자유를 누리겠다는 청소년을 방치하지 않으려면 허용 기준연령을 높여야 한다."[4]

---

4 〈서울신문〉 2010년 10월 20일 사설.

"13~18세에게 성인영화는 불허하면서 성행위는 허용하는 셈이다. 우리나라는 외국에 비해 청소년의 성적 자기결정권을 너무 많이 허용하고 있다."[5]

성관계 동의가능 기준연령을 설정하고 상향하는 것이 과연 약자인 어린이, 청소년을 성폭력으로부터 보호하자는 취지인 것인지, 혹은 어린이, 청소년의 '성적 자유'나 '성적 자기결정권'을 제한하려는 의도인지 헷갈리는 발언들이다. 인간에게는 '보호받을 권리'도 있지만 '자유를 누릴 권리'도 있다. 또 '성적 자기결정권'도 있다. 누군가를 보호하기 위해서 당사자의 자유나 자기결정권을 제한해야 한다면 아주 최소한으로, 꼭 필요한 만큼만 제한해야 한다. 당사자가 자신의 안전을 위해 자유의 제한에 동의하는가 여부도 중요하다. 그러나 언제 정치가, 제도가 어린이와 청소년의 의견을 물었던 적이 있던가?

또 보호를 위해 자유를 제한한다면 그 방식이 정말로 보호에 효과적인지도 따져보아야 한다. 성관계 동의가능 기준연령을 상향하고 15세나 16세도 자발적 성관계가 불가능한 무성적인 존재라고 명명하는 것이 과연 청소년 성폭력 피해를 해결하는 데 도움이 될까? 그렇지 않다. 성폭력 문제 해결의 핵심은 당사자의 힘과 역량 기르기에 있기 때문이다. 길거리에서 모르

5   이은재 당시 한나라당 의원이 2010년 국정감사에서 밝힌 의견.

는 사람에게 성폭력 피해를 입을 확률보다 아는 사람(애인이나 가족, 친구나 선후배, 고용주 등)에게 성폭력 피해를 당할 확률이 훨씬 높다. 아는 사람에게 성폭력을 당하는 일을 예방하려면, 상호 사이 권력관계를 더 평등하게 만들어 싫은 것은 거절할 수 있는 관계를 형성할 줄 알아야 한다. 권력 면에서 자신과 동등하다고 생각되는 사람에게 성폭력을 가하기는 쉽지 않다. 가족 내에서, 애인 사이에서, 친구 및 선후배 집단에서 상호 평등한 관계를 형성하여 자신의 의사 표현을 어렵지 않게 하는 문화를 만드는 것이 바로 당사자의 힘 기르기다. 또 성폭력에 대응하고 피해를 입은 자신을 자책하지 않도록 마음의 기반을 다지는 것이 바로 당사자의 역량 기르기다. 성폭력에 대처하는 힘과 역량을 기르려면 먼저 당사자의 성적 자기결정권을 인정하고, 성적 주체로서 살아갈 수 있도록 성교육과 지지기반을 강화해야 한다. 내가 청소년의 성적 자기결정권을 부정하는 방식의 성관계 동의가능 기준연령 상향에 비판적 입장을 취하는 것은 이러한 까닭 때문이다.

아직도 중고등학교에서는 학생 간 연애 금지 학칙을 두고 이성교제를 한 학생을 징계하고 있다. 성애적 내용이 포함된 매체는 종종 '청소년관람불가' 등급을 받고, 모텔이나 호텔 등 숙박업소의 청소년 출입은 규제된다. 전 사회적으로 청소년의 성은 금기시되고 있다. 제도적으로 청소년이 성적인 정보를 접하는 것이 금지될 뿐 아니라, 청소년이 스스로 성적 행위를 하거나 성적 관계를 맺는 것도 탄압되고 있다. 그러나 기실 '청소년은 성적인 것을 접해서는 안 된다.'는 인식은 이미 '청소년은 이미 성적인 존재이다.'라는 전제를 인정하고 있는 셈이다. 청소년이 성적 존재가 아니라면, 그래서 성적 욕망도 없다면 구태여 청소년을 성적인 것들에서 격리시키려고 애쓸 필요도 없지 않겠는가.

이른바 '유해한' 것을 접하지 못하도록 청소년을 규제하고 감시할 때 어른들은 '청소년을 보호하기 위해서'라는 이유를 자주 댄다. 하지만 보호를 이유로 한 규제와 감시는 종종 이른바 '유해한' 것을 하는 청소년들을 부도덕하다고 낙인찍고, 음지로 숨어들 수밖에 없게 만들기도 한다. 예를 들어 담배는 청소년의 건강에 유해하다는 이유로 '청소년 보호'를 위해 금지하지만, 그 결과 담배를 피우는 청소년들은 '나쁜 청소년'이 된다. 담배를 피운다는 이유로 길거리에서 어른에게 폭행을 당한 청소년의 사례가 종종 뉴스에 나오지만, 담배를 피웠으니 맞아도 싸다고, 폭행으로부터 보호해줄 대상이 아니라고 정당화하는 사람들이 있다.

내가 겪었던 네 번의 성폭력 피해를 쉽게 남에게 털어놓지 못한 까닭도 '너는 해서는 안 될 것을 한 나쁜 청소년이다.'라는 낙인이 찍힐까 두려웠기 때문이었다. '야한 옷 입었네.' 하는 성희롱을 들었을 때도 그렇게 왜 청소년이 야한 옷을 입었냐고 할까봐, 술을 마시다 모텔에 끌려갔을 때도 그렇게 왜 청소년이

술을 마셨냐고 할까봐, 밤늦은 길거리에서 추행당했을 때도 그러게 왜 청소년이 밤늦게 돌아다녔냐고 할까봐 두려웠다.

특히 여성들은 자라면서 끊임없이 '조심해라.' '야하게 입지 마라.' '다리 모으고 앉아라.' '순결을 지켜라.' 등의 말을 듣는다. 내가 다녔던 학교에서는 성교육시간에 성폭력 예방수칙으로 '밤늦게 나가지 말 것' 등을 가르쳤다. 그런 말들을 듣고 그런 교육을 받으며 자란 여성들은 성폭력을 경험했을 때 내가 짧은 치마를 입어서, 밤에 돌아다녀서, 술을 마셔서, 남자랑 시시덕거려서 그런 거라며 자책한다. 자신의 성폭력 경험을 남에게 이야기하려 해도 그런 비난이 돌아올까봐 두려워한다. 그리고 실제로 사람들은 성폭력 사건이 벌어지면 종종 피해자의 행실이나 옷차림을 문제 삼곤 한다.

성폭력은 피해자의 탓이 아니다. 이 당연한 명제를 학교에서 더 많이 이야기해야 한다. 여학생들에게 술 먹지 말고 밤에 돌아다니지 말라고 할 것이 아니라, 설령 누군가 밤중에 취해서 야한 옷을 입고 공원 벤치에 엎어져서 자고 있다고 하더라도 성폭력을 '당해 마땅한' 이유는 되지 않는다는 것, 성폭력을 당할 이유는 아무것도 없다는 것을 가르쳐야 한다. 성폭력을 신고했을 때 밟아야 하는 절차들을 제대로 알리고, 주변 사람들이나 부모에게 알려질까봐 두려워하지 않고 신고할 수 있도록 해야 한다.

내가 겪은 성폭력 사건들을 책으로 출간될 글로 풀어낸다는 것은 쉽지 않은 결정이었다. 하지만 성폭력 피해에 대한 당사자의 이야기가 개인의 몫으로 깊이 있지 않기를 바라는 마음이 크기에 용기를 냈다. 정부 통계와 언론 보도에는 드러나지 않는 당사자의 진실이 존재하기 때문이다. 청소년을 보호한다는 이유로 금지와 규제를 늘리는 행태가 정말 청소년을 보호하는 일일까? 오히려 더 음지에 몰아넣고 차별받게 하는 일은 아닐까? 이 사회에 간절히 묻고 싶다.

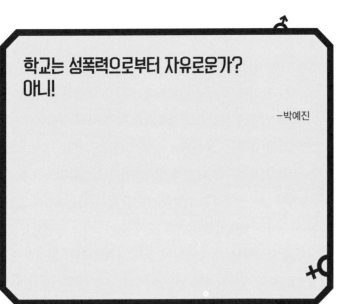

사람들은 '미성숙하고 세상 물정 모르는 순수한 청소년'이 성폭력의 위험으로부터 보호받아야 한다고 말한다. 그래서 대부분의 청소년이 가장 많은 시간을 보내는 학교에선 성폭력 예방교육을 하고, 으슥한 장소에 가지 말고 낯선 사람을 조심하라고 한다. 성폭력을 포함한 여러 가지 위험으로부터 벗어나기 위해 청소년이 어른의 허락 없이는 학교 밖을 나갈 수 없게 한다. '위험할 수 있다.'는 이유로 짧은 교복 치마를 입으면 벌을 받는다. 교내에서 연애하면 교장선생님과의 면담, 부모 호출의 위험을 감수해야 한다. 이처럼 학교는 비인권적인 방법으로 성폭력의 위험으로부터 청소년을 보호하기 위해 애쓴다. 그렇다면 학교는 과연 성폭력으로부터 자유로운 공간일까? 밤 10시까지 거리를 건느 것은 위험하지만 학교에 남아 (대부분의 고등학교에서 강제로 시행 중인) 야간자율학습을 하는 것은 안전한 걸까?

'학교는 안전하다.'라고 말하기에는 나를 포함한 많은 청소년이 학교 안에서 일상적인 성폭력을 아주 쉽게 경험한다. 하지만 여기서 말하는 '일상적인 성폭력'은 뉴스에서 크게 보도되는 종류의 사건과는 다르게 성폭력이라 인정받지조차 못하는, 오히려 성폭력이라고 주장하는 순간 당사자는 예민하고 이상한 사람이 되어버리는 일이다. 수치심을 느끼고 불편함을 느낄지라도 당사자나 그 주변인이 참고 넘겨야 하는 것이다. 경찰에 신고하려 생각해봐도 너무 '가벼운' 사건인데다 피해자가 피해를 입증해야 하기 때문에 쉽게 신고할 수도 없다. 정말 이상한 일이다. 피해 사실도 있고 당사자도 있는데 왜 청소년이 학교에서 심심찮게 겪는 일들을 성폭력이라고 인지하지 못할까? 다섯 가지 사례를 소개하려 한다. 이 사례들은 최근까지 학교를 다녔거나 다니고 있는 주변인들의 도움을 받아 모았으며, 나오는 이름들은 전부 가명이다.

1. 미선이가 다니는 학교에는 학생들에게 성추행을 일삼는 것으로 유명한 진로교사가 있다. 그 교사는 진로상담을 하러 온 학생들이 부담을 느낄 정도로 지나치게 가까이 접근하고 함부로 손이나 다리를 만진다. 고등학교 3학년인 탓에 어쩔 수 없이 진로상담을 받으러 갔다가 불쾌한 기분을 느낀 미선과 친구들

은 "그 선생님이 상담 중에 자꾸 다가와서 부담스럽다. 어쩐지 의심된다. 당한 사람이 나뿐만 아니라 여러 명이다. 아무리 생각해도 성추행 같다."라며 담임교사에게 도움을 청했다. 하지만 담임교사는 "그 선생님이 그런 의도로 했을 리 없다. 너희가 너무 예민하게 생각하는 것 같다."며 대수롭지 않게 넘겨버렸다. 미선과 친구들은 그러한 반응에 아무 말도 못했다. 더는 피해자가 나오지 않도록 주변의 친구들에게 그 진로교사에게 상담을 받으러 가지 말라고 충고하는 것 이외에는 할 수 있는 일이 없었다.

2. 은성은 항상 꼼꼼히 화장을 하고 학교를 다닌다. 이를 아니꼽게 본 교사는 수업시간 도중에 "요즘 화장하고 다니는 애들이 몇몇 눈에 띈다. 솔직히 술집여자들처럼 보인다."라며 간접적으로 은성을 겨냥하는 발언을 했다. 은성은 정말로 화가 나고 수치스러웠지만 수업시간 도중이었고, 상대가 교사이기 때문에 참을 수밖에 없었다.

3. 진규는 일반사회 수업시간 전에는 절대 화장실에 다녀오지 않는다. 이유는 담당교사의 처벌 때문이다. 이 교사는 수업시간에 늦게 들어오는 남학생의 젖꼭지를 잡고 비트는 식으로 체벌을 준다. 약간은 수치스럽다고 느끼긴 하지만 모두 웃고 넘어가기 때문에 '나만 걸리지 않으면 되지, 애초에 일찍 들어오

면 되잖아.' 하고 넘겨버린다. 괜히 항의했다가 학생부에 좋지 않은 평가라도 저히면 입시에 불이익을 낭하기 때문에 그냥 참는 편이 낫다고 생각했다.

4. 유경이네 반 국어교사는 무섭지만 웃겨서 인기가 많다. 하지만 유경은 그 국어교사가 싫다. 그가 유경의 반에 수업을 들어올 때마다 유경과 같은 반 남학생 종석과 자신을 '엮는' 발언을 하기 때문이다. 유경은 매번 표정을 굳히거나 짜증을 내는 등 나름대로 표현해보았지만 반 아이들과 교사 모두 웃어넘기기에 대놓고 초를 치기 힘들었다. 유경과 같은 반 친구인 해은이 보다 못해 수업이 끝난 후 국어교사에게 "그런 식으로 농담하지 않는 게 좋을 거 같아요." 하고 말해보았지만 국어교사는 "불쾌했다면 미안하다. 하지만 그런 식으로 수업 진행하는 게 반 분위기에도 좋고 선생님 스타일이 그래."라며 태도를 바꾸지 않았다. 유경은 결국 포기하고 대충 그 장단에 맞추는 수밖에 없었다. 종석과 사귀는 사이가 아니라고 부정하면 부정할수록 교사의 장난질은 심해졌기 때문이다.

5. 한나는 중학교 때 동아리 활동으로 운동을 했다. 여름에는 날이 덥기도 하고 옷을 여러 벌 입으면 움직임이 둔해지기 때문에 간단히 반팔티 한 장만 입고 운동했다. 그러던 어느 날 체육교사의 심부름으로 방과 후에 운동하던 차림 그대로 교무

실에 올라갔다. 체육교사는 자리를 잠시 비웠는지 보이지 않았고, 한나는 교무실에 서서 그를 기다렸다. 그 와중에 체육교사와 같은 교무실을 쓰는 음악교사가 한나의 뒤쪽으로 다가왔다. 음악교사는 다짜고짜 한나의 등을 쳤다. 브레지어 끈이 있는 부분이었다. 한나는 화들짝 놀라 뒤를 돌아봤고 눈이 마주친 음악교사는 무미건조한 목소리로 "끈 다 보이게 다니고 야하다, 얘." 하며 어깨를 두드리고는 지나갔다. 아무리 상대가 자신의 엄마와 비슷한 나이의 여자선생님이라지만 굉장히 당황스러웠던 한나는 그 음악교사를 피해 다니기 시작했다. 한나는 친구들에게 그런 일이 있어 기분이 나빴다고 말했지만 오히려 다들 한나에게 "그러게 왜 비치는 옷을 입고 다녀."라는 핀잔만 들었다.

이런 사례를 통해 알 수 있듯이 학교 안에서 벌어지는 일상적인 성폭력은 단순히 한 개인이 변태적인 성욕, 비정상적인 성욕을 가지고 있는 나쁜 사람이어서 일어나는 것이 아니다. 학교는 청소년 출입이 불가능한 유해업소도 아니고 어둡고 으슥한 장소도 아니다. 심지어 은성과 진규, 유경의 경우는 수업시간이라는 공적이고 사람이 많은 장소에서 성폭력적 상황을 겪었다. 미선은 상대가 교사이기 때문에 도움을 청했는데도 알아서 몸을 사리는 등의 자기방어 외에는 아무런 조치를 취할 수 없었다. 한나는 몸가짐을 조신하게 하라는 선생님의 충고에

천없이 투덜대는 사람이 되어버렸다. 이처럼 성폭력과 성희롱은 다양한 양상으로 청소년 일상에서 자주 일어난다. 많은 청소년이 이런 문제를 겪지만, 문제제기하기도 힘들고 불쾌감을 드러내더라도 인정받기 힘들다.

청소년은 아직은 미성숙하기 때문에 다소 비인권적인 방법을 사용할지라도 보호해야 한다는 사람들의 논리대로라면, 학교는 성폭력에서 가장 자유로운 장소여야 한다. 하지만 은성과 진규의 사례를 보면 오히려 청소년을 보호하려는 비인권적인 방법 때문에 청소년은 더 고통받는다. 자신이 교칙을 어긴 사실이 있고 그것을 처벌할 힘을 가진 교사가 한 성희롱적인 발언이기 때문에 항의하지 못하는 은성과 대학입시 때문에 교사의 부당한 처벌에 항의하지 못하는 진규의 사례가 그 대표적이다.

이처럼 피해 사실이 분명한데도 학교 안 청소년들이 속으로만 참아 넘겨야 하는 이유는 가해자가 더 높은 위치의 강한 힘을 가진 권력자이기 때문이다. 교사는 학생을 평가하고, 징계할 권한을 가진다. 학교에서 이수하는 성폭력 예방교육에서는 '당사자가 어떻게 느끼는가?'가 가장 중요하다고 말하지만 실제 상황에서 성폭력인지 아닌지 판단할 때 중요하게 작용하는 기준을 위계질서에서 윗자리를 차지한 사람들의 의견이다. 대부분 위계질서 속에서 청소년의 위치는 알다시피 그리 높지 않다.

성폭력은 권력의 문제다. 그리고 청소년의 지위는 학교의 피라미드 계급의 아래쪽에 있다. 사실 청소년은 학교뿐만 아니라 사회에서도 약자다. 현재 사회는 성폭력과 폭력에서 자유롭지 않다. 그래서 어른들은 각종 제도와 통제로 청소년을 '보호'한다고 한다. 밤 10시가 넘으면 PC방, 찜질방, 노래방 등의 출입을 막는 제도와, 통금 시간을 두고 밤늦게 돌아다니지 못하도록 하는 부모, 조퇴나 외출을 하려고 해도 부모와 교사의 허락을 요구하는 학교를 통해서 청소년을 통제하고, 바깥세상은 위험하다는 이유로 강제로 학습까지 시키며 학교에 가두는 식으로 청소년의 인권을 침해하는 것은 청소년이 성폭력에서 자유로워지는 데 도움이 되지 않을뿐더러, 청소년을 불행하게 만드는 데 크게 일조한다.

　나는 학교가 성폭력으로부터 자유롭고 청소년에게 안전한 공간이 되려면, 청소년과 교사 간의 위계관계가 평등한 상호존중적인 관계로 변모해야 한다고 생각한다. 지금처럼 청소년이 무엇 하나 문제제기라도 했다가는 '불손한 언행'이라며 학생부에 적으며 대학입시에 불이익을 준다면, 그리고 청소년을 향한 체벌과 모욕적 언사가 횡행한다면 청소년은 학교 안에서 늘 입을 다문 채로 있을 수밖에 없다. 수직적 관계 때문에 청소년이 함부로 문제제기를 할 수 없다는 걸 익히 아는 교사들은 더욱 청소년을 함부로 대할 것이다. 청소년을 성폭력으로부터 보호하고 싶다면 청소년에게 '밤늦은 거리의 낯선 사람'을 조심하라고 가르칠 것이 아니라, 학교 내 성폭력 실태부터 확인하고 학생과 교사의 관계를 근본적으로 변화시켜야 한다.

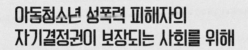

아동청소년 성폭력 피해자의
자기결정권이 보장되는 사회를 위해

−한국성폭력상담소

다음은 실제 상담소에서 지원한 사례를 각색한 내용이다.

아동기에 친오빠에게 성폭력을 당한 고등학교 졸업을 앞둔 19세 여성은 경찰에 고소하려고 문의하다가 경찰이 보호자 입회하에 진술해야 한다는 안내를 받았다. 피해자는 걱정했다. 유일한 보호자인 엄마가 분명히 가해자인 오빠 편을 들 것이 뻔했기 때문이다. 그래도 피해자는 현재의 상황과 자신의 고통을 호소하면 엄마가 자기편을 들어줄 거라는 기대도 조금은 하고 있었다. 하지만 기대는 어긋났다. 엄마는 피해자가 진술하는 내내 옆에서 계속 가해자인 오빠 입장을 이야기하며 진술을 가로막았다. 이후 피해자는 엄마와 친인척들에게 고소를 취하하라고 종용받게 되었다.

이 사례를 바탕으로 아동 및 청소년 성폭력 피해자의 자기결정권에 대해 법적 자문을 구하고 상담소의 의견을 들어보았다.

현행법상 아동 및 미성년자의 성폭력 피해로 인한 고소 시 부모 동의 필요 여부

1) 보호자의 동의 없이 고소 및 신고가 가능하다

형사소송법은 "범죄로 인한 피해자는 고소할 수 있다."고 규정하고 있고(제223조), 보호자 동의가 필요하다는 규정은 없다. 제225조는 "① 피해자의 법정대리인은 독립하여 고소할 수 있다. ② 피해자가 사망한 때는 그 배우자, 직계친족 또는 형제자매가 고소할 수 있다. 단, 피해자의 명시한 의사에 반하지 못한다."라고 규정하고 있는 바, 법정대리인이 피해자를 대신하여 피해자의 의견에 따라 고소할 수 있을 뿐이지, 피해자가 법정대리인의 동의를 얻어야 한다는 의미는 아니다. 아울러 아동청소년의 성보호에 관한 법률 제34조 제1항에는 "누구든지 아동청소년 대상 성범죄의 발생 사실을 알게 된 때는 수사기관에 신고할 수 있다."고 규정되어 있으므로, 피해자 본인이 아니어도 성폭력 상담 과정에서 알게 된 아동청소년 대상 성범죄를 대신 신고할 수 있다. (여기서 말하는 아동청소년은 만 19세 미만인 자를 의미한다.)

2) 선폭력 피해자 조사 시 보호자의 동석은 의무가 아니다

아동청소년에 대한 성범죄에 대하여 적용되는 법률은 다음 두 가지다.

① 성폭력 범죄의 처벌 등에 관한 특례법(13세 미만 피해자에 대한 성폭력 범죄), 줄여서 성폭력 특례법이라고 한다.

② 아동청소년의 성보호에 관한 법률(13세 이상~19세 미만 피해자에 대한 성폭력 범죄), 줄여서 아청법이라고 한다.

두 법률에 모두 '피해자 또는 법정대리인이 신청한 경우'에는 피해자와 신뢰관계에 있는 사람을 동석하게 해야 한다고 규정되어 있다. 즉 피해자나 법정대리인이 신청하지 않은 경우 신뢰관계에 있는 사람이 동석하지 않아도 된다는 뜻이다.

또한 두 법률 모두 피해자와 신뢰관계에 있는 사람이 피해자에게 불리하거나 피해자가 원하지 않는 경우에는 동석하게 해서는 안 된다고 규정하고 있다. 그러므로 위의 사례에서 어머니가 가해자인 친오빠 편을 들면서 진술을 방해하는 상황이라면, 피해자의 법정대리인인 어머니가 자신을 피해자 조사에 동석하게 해달라고 신청하더라도 어머니의 증언이 피해자에게 불리하게 작용할 테니 동석하게 해서는 안 된다.

신뢰관계에 있는 사람은 보호자(법정대리인)에 한정되지 않는다. 강릉 지역의 경우, '여성아동해바라기센터'에 피해 신고를 할 경우 센터에 상주하는 경찰관이 피해자 조사를 하게 되는데, 이때 피해자 조사 시 최초 피해상담을 한 상담사가 신뢰관계에 있는 사람으로 동석하고 있다. (미성년자의 어머니가 동석하기를 원할 경우, 상담사와 함께 어머니가 동석하고, 이 경우에도 상담사가 신뢰관계에 있는 사람으로서 '신뢰관계인 동석 확인서' 등 문서를 작성한다.)

미성년자의 성폭력 피해 진술은 반드시 영상녹화를 하도록 규정되어 있고, 피해자가 직접 법정에 나가지 않아도 신뢰관계에 있는 사람이 법정에서 성립의 진정성을 진술할 수 있다. 영상녹화자료는 피해자가 제대로 진술했고, 문제 없이 녹화되었다고 확인되면 증거로 채택된다. 피해자 어머니가 신뢰관계인으로 지정되면 어머니가 직접 법정에서 성립의 진정성을 진술해야 하므로, 상담사가 신뢰관계인 자격으로 동석하고 나중에 법정에도 출석하는 경우가 많다. 이후 피해자는 법정에 나가 피해자 진술과 녹화가 제대로 되었다고만 말하면 된다. 따라서 경찰관이 보호자 동석을 요구할 경우, 보호자 동석은 의무가 아니며, 보호자가 아닌 상담사도 신뢰관계에 있는 사람으로서 조사에 동석할 수 있다고 말할 수 있다.

이와 관련된 법 규정 전체 내용은 다음과 같다.

성폭력 특례법 제34조(신뢰관계에 있는 사람의 동석)

① 법원은 제3조부터 제8조까지, 제10조 및 제15조(제9조의 미수범은 제외한다.)의 범죄의 피해자를 증인으로 신문하는 경우에 검

시, 피해자 또는 법정대리인이 신청할 때는 재판에 지장을 줄 우려가 있는 등 부득이한 경우가 아니면 피해자와 신뢰관계에 있는 사람을 동석하게 하여야 한다.

② 제1항은 수사기관이 같은 항의 피해자를 조사하는 경우에 관하여 준용한다.

③ 제1항 및 제2항의 경우 법원과 수사기관은 피해자와 신뢰관계에 있는 사람이 피해자에게 불리하거나 피해자가 원하지 아니하는 경우에는 동석하게 하여서는 아니 된다.

아청법 제28조(신뢰관계에 있는 사람의 동석)

① 법원은 아동청소년 대상 성범죄의 피해자를 증인으로 신문하는 경우에 검사, 피해자 또는 법정대리인이 신청하는 경우에는 재판에 지장을 줄 우려가 있는 등 부득이한 경우가 아니면 피해자와 신뢰관계에 있는 사람을 동석하게 하여야 한다.

② 제1항은 수사기관이 제1항의 피해자를 조사하는 경우에 관하여 준용한다.

③ 제1항 및 제2항의 경우 법원과 수사기관은 피해자와 신뢰관계에 있는 사람이 피해자에게 불리하거나 피해자가 원하지 아니하는 경우에는 동석하게 하여서는 아니 된다.

3) 피해자의 명예와 권리를 침해할 우려가 있을 시 가족이나 법정대리인에게 사건 진행상황을 통지하지 않을 수 있다

경찰청 범죄수사규칙 제204조 제4항에 따르면 피해자나 사건 관계인의 명예와 권리에 부당히 침해할 우려가 있을 시 가족, 법정대리인에게 통지하지 않을 수 있다.

제204조(사건처리 진행 상황에 대한 통지)

① 경찰관은 피해자 등의 신고 · 고소 · 고발 · 진정 · 탄원에 따라 수사를 할 때는 사건처리 진행상황을 통지하여야 한다.

② 경찰관은 사건을 송치하거나 타 관서로 이송하는 등 수사를 종결하였을 때는 3일 이내에 피해자, 고소인 또는 고발인에게 그 사실을 통지하여야 한다.

③ 경찰관은 제1항 또는 제2항의 경우에 피해자가 사망 또는 의사능력이 없거나 미성년자인 경우에는 법정대리인, 배우자, 직계친족, 형제자매나 가족 등에게 통지하여야 한다.

④ 경찰관은 제1항에서 제3항까지의 통지가 수사 또는 재판에 지장을 주거나 피해자 또는 사건관계인의 명예와 권리를 부당히 침해할 우려가 있는 때는 통지하지 않을 수 있다.

⑤ 경찰관은 제1항에서 제3항까지의 통지를 할 때는 피해자 등의 비밀보호를 위해 구두, 전화, 우편, 모사전송, 이메일, 문자메시지(SMS) 등 사건을 접수할 때 피해자 등이 요청한 방법으로 할 수 있으며, 서면으로 통지하였을 경우 그 사본을 기록에 편철하고 그 이

외의 방법으로 통지한 때는 그 취지를 기재한 서면을 수사기록에 편철하여야 한다.

성폭력 피해의 법적 해결 절차에서
미성년 당사자의 자기결정권은 얼마만큼 보장되고 있는가?

미성년자 성폭력피해자 권리보장 현황을 일반화된 데이터로 가시화하기 어렵다. 다만 이처럼 보호자에게 알리거나 동석을 요구하는 상황은 수사기관에서 미성년자가 단독으로 고소를 진행하면서 흔하게 겪는 장벽일 것이다. 수사기관의 인식과 감수성 차이에 따라 피해자의 자기결정권을 존중하지 않는 일이 얼마든지 일어날 수 있다.

가족이 피해자를 지지하지 않는 상황에서 보호자 동석이나 보호자 고지가 의무라고 단언하는 것은 피해자의 상황과 피해의 맥락, 사건 당사자로서의 자기결정권을 확인하지 않겠다는 태도다. 미성년자 보호주의에 입각한 발상일 뿐이다.

성폭력 피해를 입은 미성년자일지라도 피해 유형, 가해자와의 관계, 성별, 계급, 다니는 학교, 사는 지역, 가족 관계 등에 따라 차이가 있다. 특히 누구에게 어떤 피해를 입었는지에 따라, 가족관계가 어떠한지에 따라 가족은 지지자가 되기도 하지만 2차 가해자가 되기도 한다. 법률상으로 성폭력 피해를 입은 미성년 당사자의 자기결정권을 보장하는 내용이 있지만, 실제 수

사기관에서 이를 어떻게 수용하고 피해자의 권리를 보장하기 위하여 노력하고 있는지는 의문이다.

결론적으로 수사기관의 미성년자 보호주의, 성폭력 피해자와 성폭력 피해 유형에 대한 무지, 감수성 부족으로 인하여 미성년자 성폭력 피해자들은 고소하기로 결심하고 나서도 새로운 장벽에 부딪히는 현재의 상황은 해결되어야 한다. 십대의 자기결정권이라는 말은 한국사회에서 너무나 요원한 말이지만, 미성년자 당사자의 인권문제로 시급히 인식되어야 한다.

미성년자 성폭력 피해자를 상담하는 사람은 물론, 수사기관에서 특히 피해자의 권리 보장과 미성년자 피해자에 대한 자결정권에 대한 이해를 바탕으로 정확한 정보를 제공해야 한다. 피해자가 미성년자이기 때문에 수사 과정을 보호자에게 고지한다는 규칙에는 예외 조항이 분명히 있기 때문이다. 수사관이 성폭력 피해 유형에 따라 가족이 피해자를 지지해줄지 여부를 먼저 확인한 뒤, 규칙을 고지하되 부모에게 고지하지 않을 수도 있음을 당연히 권리 보장 차원에서 안내해야 한다.

성폭력을 당했다면 이렇게 하세요

1. 성폭력을 당했는데 어떻게 대처해야 하나요?

경찰서에 가면 뭐라고 말을 해야 할지, 법적으로 어떤 절차를 밟아야 하는지 모를 수 있습니다. 법률을 읽어보려 해도 너무 길고 어려워서 감이 잘 안 잡힐 거예요. 또 신고하고 싶어도 직접 경찰서에 가서 말하기는 부담스러울 수도 있고요. 그래서 구체적으로 어떻게 신고할 수 있는지, 어디에 가면 어떤 지원을 받을 수 있는지, 어떻게 하면 직접 경찰서에 가지 않고도 신고할 수 있는지 소개하려 합니다.

■ 신고 접수 기관

(1) 관공서 (경찰서, 고용노동부, 교육청, 여성가족부 등)

성폭력을 당했을 때, 신고할 수 있는 기관은 여러 곳입니다. '1366

여성긴급상담전화'로 전화를 걸어도 되고, 주변 경찰서나 파출소에 방문해도 되고, 직장 내에서 성폭력을 당했다면 고용노동부에 방문해도 되고, 학교에서 성폭력을 당했다면 시도교육청 내의 인권교육센터(있는 곳도 있고, 없는 곳도 있습니다.)에 방문하거나 국민신문고에 글을 작성해도 됩니다.

그러나 이런 국가기관에 신고하면 "너도 좋아서 한 것 아니냐." "이런 일이 생긴 데에는 너한테도 책임이 있다." "가해자가 한 번 실수한 것 같은데 일 크게 벌리지 말고 좋게 좋게 끝내라."는 등의 말을 들을까 봐 무서울 수도 있습니다. 실제로도 성폭력 피해를 신고하려고 관공서에 방문했다가 이런 말을 듣는 경우도 비일비재하고요. 하지만 이런 말을 들었다고 해서 정말로 나에게도 잘못이 있는 건 아닐까, 굳이 일을 크게 만들 필요 없는 것 아닐까 걱정할 필요 없습니다. 성폭력을 당한 건 당신의 잘못이 아닙니다. (이렇게 성폭력 사건이 발생했을 때 이렇게 피해자를 공격하는 언행을 하는 것은, '2차적인 성폭력 가해를 한다.'는 뜻에서 '2차 가해'라고 부릅니다.)

(2) 해바라기센터, 원스톱지원센터 및 성폭력 피해자 전담의료기관

아무리 성폭력을 당한 것이 당신의 잘못이 아니고 떳떳하다고 해도, 공격하는 말을 듣고 싶지 않은 것은 당연합니다. 해바라기센터에 방문하면, 관공서에 직접 방문하지 않고도 법적 절차를 밟을 수 있습니다. 피해 당사자가 직접 피해를 신고해야만 가해자를 처벌하는 '친고죄'가 폐지되었기 때문에 해바라기센터 등 성폭력 피해자 지원기관에 요청하면 기관에서 당신을 대신해 신고해줄 수도 있고, 당신을 변호해줄 수도 있습니다.

해바라기센터는 성폭력 및 가정폭력 피해자를 상담해주고 지원해주는 기관입니다. 상담, 의료 지원, 수사, 법률 지원 등을 하고 있고, 24시간 의료진과 전담수사관이 상주하고 있어서 응급의료 지원, 심리상담이 가능합니다. 전국 곳곳에 있으니, 해바라기센터가 어디에 있는지 찾아보기 바랍니다. 주변에 해바라기센터가 없다면, 다른 성폭력 피해자 전담 의료기관에 방문하시면 됩니다.

(3) 한국성폭력상담소

한국성폭력상담소에서는 성폭력 피해자를 위한 상담과 사건해결지도 프로그램을 운영하고 있습니다. 문의전화: 02)338-5801~2, 운영시간: 월~금 오전 10시~오후 5시.

■ 신고하기 전 증거 확보하기

증거와 증인이 없다면 가해자를 처벌하기 어려울 수 있으니, 가능한 한 빨리 증거를 확보해야 합니다. 다음 과정을 거친 뒤 경찰에 신고하면 더 빠르게 법적 절차를 밟을 수 있습니다. (성폭력을 당하고 오랜 시간이 지나서 물적 증거 확보가 어려운 상황일 경우 다음 (1), (2)번을 진행하지 않고 (3), (4)번부터 진행하면 됩니다.)

(1) 해바라기센터, 원스톱지원센터 및 성폭력 피해자 전담의료기관 가기

– 피해자의 입, 항문, 성기, 손톱 밑, 유두 등에서 증거를 채취하여 가해자의 정액, 타액, 체모 등을 확보합니다. 의학적 증거는 72시간 내에 진찰받아야 채택되므로 몸을 씻지 않은 상태에서 가능한 한 빨리 병원으로 갑니다. 입은 옷 그대로 가거나 갈아입었더라도 사건 발

생 당시 입었던 옷을 함께 가져가는 것이 좋습니다. 해바라기센터 및 전담의료기관에서 응급키트를 통해 피해자의 신체에 남은 증거를 채취할 수도 있습니다.

– 감염 치료와 사후피임약 처방이 필요할 수 있으니 의료기관에 가는 것이 좋습니다.

– 상처나 멍든 부위를 얼굴과 같이 나오도록 사진으로 촬영해두고 진단서 등을 받습니다. 피해 후 6~21일 후에 멍이 나타나기도 하는데, 이런 경우라면 피부과 등 병의원에서 성폭력 피해에 대해 상담하고 관련 소견서를 받을 수 있습니다.

(2) 증거 보존하기

– 피해 당시 입었던 옷은 습기가 차지 않도록 종이봉투에 보관합니다. 피해 장소에는 가해자 신체의 일부(지문, 모발, 분뇨, 정액, 땀 등)나 가해자의 물건(흉기, 명함, 라이터, 사진 등)이 남아 있을 수 있으므로 가능한 한 그대로 보존해야 합니다. 보존하기 어려운 경우에는 사진 촬영을 해두는 것이 좋습니다.

(3) 기억 되살리기

– 수사 및 재판 과정에서 진술할 때 도움이 되므로 사건을 기록해두는 것이 좋습니다.

– 가해자의 특징을 기록해둡니다. 예를 들어 가해자의 키, 체중, 체형, 얼굴형, 머리 모양, 신체상의 특이한 부분(상처 자국, 문신, 금속 치아 등), 행동 특징(왼손잡이, 특이한 괴벽 등), 가해자 성기 특징, 가해자가 한 말이나 발음의 특징 등을 적어둡니다.

– 사건에 관해 기록해둡니다. 구체적인 장소, 시간, 날짜, 목격자나 증인, 자신이 대응했던 방법, 가해자의 태도, 이에 대한 느낌 등을 자세히 적도록 합니다. 이것 자체로 증거가 될 수 있으며, 피해자가 세부사항을 기억하는 데에도 도움이 됩니다.

(4) 가해자 진술, 증인 확보하기

– 가해 사실을 자백받거나 사과문을 받으면 증거가 됩니다.

– 가해자와 전화통화를 하거나 대화할 때 가해 사실을 시인하는 가해자의 말을 녹음할 수 있습니다. 녹음은 대화하는 사람이 직접 해야 하며 피해자의 음성도 함께 녹음합니다. 제3자가 타인의 대화를 녹음하는 것은 증거가 될 수 없습니다. 타인의 대화를 녹음하는 것은 통신비밀보호법을 위반한 것으로 간주되어 위법수집증거 배제에 따라 증거가 될 수 없기 때문입니다. 피해자가 구체적으로 피해 사실을 이야기하고 가해자가 시인하는 경우에도 증거자료로 사용할 수 있지만, 더 좋은 것은 가해자가 직접 가해 사실을 구체적으로 이야기하는 것을 녹음하는 것입니다.

– 컴퓨터 화면 캡쳐, 스마트폰 화면 캡쳐, 문자메시지나 이메일 내용 등을 수사기관에 증거로 제출할 때는 편집 없이 그대로 출력하고, 받은 날짜와 시간을 함께 기재하여 제출하면 됩니다.

– 이메일이나 메신저, 문자메시지, 내용 증명 등을 이용해 가해자에게 성폭력의 중단이나 사과를 요구하여 증거를 남깁니다. 통화 내역도 증거가 됩니다.

– 사건을 목격한 사람, 사건 이후에 가해자 또는 피해자에게 사건 내용을 들은 사람을 증인으로 확보하는 것이 좋습니다.

2. 법적 절차에 대해 모르는 게 많은데 어떻게 해야 하나요?

성범죄 피해를 당한 사람이 법적 절차를 밟는 과정에서 도움을 받을 수 있도록 무료로 국선변호인을 지정해주는 '법률조력인 제도'가 2013년부터 시행되고 있습니다. 신고가 이루어진 뒤 검사가 변호인을 지정해주거나, 피해자가 신청하거나, 성폭력 피해상담소 등의 협조 요청을 통해 변호사를 선임할 수 있습니다.

또한 해바라기센터에는 24시간 의료진과 전담수사관이 상주하고 있어 응급의료 지원, 심리상담, 수사 지원(피해자 진술 녹화)이 가능하고 피해자 국선변호사 선임 또는 무료법률지원단 소속 변호사 연계로 법률 지원을 할 수 있습니다.

학교나 직장 내에서 발생한 성폭력 사건을 신고했을 때, 피해자가 고립될 가능성이 높습니다. 학교나 조직의 이미지가 실추될지도 모른다는 걱정에 사건을 묻어버리려 할지도 모르고, 주변에서 "너한테도 잘못이 있지 않느냐." "뭐 이런 걸 신고까지 해가며 일을 크게 벌리냐."는 식으로 말하며 가해자의 편을 들 수도 있습니다. 그리고 가해자의 편을 들지 않더라도 법정에서 당신을 지지하며 당신의 편까지 되어줄 사람은 없을 수 있습니다. 일이 잘 풀릴 수도 있지만 그렇지 못한 경우도 많습니다. 이럴 때는 이런 '2차 가해'에 대한 법적 대응을 위해서 증거를 확보해두는 게 좋습니다. 법적으로 아동청소년 대상 성범죄의 피해자 또는 보호자에게 합의를 강요하는 사람은 7년 이하의 유기징역을 선고받을 수 있습니다. 성폭력 피해 사실을 신고했을 때 학교 교장, 회사 상사 등의 사람이 면담을 요구한다면 면담 내용을 녹음하는 등의 방법으로 증거를 확보해두는 게 좋습니다.

3. 가해자는 어떤 처벌을 받게 되나요?

아동 · 청소년 성폭력에 관한 주요 법

· 형법

· 성폭력 범죄의 처벌 등에 관한 특례법(약칭: 성폭력처벌법)

· 성폭력 방지 및 피해자보호 등에 관한 법률(약칭: 성폭력방지법)

· 아동청소년의 성보호에 관한 법률(약칭: 청소년성보호법 / 아청법)

법률을 적용할 때는 피해자의 특징(생년월일, 장애 여부)과 범행의 일시, 장소, 가해자의 수, 가해자와 피해자의 관계, 위협의 수단 등을 고려합니다. 아동청소년의 성보호에 관한 법률에서 성폭력 가해자에 대한 법적 처벌 기준은 다음과 같습니다.

No.	분류	죄명	조문	수단	형량	참고
1	전반	강간	7조 ①, ④, ⑤	1. 폭행 또는 협박으로 2. 심신상실 또는 항거불능의 상태를 이용 3. 위계 또는 위력으로	무기징역 또는 5년 이상 유기징역	
2		유사강간	7조 ②, ④, ⑤	1. 폭행 또는 협박으로 2. 심신상실 또는 항거불능의 상태를 이용 3. 위계 또는 위력으로	5년 이상 유기징역	구강성교, 항문성교, 성기 내 손가락 또는 도구 삽입 등
3		성추행	7조 ③, ④, ⑤	1. 폭행 또는 협박으로 2. 심신상실 또는 항거불능의 상태를 이용 3. 위계 또는 위력으로	2년 이상 유기징역 또는 1천만 원 이상 3천만 원 이하의 벌금	

4	전반	강간(등) 상해·치상	9조		무기징역 또는 7년 이상 유기징역	1~4번 가해자가 타인을 상해한 경우
5		강간(등) 살인	10조 ①		사형 또는 무기징역	1~4번 가해자가 타인을 살해한 경우
6		강간(등) 치사	10조 ②		사형, 무기징역 또는 10년 이상 유기징역	1~4번 가해자가 타인을 사망에 이르게 한 경우
7	장애	의제 강간	8조 ①	피해자의 신체적인/ 정신적인 장애로 사물을 변별하거나 의사를 결정할 능력이 미약한 상태	3년 이상 유기징역	만 13세 이상 장애 아동 청소년과 성교하거나, 장애 아동청소년이 다른 사람과 성교하게 만듦
8		성추행	8조 ②	피해자의 신체적인/ 정신적인 장애로 사물을 변별하거나 의사를 결정할 능력이 미약한 상태	10년 이하 징역 또는 1천 500만 원 이하의 벌금	장애 아동 청소년을 성추행하거나, 장애 아동 청소년이 다른 사람을 추행하게 함
9	기타	아동 청소년에 대한 강요행위	14조 ①	1. 폭행이나 협박으로 2. 선불금(先拂金), 그밖의 채무를 이용하는 등의 방법으로 3. 위계 또는 위력으로 4. 자신의 보호 또는 감독을 받는 것을 이용 5. 영업으로 유인·권유	5년 이상 유기징역	아동청소년이 다른 아동청소년의 성을 사는 행위의 상대방이 되게 만듦
10		피해자 등에 대한 강요행위	16조	폭행이나 협박으로	7년 이하 유기징역	아동청소년 대상 성범죄의 피해자 또는 보호자에게 합의를 강요

교육기관 및 보육기관, 의료기관, 성폭력 피해자 보호시설, 쉼터 등의 기관 관계자가 자신의 보호 및 감독을 받거나 진료를 받는 아동청소년을 대상으로 성범죄를 범한 경우엔, 그 죄의 기존 형량의 2분의 1까지 가중처벌됩니다.

제18조(신고의무자의 성범죄에 대한 가중처벌) 각 호의 기관·시설 또는 단체의 장과 그 종사자가 자기의 보호·감독 또는 진료를 받는 아동청소년을 대상으로 성범죄를 범한 경우에는 그 죄에 정한 형의 2분의 1까지 가중처벌한다.

1. 「유아교육법」 제2조 제2호의 유치원

2. 「초·중등교육법」 제2조의 학교

3. 「의료법」 제3조의 의료기관

4. 「아동복지법」 제3조 제10호의 아동복지시설

5. 「장애인복지법」 제58조의 장애인복지시설

6. 「영유아보육법」 제2조 제3호의 어린이집

7. 「학원의 설립·운영 및 과외교습에 관한 법률」 제2조 제1호의 학원 및 같은 조 제2호의 교습소

8. 「성매매방지 및 피해자보호 등에 관한 법률」 제5조의 성매매 피해자 등을 위한 지원시설 및 같은 법 제10조의 성매매 피해상담소

9. 「한부모가족지원법」 제19조에 따른 한부모가족복지시설

10. 「가정폭력방지 및 피해자보호 등에 관한 법률」 제5조의 가정폭력 관련 상담소 및 같은 법 제7조의 가정폭력 피해자 보호시설

11. 「성폭력방지 및 피해자보호 등에 관한 법률」 제10조의 성폭력 피해 상담소 및 같은 법 제12조의 성폭력 피해자 보호시설

12. 「청소년활동진흥법」 제2조 제2호의 청소년활동시설

13. 「청소년복지 지원법」 제29조 제1항에 따른 청소년상담복지센터 및 같은 법 제31조 제1호에 따른 청소년쉼터

14. 「청소년 보호법」 제35조의 청소년 보호·재활센터

4. 가해자가 친족(친권자나 보호자, 형제 등)이어도 접근 금지 신청을 할 수 있나요? 그리고 가해자가 친권자일 경우 친권을 해소할 수 있나요?

■ 접근 금지 신청을 할 수 있습니다

성폭력 가해자가 가족 구성원일 경우, 신고를 받은 경찰은 즉시 현장에서 폭력행위자와 피해자를 분리하고 범죄수사를 진행해야 합니다. 또한 피해자나 법정대리인은 검사 또는 경찰관에게 아래의 네 가지 피해자 보호조치 방법 중 한 가지 이상을 요청하거나, 이에 관한 의견을 진술할 수 있습니다.

① 피해자 또는 가족 구성원의 집에서 나갈 것
② 피해자 또는 가족 구성원의 집, 직장 등에서 100미터 이내의 접근 금지
③ 피해자 또는 가족 구성원에게 연락 금지(전화, 문자, 메신저, SNS 등)
④ (친권자인) 가해자의 피해자에 대한 친권행사 제한

피해자 보호조치 기간은 최대 6개월이지만, 기간 연장이 필요하다고 인정될 경우 2개월씩 연장 신청할 수 있습니다. 연장기간을 포함한 최대 기간은 2년(24개월)입니다.[6]

■ 친권상실 청구가 가능합니다

아동청소년 대상 성범죄 사건의 가해자가 피해아동이나 피해청소년

---

6   가정폭력범죄의 처벌 등에 관한 특례법 제55조.

의 친권자나 후견인인 경우에 남녀검사는 법원에 친권상실 선고 또는 후견인 변경 결정을 청구해야 합니다. 또한 검사가 이를 청구하지 않을 경우 아동보호전문기관, 성폭력 피해상담소, 성폭력 피해자 보호시설 등 보호시설에서는 검사에게 이를 청구하도록 요청할 수 있습니다. 피해자의 친족 또한 청구할 수 있습니다.

그러나 법률상에 피해자 당사자가 친권상실을 요청할 수 있다는 조항은 없습니다. 검사가 법원에 친권상실 청구를 하지 않을 경우, 대신 친권상실 청구를 요청해줄 가족, 친척 또는 보호시설이 있어야 합니다.[7]

5. 강간을 당해서 임신을 했어요.
어떻게 낙태할 수 있을까요?
꼭 신고를 해야 낙태할 수 있나요?

임신 및 임신중절(낙태)에 대한 내용을 다루고 있는 모자보건법에 따르면, 성폭력에 의한 임신인 경우 임신 24주 이내라면 합법적으로 임신중절을 할 수 있도록 허용하고 있습니다.

먼저 해바라기센터 혹은 원스톱센터에서는 형사고소장과 피해사실 근거자료(진술서 등)가 있는 경우에는 성폭력 피해로 인한 임신이라고 간주하고, 성폭력 유죄판결이 나기 전이라도 임신중절을 할 수 있도록 지원하고 있습니다. 경우에 따라 입원비도 지원되며, 수술 이후 회복에 필요한 의료비도 지원됩니다. 일반 병원에서는 불법 낙태시

7　아동청소년의 성보호에 관한 법률 제23조~제24조.

술을 했다는 혐의를 받을까봐 두려워하여 성폭력 피해자라고 해도 임신중절시술을 꺼리는 경우가 많기 때문에, 성폭력상담소나 원스톱센터에서 연계해주는 병원에서 시술받는 것이 편리합니다.

만약 합법적 임신중절시술의 요건을 갖추지 못하는 상황이라 불법적으로라도 임신중절을 해야 한다면, 비싼 비용과 안전이 보장되지 않는 시술을 감내해야 합니다. 불법으로 임신중절시술을 하는 병원은 인터넷 검색과 같은 공식적인 방법으로 찾기 힘들어 대개는 산부인과에 일일이 전화를 해서 물어보거나 아는 사람을 통해 소개받아 가는 경우가 많습니다. 불법이기 때문에 시술 비용이 높으므로(30만 원에서 600만 원까지이며 임신 기간에 따라 다릅니다), 법적 절차를 밟을 수 없다면 가해자에게 낙태 비용과 건강 회복을 위한 비용을 요구하는 방안도 고려할 수 있습니다.

6. 성폭력 때문에 다치고 정신적으로도 너무 힘들어요. 병원비가 없는데 어떻게 해야 하죠?

성폭력 피해자는 성폭력상담소나 해바라기센터 등에서 의료비(병원비)를 지원받을 수 있습니다. 치료비를 이미 자신의 돈으로 냈다면, 치료받은 병원에서 (간이 영수증이 아닌) 진료비 영수증을 받고, 성폭력상담소나 해바라기센터에서 상담을 받은 후 상담사실확인서와 진료비 영수증을 제출하면 치료비만큼의 돈을 돌려받을 수 있습니다. 전액 지원을 원칙으로 하며, 지원받을 수 있는 항목으로는 성폭력 피해 치료, 감염성병 치료, 임신여부 검사, 성폭력으로 임신한 태이의 낙태, 성폭력 피해로 인한 정신적 후유증 치료 등이 있습니다. 성폭력 피해 전담의료기관으로 지정된 병원이 전국에 350여 개가 있으며, 원스톱센터에서도 간단한 의료시술을 해주고 있습니다.

보건복지부의 '긴급복지제도'는 가족으로부터 성폭력 피해를 입은 피해자가 이용할 수 있는 지원제도입니다. 의료비와 주거비, 생계비 등을 지원받을 수 있으며, 피해자(가족)의 소득이 최저생계비 이하인 경우에 지원받을 수 있습니다. 예를 들면 아버지에게 성폭력을 당한 청소년의 경우, 집을 나와 혼자 시설에 들어간다면 청소년이 버는 돈이 1인 가구 최저생계비인 617,281원 이하라면 지원받을 수 있습니다(2015년 기준). 만약 어머니 등 다른 가족과 함께 시설에 들어간다면 청소년과 어머니의 소득을 합쳐서 최저생계비 이하여야 지원받을 수 있습니다. 어머니와 청소년 본인이 버는 돈이 2인 가구 최저생계비인 1,051,048원 이하라면 지원받을 수 있습니다. 그런데 만약 집, 땅, 자동차 등 재산이 있다면 얼마만큼의 재산이 있는가에 따라 지원받지 못할 수 있습니다. 조건이 충족된다면 한 사람이 약 40만 원까지 받을 수 있고, 한 달에 한 번씩 최대 6개월 동안 받을 수 있습니다(2015년 기준). 만약 집을 나와 시설로 가지 않고 다른 거처로 간다면 상황에 따라 주거비를 지원받을 수도 있고, 교육비도 지원받을 수도 있습니다. 가족에 의해 성폭력 피해를 당해 집을 나와야 하는 상황이라면 보건복지부 콜센터 129에 전화하여 본인이 대상이 되는지 여부를 알아보고 시청 및 구청에서 지원금을 받을 수 있습니다. 혼자 전화하고 알아보는 것이 힘들다면 성폭력상담소, 해바라기센터, 청소년쉼터 등에 도움을 요청하면 됩니다.

7. 성폭력을 당한 지 시일이 꽤 지났는데요, 신고하고 처벌받게 할 수 있을까요?

공소시효는 범죄가 일어난 날로부터 일정한 기간이 지나면 범죄의 죄를 물을 수 없도록 하는 제도입니다. 즉 성폭력이 일어난 날로부터 공소시효가 지나지 않았다면 가해자를 신고하고 처벌받게 할 수 있습니다. 강간죄의 공소시효는 보통 10년인데, 2015년 1월에 일어난 강간은 10년 뒤인 2025년 1월까지 피해자가 신고할 수 있고 가해자가 처벌을 받을 수 있다는 뜻입니다. 성추행과 강간의 공소시효는 보통 10년입니다. 성범죄 중에 가장 공소시효가 짧은 '성적 목적을 위한 공공장소 침입행위(성욕 충족을 위해 여자화장실에 들어가는 것과 같은 행위)'의 경우 공소시효가 5년이므로, 보통 성폭력 범죄의 공소시효는 5년에서 10년이라고 할 수 있습니다. 하지만 강간의 경우 피해자가 13세 미만이거나 장애인인 경우 공소시효가 적용되지 않아 언제든 기소할 수 있습니다. 또한 가해자가 해외로 도망가 있는 기간은 공소시효 기간으로 계산하지 않습니다. 만약 공소시효가 5년인데 5년 동안 해외로 도망가 있었다면 그 5년은 공소시효에서 계산하지 않습니다. 즉 한국에 있었던 시간만으로 공소시효를 계산하는 것입니다. 공소시효는 사건의 내용과 피해자의 연령, 상황 등에 따라 달라지니 자신이 당한 피해의 공소시효를 알아보려면 한국성폭력상담소 등 전문기관에 문의하거나, 변호사 등 법률전문가에게 물어보면 됩니다.

8. 성폭력 신고를 했는데 가해자가 역고소를 한다고 협박해요. 이떻게 해야 하나요?

성폭력 가해자가 피해자에게 역고소할 때는 보통 무고죄나 명예훼손 죄로 고소를 합니다. 무고죄란 허위사실을 고의로 고발하는 죄이므로, 고소 내용이 사실에 기초하고 있거나 고소한 사람에게 허위고발할 의도가 없었다면 성립되지 않습니다. 즉 성폭력 피해자가 성폭력 피해를 당한 사실대로 고소했다면, 또 가해자의 처벌을 위해 고의적으로 허위사실(거짓된 사실)을 고발한 것이 아니라면 무고죄는 성립하지 않습니다. 가해자가 무고죄로 고발을 하겠다고 협박하는 경우에는 본인이 고발한 성폭력 피해 사실에 대한 증인과 증거를 확보해 두세요.

명예훼손죄는 타인의 명예를 훼손하는 내용을 공개한 경우에 해당합니다. 명예훼손죄는 설령 그 내용이 사실이더라도 적용될 수 있습니다. 가해자가 누구인지 실명을 밝히며 성폭력 사건을 인터넷에 게시하는 등 외부에 공개하면 명예훼손으로 역고소받을 수 있습니다. 하지만 공개적으로 알리지 않는다면 신고를 하고 법적 절차를 밟았다고 해서 명예훼손이 될 수 없습니다. 또 가해자의 실명을 공개했더라도 그것이 '공익 목적'이라고 판단되면 명예훼손죄로 처벌받지 않습니다.

9. 가해자에게 보상받고 싶습니다. 이떻게 해야 하죠?

성폭력 피해에 대해 형사소송과 민사소송을 제기할 수 있습니다. 형사소송을 통해서 가해자가 처벌받고 벌금을 내거나 감옥에 가도록 할 수 있습니다. 그리고 민사소송을 통해서는 가해자에게 피해보상을 받을 수 있습니다. 물론 두 가지 소송 모두 피해자 측, 혹은 검찰이 승소(소송에서 승리)해야 그런 조치가 가능합니다.

그런데 미성년자는 민사소송을 단독으로 진행할 수 없습니다. 그래서 청소년이 성폭력 피해에 대한 보상을 요구하려면 법정대리인, 부모의 협조가 필요합니다. 청소년 시기에 당한 피해이더라도 성년이 되면 민사소송을 할 수 있습니다.

형사소송에서 가해자가 유죄로 판결이 났다면 민사소송에서도 피해자가 승소할 가능성이 높습니다. 민사소송을 하려고 한다면, 형사소송의 판결문을 사건을 담당했던 법원이나 검찰에게 받아 변호사나 상담소를 찾아가면 도움을 받을 수 있습니다. 경제적으로 일반 변호사를 구하기 어려운 경우 대한법률구조공단을 통해 저렴한 비용으로 변호사를 구할 수 있습니다.

형사소송 판결이 나기 전에 가해자가 '합의'를 요청할 수도 있습니다. 이때 피해자는 합의금과 사과문 등을 요구할 수 있고, 합의가 된다면 합의서를 작성합니다. 합의서에는 상호 간에 민형사상 책임을 묻지 않을 것이며 비밀을 유지하겠다는 내용이 보통 들어갑니다. 성폭력에는 친고죄가 적용되지 않으므로 합의했다고 해서 가해자가 처벌받지 않는 것은 아니지만 불기소 처분이 되거나 형량을 낮게 받을 가능성이 높아집니다. 합의를 통해 합의금을 받는 것도 가해자에게 피해보상을 받는 방편 중 하나입니다.

연애와 사랑에 대한 십대들의 이야기

초판 1쇄 발행 | 2016년 10월 20일

지은이	십대섹슈얼리티인권모임
책임편집	김원영
디자인	이미지

펴낸곳	바다출판사
발행인	김인호
주소	서울시 마포구 어울마당로5길 17(서교동, 5층)
전화	322-3885(편집), 322-3575(마케팅부)
팩스	322-3858
E-mail	badabooks@daum.net
홈페이지	www.badabooks.co.kr
출판등록일	1996년 5월 8일
등록번호	제10-1288호

ISBN 978-89-5561-865-5 03300